荆楚新闻与传播研究丛书

荆楚文旅品牌的建构与传播创新

THE CONSTRUCTION
AND COMMUNICATION INNOVATION OF
JINGCHU CULTURAL
AND TOURISM BRAND

黎 明 著

前　言

荆楚文化及其传承与品牌化传播，是一个传统的经典课题，同时也是一个历久弥新的课题。在当代湖北的高质量发展中，荆楚文化的内涵挖掘、现代诠释以及面向文化传承和市场运作的品牌化，既是湖北文化产业的重要范畴，同时也承担着建构精神内核和传播对外形象的重要功能。

当下，这一课题面临更复杂的技术环境和政策背景。一方面，在乡村振兴和就地城镇化等战略背景下，文化旅游和特色农产品成为其至关重要的抓手，而对于文化旅游和特色农产品，深挖其中的荆楚文化特质，并基于此进行的品牌化运作成为关键维度。另一方面，在数字与网络传播背景下，文化传播与品牌传播身处其间的环境已经、正在并且将继续发生重大变革。互联网的出现改变了文化传播与品牌传播的一切因循和传统。从边缘突破到“第五媒介”再到“互联网+”，“互联网”终于将名字镌刻在时代的前缀上。媒介场景的范式转换，必然导致负载其上的传播形态的继续进化。WEB 2.0、移动互联网、大数据、云计算、O2O（线上线下商务）等纷至沓来的互联网技术不断改写着信息的传播形态。在传统媒体环境下所形成的对于文化品牌传播的认知、实践和理论，并不能放之四海而皆准地简单套用在新的媒介背景下。现实的需求迫使我们立足互联网的时代背景去重新认识和思考公共关系。但理论的完善还未能跟上时代的脚步，在此种语境下，我们不能寄希望于“毕其功于一役”地自上而下地重新凭空建构整套范式体系，而应该自下而上地进行具体细致的实操经验归纳和总结，将解决理论适用性或者实践指导性放在最高优先级，最终生成普遍性的原则、思路和框架，以及基于此上的科学的操作体系。

正是基于这样的思考，本书并不试图越过正处在最前沿的实践，去构筑一个宏大且稳定的理论体系，而是以荆楚文旅为范本，围绕文旅品牌及其传播这一核心，从多元理论视野下深入探讨荆楚文旅品牌传播实践中的具体问题，在湖北省乡村振兴、就地城镇化与长江中游城市群高质量发展等大背景下，从城市文旅品牌与地域公共品牌两个切口，聚焦荆楚文旅品牌传播的理论搭建与实践探索。具体而言，本书主要从荆楚文旅品牌建构策略、乡村旅游品牌传播、特色农产品区域公用品牌建设、武汉城市的气质传承与形象传播、城市形象新媒体传播策略、短视频传播策略、大型体育赛事城市形象塑造等方面展开。

作为湖北大学新闻传播学院“荆楚新闻与传播研究”丛书系列之一，本书的具体研究领域和主题是我近年来围绕“荆楚文化品牌及其传播”这一核心所设定的。在此基础上，我的研究生朱玉琼、蒋心怡、刘萌、隗薇、蒋凡、张宇卿、崔世珍、陈江薇、朱李卓等先后参与了此研究课题，完成了大量资料收集、梳理和部分内容的校对工作。在写作过程中，我们借鉴了国内外研究者的研究成果，在此对这些研究者致以深切感谢。如在注释中有所疏漏，敬请鉴谅。

本书是湖北省高等学校哲学社会科学研究重大项目（湖北省社会科学基金前期资助项目）“类型化视角下互联网广告监管研究”、湖北省教学改革研究项目“新文科背景下应用型国家一流专业实践教学体系创新研究”的阶段性成果。社会科学文献出版社周琼编审为本书付梓做了大量具体细致的工作，在此一并致以谢意。由于精力和水平所限，本书肯定还存在不少不足，敬请学界业界专家和读者朋友批评指正，谨此预致谢忱。

黎　明

2023 年 10 月 1 日于沙湖之滨

目录

第一章　新媒体背景下荆楚文旅品牌的建构策略

第一节　新媒体变革及其对旅游品牌建构的影响

新媒体的诞生和发展驱动了人类社会的整体变革，从传播形态到技术形态再到整个社会，而这些变革在各个领域都引起了轰动效应，旅游自然也不例外。新媒体驱动的多重变革映射到了旅游业，对旅游市场产生了直接影响。这让我们面临现实思考：在新媒体的环境下，如何搭建旅游品牌的框架，指导旅游品牌建构实践。

一　宏观层面：新媒体驱动的整体变革

新媒体驱动的变革从宏观角度来说主要有以下三个大的方向：一是传播变革呈现出社会化传播的趋势，二是技术变革构成了多种新兴技术的生态体系，三是社会变革从开辟虚拟世界发展到连接了现实和虚拟两个世界。

（一）传播变革：从大众传播到社会化传播

美国《连线》杂志曾经从传播角度对新媒体进行了界定，称其是“所有人对所有人的传播”。不同于以往的大众传播媒体，以互联网为代表的新媒体自诞生之初就彰显出去中心化的本质，它是网络节点和节点之间的连接，不具备一个核心的中间点，因此也就形成了互联网的早期雏形互联拓扑的结构。每个互联网用户在这个结构中都以节点的形式存在，而不同节点之间的连接就是信息的传播过程，节点和节点之间都是双向连接的，即信息可以在节点之间双向流动。这种去中心化的特性，再加上如今互联网设备和技术的易得性，使得每个人都有平等的机会接入互联网当中，并成为一个传播者或者是受传者。它打破了时间和空间的多重限制，无论你在世界哪一个角落，你都可以通过互联网即时获得各种资讯和消息，全世界的信息都触手可及。

在接触和使用互联网的过程中，每个人传播的信息可以被网络上的多个人所接收，也可以接收多个不同来源的信息，互联网上的信息传播不再是由一点出发的一条或者多条线，而是形成了复杂的信息网络，来自所有人，同时也去向所有人，因此也就形成了社会化的传播媒体，诸如早期的论坛、博客以及如今的微博、微信公众号。在社会化传播媒体当中，人与人之间的交互式传播十分便利，多样化的信息交流和共融成为可能。

另外，过去的大众传播由于信息来源有限，人们在一定的时间和地域范围内，大多只能接收有限的信息，因此信息在到达接收者时更加容易在其脑海中留下深刻的印象；而在社会化传播的环境中，信息来源呈现出多元化和复杂化的趋向，而且信息量呈指数剧增，对于一个普通的信息接收者来说，无法承载记忆和处理过量的信息，因此信息的到达率也就大大打了折扣。虽说互联网给了人们更多的机会去参与传播和接收信息，但是庞杂的信息来源和过量的信息数据反而分散了人们的注意力，这使得传播者需要仔细斟酌传播内容，吸引信息接收者的注意力，也需要信息接收者锻炼出在庞杂的信息海洋中搜索、辨别和筛选有用信息的能力。

（二）技术变革：多种新兴技术构成生态体系

新媒体的迅猛发展在网络当中形成了海量的数据，而新媒体也因遇于大数据而具有现实意义，新媒体与旧媒体有了重大的区别。麦肯锡全球研究所给大数据的定义是："大小超过了典型数据库工具收集、存储、管理和分析能力的数据集。"但大数据的意义并不仅仅在于海量的数据，海量的数据汇聚到一起的确会产生意义，但同时也会产生巨大的干扰，所以大数据的价值其实在于采集海量数据的技术和分析处理海量数据的技术能力，而不在于信息本身。大数据技术成为一个新媒体环境下的重要技术趋势，而它也正是在新媒体发展的基础上才能够成为现实。

物联网技术作为信息技术创新最为活跃的领域之一，为新媒体快速发展提供了肥沃的土壤。物联网实际上是一个信息技术的集大成者，它将电子技术、通信技术、传感技术等多项技术结合起来，我们总能在物联网的领域瞥见最前沿的信息技术应用，而其中每一项相关技术的开发和进步都推动着物联网整体技术的提升。比如现有的 NFC 近场通信技术，其最典型的应用是卡片充值系统，通过内置的 NFC 功能，就能轻松将移动智能设备与充值卡片关联起来，实现卡片金额和信息的更新；类似的还有 RFID 射频识别技术，通过物品和通信技术的结合，可以轻松实现在全球范围内物品的信息追踪和平台共享。目前，物联网技术的应用已经十分广泛，在家居生活、金融商业、物流生产、旅游度假、医疗卫生、公共安全防卫等多个领域都得到了应用。

近几年，VR（虚拟现实）和 AR（增强现实）技术走进了人们的视野，其是以硬件为基础，以行业应用为核心，由硬件、平台、内容、渠道、服务构成的全生态链。从 VR 和 AR 行业未来发展走向看，企业将主要布局娱乐和消费领域。娱乐领域包括游戏赛事演出直播、电影视频、旅游等。消费领域主要包括购物以及一些大宗商品交易，如房产、汽车等。

诸如大数据技术、物联网技术、VR 和 AR 技术等这些快速发展的新兴技术共同构成了新媒体发展的生态技术体系，它们相互交融、深层配合、协同创新，构成了多媒体、立体化的新兴技术组合，并实现了对新媒体的全面渗透。

（三）社会变革：现实世界的延伸和两个世界的连接

媒介延伸理论是传播学研究领域中媒介环境学研究的一个著名理论，马歇尔·麦克卢汉（Marshall McLuhan）曾因提出“媒介是人的延伸”这一观点为传播学界所熟知。但这里要提到的观点是“媒介对世界的延伸”。从媒介的发展变迁来看，媒介对世界的延伸有三种形态：①广义上的媒介对现实世界的延伸——以艺术创作为代表的泛媒介延伸出虚拟世界，②狭义上的媒介对现实世界的延伸——以互联网为代表的媒介通过模拟现实世界而创造出的虚拟网络世界，③通过媒介对现实世界进行虚拟延伸并连接两个世界——以移动互联网为代表的新兴媒介延伸现实世界并连接虚拟和现实世界。

实际上，“媒介对世界的延伸”第一种形态来自符号学家同时也是媒介环境学家苏珊·朗格（Susanne K. Langer）所持有的观点，通过绘画、舞蹈、音乐、电影等多种艺术创作，可以延伸人类所生存的真实世界，从而诞生一个虚幻的想象当中的世界。苏珊·朗格认为，艺术创作的虚幻世界有特有的存在空间，它们不与我们的现实世界直接发生联系，是一种虚拟幻象。她的这一观点虽然是广泛意义上的媒介概念，但是无疑为“媒介对世界的延伸”提供了一定的理论支撑。

而第二种形态就非常容易理解了，身处互联网时代的我们都懂得，互联网在我们身处的客观物质世界之外，为我们开辟了一个虚拟的生存世界。我们本身并不会直接以物质实体的方式进入互联网中，而是通过符号化、数字化的方式接入这个虚拟世界，我们在这个世界当中会以一个虚拟账号、用户名这样的身份存在。从某种意义上讲，这个虚拟世界并不是一个绝对概念，而是一个相对概念，因为只有当人们接入互联网时，它才会相对于接入网络的人而存在。所以这里的虚拟世界是没有与现实世界相交或重合的，它与人类的现实世界是两个平行存在的世界。但我们也要看到，这种虚拟和现实平行的状态并不是一成不变的。伴随着互联网技术的不断进步，虚拟空间和现实空间开始互相渗透和嵌入，二者之间的互动逐渐增多，对彼此的影响也逐渐深入。

这样就逐渐发展到了第三种形态，通过媒介延伸现实世界，并用虚拟世界的行为连接现实生活。人们不再满足于现实和虚拟硬生生地分隔，希望在现实世界中植入虚拟的线上交互元素，这些元素最初是以生活场景来体现的：早晨起床，智能手机自动为你播报当天的天气状况和穿衣指数；吃早餐的同时你可以接收电子邮件和新闻；出门前用打车软件叫好了车；在办公室里与客户进行视频电话会议；午餐用手机应用订购外卖；你有什么需要购买的东西直接在网上选购并要求快递员在你下班后送货到家；晚上和朋友聚餐，通过点评软件订好了餐厅；晚餐结束后通过手机扫码在线支付账单；回到家，智能电视已经为你挑选和推送了电影，你可以立刻享受轻松时光……无须想象，你发现这些场景已经成为我们的日常，互联网渗透到了我们的现实生活，为虚拟和现实世界搭建了一座连接的桥梁。这种连接，使得人们的现实和虚拟世界开始互相渗透，线上和线下的边界逐渐变得模糊，这是我们当下所实在体会到的。新媒体作为一个工具或者说是平台，通过植入线上的交互元素来提升我们线下现实生活的体验和效率。

二　新媒体变革对旅游市场的直接影响

新媒体的变革影响到人类社会日常生活的方方面面，作为服务业支柱产业的旅游行业自然也不例外。旅游活动本就与传播有着密不可分的关系，旅游业的发展自然也就离不开媒体的参与。旅游对媒体的依赖性强，新媒体的发展和变革也必然对旅游业的发展有着直接的现实影响。

（一）基于社会化媒体平台的社会化旅游崛起

2024 年 3 月，国务院总理李强在《政府工作报告》中多处提及文化和旅游，明确提出深入学习贯彻习近平文化思想，大力发展文化产业，积极培育文娱旅游等新的消费增长点。[①] 旅游已经逐渐发展为大众化、经常性消费的休闲生活方式，旅游者群体不断扩大，人群日渐成熟，旅游行为从传统的跟团游向在线的自由行转化，根据中国旅游研究院分析数据，截至 2016 年，我国国内旅游市场的自由行比重高达 93% 。[②]

伴随着自由行成为旅游者的主要出行方式，旅游者的信息获取渠道和方式都发生了变化。新媒体的飞速发展为旅游者提供了绝对有利的资源和条件，旅游类网站和移动应用成为旅游者们的宠儿，简单地按主要功能区分的话，我们可以大致列出旅游行业的网络媒体种类：旅游搜索及预订网站，通过集成各种旅游信息，为网民提供第三方的搜索与预订服务；旅游垂直类网站，为网民提供旅游指南、游记和旅游相关问答；旅游电商平台，为网民直接提供在线旅游产品交易服务；旅游点评网站，为网民提供详细的旅游点评供其参考做出旅行决策。

社会化的媒体格局也影响到了旅游行业，移动社交发展迅速并且逐渐

---

① 李强：《政府工作报告——2024 年 3 月 5 日在第十四届全国人民代表大会第二次会议上》，https://www.gov.cn/gongbao/2024/issue_11246/202403/content_6941846.html，访问时间：2024 年 3 月。

② 中国旅游研究院：《2016—2017 中国旅游消费市场发展报告》，https://www.ctaweb.org.cn/cta/mtjj/202103/4b105190378340e3a88404f13304efcf.shtml，访问时间：2016 年 12 月。

成为一股改变旅游行业社会化媒体格局的新力量。与之相伴，各大旅游网站和移动应用进行功能拓展，功能不断丰富并趋向社交化。比如典型的自由行网站马蜂窝集合了攻略、商城、问答、小组、结伴等多个板块，攻略和自由行商城可以说是此类网站的基础配置，而其他板块则更像是由各种社会化媒体转换而来的变体：问答版块对应着网络问答社区如百度知道、搜狗问问和知乎；小组板块对应网络兴趣社区如豆瓣小组、果壳小组；结伴则更具备社交的属性，使线上社交向线下发展；结伴旅游活动成了社交的一个自然载体。

此外，对于社会化旅游者来说，其旅游决策行为呈现出与传统旅游者完全不同的姿态：首先，社会化的旅游者可以通过旅游社交网站或开放的社交媒体平台获取旅游目的地的各种信息，在整合网络上他人旅游攻略的基础上制定个人的旅行计划，反观传统的旅游者是通过了解旅行社提供的固定旅游路线或者咨询去过旅游目的地的亲朋好友获得点滴经验之谈；然后，社会化的旅游者会提前在线预订酒店或者做“沙发客”或者热衷于小而美的民宿，而传统的旅游者不能在短时间内进行筛选和对比，也许仅出于快速入住和距离的考量，会匆忙下榻距景区较近的酒店；最后，社会化的旅游者热衷于旅行当中的社交分享并能通过社交平台快速在旅行中找到伙伴，融入当地人的空间，而传统的旅游者则顽固如一地进行着走马观花似的旅游，旅游结束后唯一留下来的是带给家人朋友的纪念品。如果忽略掉信息获取的时间和基础网络资源等成本的话，做好信息收集工作的社会化旅游者往往能够花费同样的钱获得比传统旅游者更多的东西。

社会化旅游成为一种主要方式。在互联网尤其是移动互联网的推动下，对多数旅游者来说，出游前在旅游攻略网站查看和下载攻略，出游时通过移动终端查询目的地交通、天气信息，旅游后在旅游点评网站发布点评、在社交网站上分享旅游经历已成为一种习惯，他们甚至希望技术的发展能够在更大程度上为他们提供便利，社交平台能给他们增添更多的旅行乐趣。

（二）大数据技术旅游应用前景广阔

新媒体环境下形成了海量的网络数据，同时催生了大数据技术，将数据的采集、分析和挖掘有效运用到各个领域，它在旅游行业的应用前景非常广阔。以往旅游行业数据采集的主要途径是景区的客流量统计和当地旅游部门的数据统计，对人和地域依赖性强，而且不同地区的旅游部门统计未形成统一标准，不能拿来进行精确对比，而且数据偏向宏观层面，关于具体的旅游者在旅游活动中的各种行为和消费决策则无法获取，对制定宏观政策有一定帮助，但在行业内部具体应用性不强，旅游目的地的经营管理者不能对数据进行充分分析来制定相应策略。但大数据技术诞生以后，旅游数据得以焕发新的生机。

百度通过搜索引擎和 LBS 技术累积了海量的用户数据，并给了旅游大数据应用一个契机。百度的大数据来源有两个：一是网民的广义搜索行为，二是百度的 LBS 数据。这些数据基本涵盖了旅游者在旅游活动中和外界的信息交互行为，同时旅游业的信息密集、产品固定、移动消费等特点，无疑很大程度上契合了百度大数据的特点。[①] 百度曾在春节期间推出百度春节迁徙图，并登上了央视的荧屏，基于百度的 LBS 开放平台，春节期间国人跨省市区域的流动情况得以显明，这无疑为旅游大数据分析提供了一个参考方向。2014 年清明节期间，百度推出百度旅游预测，告知用户景区未来几天内的拥挤指数。旅游的相关搜索数量随着季节和节假日的时间呈现周期性的上涨和下降。百度大数据部门通过对搜索数据的深度挖掘，已经发现旅游相关词搜索数量和实际旅游人数之间的密切关系，并依此建立了旅游预测模型，来反映各旅游景点未来的人流趋势。这就是大数据应用的价值所在：以往的数据反映的都是已发生过的状况，相当于汇报总结，而大数据技术给予了我们展望未来的机会。

旅游人流预测一直是旅游行业的重要课题，而大数据旅游预测无疑对行业具有重大的现实意义，无论是对国家和旅游部门政策的制定和行业的宏观调控，还是对旅游目的地的经营管理者来说，对未来数据的掌握都显得十分重要。而对于个体的旅游者来说，旅游大数据预测更是帮助旅游前决策的绝佳工具。

事实上，山东省文化和旅游厅早已与百度达成战略合作，并将百度的

---

① 闫向军：《百度旅游预测：旅游大数据预测未来多乎哉?》，https://travel. ifeng. com/news/zhihuilvyou/detail_2014_09/12/38752873_0. shtml，访问时间：2016 年 12 月。

大数据应用于省内旅游业的发展，与百度合作推出了“山东省旅游景点排行榜”，根据网民的搜索指数对山东境内的A级旅游景区的热度进行排名，反映未来一段时间内潜在游客对目的地景区的关注热度。另外，通过对关注省内景区、城市以及山东的网民来源地进行数据分析，可以大体了解未来省内目的地的客源结构。同时，省文化和旅游厅将这些数据和其他数据（如景区手机流量监测系统）进行交叉对比分析，以期指导目的地的行业预测分析和营销活动。

（三）新技术VR和AR结合旅游彰显新可能

由于时间和空间的限制，游客对旅游目的地充满未知，而VR技术打破了空间和时间的限制，并为游客提供了身临其境的体验感。VR技术从内容展现形式和营销方式上优化传统旅游，解决了旅游行业的“痛点”。VR技术在酒店及预订平台、目的地观光游览和主题娱乐公园等旅游细分领域具有优势。VR技术可以提供360度全景画面，使消费者在虚拟现实的环境中预体验，做到未行先知，帮助消费者决策，降低其时间和物质成本，“VR+旅游”的合作同时能够为旅游业挖掘潜在客户。

而这一新兴技术离旅游业并不遥远，2016年11月途牛旅游网和Insta 360（深圳岚锋创视网络科技有限公司）签署了战略合作协议，Insta 360推出的两款消费级VR全景相机是随时随地、即插即拍的旅拍神器，为用户带来了360度无死角全景旅拍体验。而途牛旅游网丰富的旅游出行解决方案及庞大的用户基数，则是推动“VR+旅游”发展的有利条件。目前看来，旅游行业是VR技术在旅游层面最重要的应用方向之一。期待Insta 360与途牛的合作引领VR旅游新风尚，加快推进旅游产业转型升级。

与之相伴的AR技术则有无限的开发空间，前面提到新媒体将现实世界延伸到虚拟空间并且连接两个世界，然而媒介对两个世界的连接并不会止步于此，设想一下，可能我们可以在现实世界当中设置和植入一个虚拟的世界设定和规则，进而使得线下世界可以随时切换成另外一个世界。这就好比平行实境游戏，在真实世界的背景中，融合各种虚拟的游戏元素，而玩家可以亲自参与到角色扮演中。现有的AR技术可以帮助我们实现现实和虚拟的交互，并尽可能地让这种交互变得真实，比如天猫在“双11”推出的捉猫猫以及支付宝的AR红包活动，但它们并未形成上面所说的第二世界，没有办法给人们带来足够的沉浸感，因为没有第二世界的世界观规则的设定。想象一下，你每到一个地方，都会确认一下周边第二世界的情况和你第二世界社交群体的互动，在第一世界做出行为的同时，也会在第二世界映射某种行为，而这种设定，与旅游行为天然形成了呼应。旅游者的旅游行为往往都是到异质的文化环境中去体验不一样的文化，而若依托 AR 技术，建造一个属于旅游地的第二世界，也许线上和线下世界的界限会变得模糊，这在未来可能有巨大的发展空间。

三 新媒体环境下的旅游品牌建构

在互联网影响下的新媒体环境中，80 后、90 后、00 后是消费主力人群，人们的消费水平逐渐提高，消费结构也逐渐从生存型消费向享受型消费、发展型消费升级，重品牌、重品质、重服务、重享受、重个性、重精神体验，成为在线消费人群的主要特征。重品牌、重品质、重服务对各行各业都提出了高质量的品牌建设要求；重享受则激发和推动了旅游行业 OTA（在线旅游网站）以及服务业 O2O（线上线下商务）的蓬勃发展；重个性和重精神体验，说明了人们对文化消费的追求和向往。只有把握新媒体环境、消费结构升级的背景下消费人群的变化特征，旅游业的经营管理者和品牌商才能够及时做出应对。

在如今的旅游消费升级背景下，中国的旅游发展进入多元化度假游新阶段，人们对于高质量和深度旅游体验的需求迅速增长，旅游目的地和旅游主题更加多样化，目的地产品供应不断深化，旅游产品趋向体系化完善，而对旅游者来说，则更加注重旅游行程本身与当地的风土文化相结合。多元化度假游需求促进旅游产品供需结构升级，也敦促旅游目的地建设独特的旅游品牌来吸引游客。旅游地品牌建设有利于整合景区的旅游资源，使其与同类旅游景区形成差异，也符合新媒体环境下消费人群的特征，是一项必行举措，能够帮助旅游地在激烈的竞争中占据优势地位。

梳理国内外、各地区的旅游发展脉络，无论是旅游开发还是区域旅游发展，大多经历了从旅游资源到旅游产品再到旅游品牌的三个阶段，旅游资源、旅游产品、旅游品牌共同构成了旅游金字塔模型。金字塔的底层，是旅游资源；金字塔的中间层，是旅游产品；金字塔的上层，是旅游品牌。不管是旅游景区、旅游度假区还是旅游城市，旅游资源是基础，旅游产品是核心，旅游品牌是关键。

因此，本书提出新媒体环境下的旅游品牌建构的原则：定位清晰独特、传递文化价值、打造品牌名片、树立承载标杆、创意品牌传播，并形成新的旅游品牌建构金字塔框架（见图1－1）。

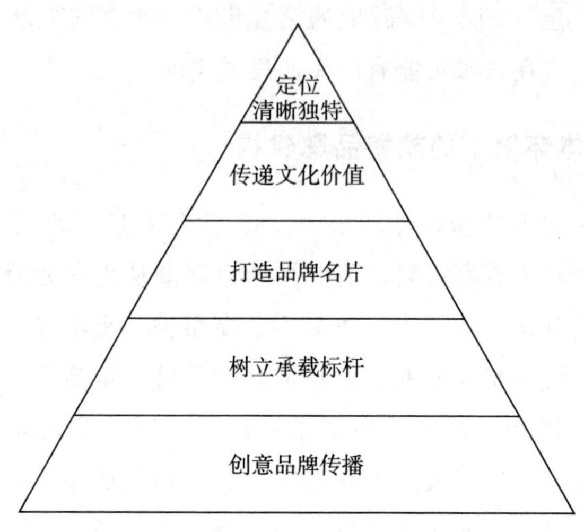

图1－1　旅游品牌建构金字塔框架

第二节　湖北省旅游发展和品牌建设的现状和问题

近些年，湖北省加快旅游业发展的步伐，保持着旅游业健康、持续、快速发展，取得了一定的成就，但同时我们也要从客观的角度看湖北省旅游发展，在历数取得的成就时还要正视目前湖北省旅游发展存在着诸多问题，而旅游品牌建设则是解决湖北省旅游发展问题的核心所在，只有完善湖北省旅游品牌建设，才能使其他问题迎刃而解。

一　湖北省旅游业的发展现状与问题呈现

（一）湖北省旅游业的发展现状

1. 旅游产业规模不断扩大

“十二五”以来，湖北省旅游接待人次和总收入持续保持两位数的年均增速，旅游业呈现出强劲的发展势头，迸发出蓬勃生机和活力，成为全省经济社会发展的一道亮丽风景线。2011 年至 2014 年全省累计接待海内外旅游者 15 亿人次，实现旅游总收入 11580.15 亿元，年均增长 22.39% 和 26.84%。2015 年，全省旅游接待人数达到 50980 万人次，旅游总收入达到 4308.76 亿元，同比增长 12.98% 和 14.84%（见表 1－1）。[①]

表 1－1　湖北省 2015 年旅游收入和旅游人数情况统计

指标		2015 年	
		绝对数	同比增长情况（%）
旅游收入	总收入（亿元）	4308.76	14.84
	入境旅游（万美元）	167190.01	34.99
	国内旅游（亿元）	4206.02	14.26
旅游人数	总人数（万人次）	50980.00	12.98
	入境旅游（万人次）	311.76	12.52
	国内旅游（万人次）	50668.24	12.68
	出境旅游（万人次）	185.15	－1.89

2. 旅游项目和设施逐步完善

旅游业在吸引投资上的综合优势日益显现，成为各类资本聚集的宝地，呈现出大型项目多、投资领域广、项目结构优、投资主体全的显著特征。除了传统的景区项目和酒店外，各类资本加快进入旅游行业其他领域，如温泉酒店、主题公园、旅游购物、拓展运动、旅游地产、乡村旅游、森林度假、民俗文化、休闲娱乐、康体健身等，旅游项目投资遍布吃、住、行、游、购、娱等旅游各个领域和旅游业上下游产业。根据湖北省旅游“十二五”规划，湖北省在此期间竣工旅游项目 500 多个，其中亿元以上项目占 1/3 以上，旅游项目不断增加。

截至 2015 年，全省旅行社 1037 家，其中经营出境旅游业务的旅行社 74 家，国内社 963 家。全省星级饭店总数 541 家，其中五星级饭店 21 家，四星级饭店 92 家，三星级饭店 266 家，二星级饭店 156 家，一星级饭店 6

---

① 《省人民政府关于印发湖北省旅游业发展“十三五”规划纲要的通知》，https://www.hubei.gov.cn/zfwj/ezf/201606/t20160629_1711954.shtml，访问时间：2016 年 12 月。

家。长江星级游船 14 艘，其中五星级游船 5 艘。全省 A 级旅游景区 347 家，其中 5A 级旅游景区 10 家、4A 级旅游景区 117 家、3A 级旅游景区 156 家、2A 级旅游景区 61 家、1A 级旅游景区 3 家。伴随着旅游设施建设的不断完善，湖北省在朝着全国综合性旅游目的地的方向不断前进。

3. 旅游产业呈现清晰的空间布局

随着湖北省“两圈一带”战略的实施，旅游产业区域布局呈现出高度的集中性以及以大头带小头的形势。“两圈一带”中的“两圈”指的是武汉城市圈和鄂西生态文化旅游圈，“一带”则指的是长江经济带。武汉城市圈以武汉为中心，包括孝感、黄冈、咸宁、黄石、鄂州、仙桃、天门、潜江等市。武汉城市圈的旅游总收入超过了全省旅游总收入的一半，充分彰显了武汉城市圈在湖北省旅游产业的首要地位和核心作用。在武汉城市圈中，需要发挥省会武汉市的核心和领头羊作用，来带动圈内周边城市旅游产业的快速发展。鄂西生态文化旅游圈是湖北省自 2008 年以来重点打造的特色文化旅游区域，其地域范围包括襄阳、荆州、宜昌、十堰、荆门、随州、恩施和神农架等市（州、林区）。在鄂西生态文化旅游圈中，宜昌和十堰凭借旅游资源优势（宜昌长江三峡和十堰武当山道教名山），区域旅游发展一直保持着稳定良好的增长势头，而通过圈层的带动，荆门、随州、神农架的区域旅游发展也日趋向好。

4. 旅游交通网络更加便捷

以往交通的不便利是制约湖北省旅游发展的一个重要因素，虽然湖北省公路覆盖密度高，接近东部旅游强省江苏、浙江的水准，但全省东西部交通状况差距太大，旅游者去往省内西部旅游区往往要花费比东部多数倍的时间，这无疑增加了旅游者的时间、精力甚至是金钱支出，给旅游者留下极其不好的旅游印象。

而随着鄂西生态文化旅游圈的发展，省内尤其是西部地区铁路网不断建设和完善，西部城市仙桃、荆州、宜昌、十堰、恩施均已连通动车组列车线路，从武汉市到最远的十堰市和恩施土家族苗族自治州也不过 3 个小时到 4 个小时的车程。而身为省会城市的武汉市更是大力建设城市轨道交通网络，现已开通轨道交通 1 号线、2 号线、3 号线和 4 号线，将原本长江、汉江水域划分开的三镇通过轨道交通网连接起来，极大地方便了武汉市内出行。得益于便捷的交通网络，湖北旅游区位优势更加突出，便于全国旅游客源市场在中部聚集，得天独厚的旅游目的地的地位将进一步显现，也为湖北省旅游业加速向纵深推进提供了重要支撑。

（二）湖北省旅游业存在的问题

1. 客源规模和收入与旅游强省存在较大差距

从数据来看，湖北省与旅游强省相比的差距主要是客源规模相对偏小，截至 2015 年，湖北省国内游客人数在全国排名第 10 位，国内旅游收入在全国排名第 11 位；入境游客人数在全国排名第 11 位，入境旅游收入在全国排名第 15 位。以湖北省作为旅游目的地的消费者群体整体发展滞后，湖北省旅游人数和旅游收入都处在中游地位，落后于旅游强省。客源规模偏小，人均消费水平偏低，使得总需求带动不足，严重阻碍湖北省旅游业的发展。

2. 游客停留时间短、人均消费少

无论是国内游客还是入境游客，湖北省的人均游客停留时间平均仅有 2 天，在旅游发达地区，一个城市就能达到 4 ~ 5 天，而综观湖北省却没有哪个区域可以达到这样的水平，即便是省会武汉市也只有 3 天的人均游客停留时间，更不用提宜昌市和恩施土家族苗族自治州近年的人均游客停留时间还在缩短。而在人均旅游花费方面，国内游客的省内人均花费不足千元，并且全省各市州林区的人均旅游花费在 500 元到 1000 元的范围区间，只有武汉市刚刚达到了千元的标准，全省入境游客的人均花费仅 500 美元。即便游客数量相比以往有所增加，但从实际旅游停留时间和消费水平可见问题仍然很严重，吸引力不足、留不住游客成为湖北省旅游发展必须面对的问题。

3. 旅游产业结构不均衡

在湖北省的旅游收入当中，交通、住宿、餐饮所占比重大大高于景区游览和娱乐的比重，在国内旅游收入项目中，交通、住宿和餐饮所占比重加起来约 52%，而景区游览和娱乐所占比重约 18%，前者比后者高出 34 个百分点，这一差距在入境旅游的收入结构当中更加凸显，高出 52 个百分点。事实上，旅游景区的游览收入应当是旅游收入当中比较核心的部分，即便不是第一位，也应当排在靠前的位置，但湖北省的景区

游览收入比重明显偏低，排在十分靠后的位置，间接说明了湖北省旅游产业结构不均衡，并非景区游览而是周边项目的收入支撑起了省内旅游产业的大梁。

二　湖北省旅游品牌画像：基于定量分析的问题归纳

本章节采用内容分析法进行研究，借助 ROST News Analysis Tools 软件作为文本分析工具，通过软件对文本进行分词，并提取文本当中的高频词进行筛选，保留与研究主题契合度高的高频词来进行定量分析。

（一）研究方法和样本采集

本文试图考察湖北旅游在新媒体上呈现出的整体形象，参考的研究样本选取平台有微博、微信公众号、在线旅游网站，考虑到研究样本采集的操作可行性，这里选取了新浪微博作为研究文本的来源，并将时间限定在 2016 年的范围内。在新浪微博上，以“湖北旅游”和“湖北旅行”两组词作为内容搜索的基本关键词，按照时间顺序采集从 2016 年 1 月 1 日到 2016 年 12 月 31 日的微博，并通过网络爬虫工具对微博内容进行爬取，得到包括博主 ID、微博内容、单条微博链接、发布时间、转发、评论、赞数等指标在内的原始数据，在合并两组关键词的原始数据的基础上对数据进行清洗，去除掉重复微博后，共得到 3004 条微博样本数据。采用 ROST News Analysis Tools 进行文本分析的对象是每条微博的具体内容，不涉及其他指标，软件提取出的关键词按照词频从高到低排序后，筛选过滤掉与本章节无关的词后，形成关于湖北旅游整体形象的高频关键词列表（见表 1－2），其保留了频次最高的前 100 个关键词。从表 1－2 中可以看出，最高词频为 4596 次，以样本搜索关键词“旅游”“湖北”为领头，随之迅速跌落到几百次甚至低于 100 次，至第 100 名关键词词频仅提及 35 次。

表 1－2　新浪微博样本高频关键词

词频排序	高频关键词	出现词频	词频排序	高频关键词	出现词频	词频排序	高频关键词	出现词频	词频排序	高频关键词	出现词频
1	旅游	4596	26	带着微博去旅行	119	51	漂流	70	76	五龙河	48

续表

词频排序	高频关键词	出现词频	词频排序	高频关键词	出现词频	词频排序	高频关键词	出现词频	词频排序	高频关键词	出现词频
2	湖北	4487	27	最美	111	52	东湖	69	77	云雾	48
3	武汉	1237	28	随州	110	53	罗田	69	78	银杏	47
4	旅行	1019	29	生态	108	54	郧西	69	79	十一	47
5	景区	865	30	大峡谷	106	55	风光	67	80	桃花	46
6	宜昌	594	31	美景	99	56	历史	66	81	古城	45
7	文化	479	32	长江	99	57	黄石	65	82	红叶	44
8	恩施	464	33	自然	99	58	自驾	65	83	钟祥	44
9	委员会	382	34	黄冈	97	59	瀑布	64	84	畅游	43
10	旅游局	355	35	体验	95	60	国庆	63	85	出发	42
11	游客	345	36	长假	88	61	旅行社	60	86	五一	41
12	神农架	317	37	孝感	85	62	赤壁	60	87	期待	40
13	乡村	291	38	大别山	83	63	画廊	59	88	花海	40
14	三峡	274	39	巴东	81	64	油菜花	56	89	元旦	40
15	咸宁	225	40	攻略	79	65	利川	56	90	三国	39
16	襄阳	218	41	土家	79	66	樱花	56	91	度假	38
17	荆州	193	42	文明	78	67	随手拍	55	92	炎帝	38
18	温泉	175	43	接待	78	68	休闲	55	93	天气	38
19	十堰	170	44	高速	76	69	故里	54	94	山水	38
20	旅游节	150	45	博物馆	75	70	荆门	54	95	门票	37
21	赏花	149	46	彩虹	75	71	酒店	54	96	背包	36
22	武当山	138	47	清江	73	72	九宫山	53	97	古镇	35
23	麻城	127	48	木兰	71	73	说走就走	52	98	精彩	35
24	美食	126	49	直播	70	74	黄鹤楼	51	99	浪漫	35
25	荆楚	120	50	全域	70	75	导游	49	100	鄂州	35

（二）研究发现

对表 1 – 2 进行分类，得到表 1 – 3。结合关键词出现的词频可以看出。

表 1-3 新浪微博样本高频关键词分类

高频关键词类别	高频关键词
城市或区县地名	武汉、宜昌、恩施、神农架、咸宁、襄阳、荆州、十堰、麻城、随州、黄冈、孝感、巴东、罗田、郧西、黄石、赤壁、利川、荆门、钟祥、鄂州
景区	神农架、三峡、武当山、大峡谷、长江、大别山、博物馆、清江、木兰、东湖、瀑布、画廊、故里、九宫山、黄鹤楼、五龙河、云雾、古城、古镇
旅游主题或内容相关	文化、乡村、温泉、旅游节、赏花、美食、荆楚、最美、生态、美景、自然、土家、彩虹、全域、漂流、风光、历史、油菜花、樱花、休闲、银杏、桃花、红叶、花海、三国、炎帝、山水
旅游活动	带着微博去旅行、体验、长假、攻略、文明、接待、高速、直播、自驾、国庆、旅行社、随手拍、酒店、说走就走、导游、十一、畅游、出发、五一、元旦、度假、天气、门票、背包
情感或形容词	期待、精彩、浪漫
其他	旅游、湖北、旅行、景区、委员会、旅游局、游客

在湖北旅游目的地地区当中，提及最多的地区仍然是武汉、宜昌这两大旅游极，恩施和神农架也还维持在较高水平，其余各地就稍显落后，不足 300 次的词频提及比照 3004 条原始样本仅占据了不足 1/10，在湖北省行政区划 17 个市州林区当中，提及量超过 100 次的有 9 个，刚刚过半，其余市州的旅游知名度和旅游传播做得还很不到位。

在湖北旅游景区当中，神农架同时作为区域地名和景区名称占据了优势位置，三峡紧随其后，其余提及量超过 100 次的景区仅余下武当山和恩施的大峡谷，这几个景区都是湖北的 5A 级风景区，在湖北旅游景区当中仍保持着不可撼动的地位，其他 5A 级旅游景区中，宜昌清江画廊旅游区、武汉黄陂木兰生态文化旅游区、武汉东湖生态旅游风景区、秭归屈原故里、武汉黄鹤楼公园还算在前 100 位的高频词范围内，其中武汉市 3 个 5A 级旅游景区也都得以计入，只不过提及频次略靠后。

旅游主题或内容相关的关键词呈现出明显的休闲游偏向，乡村、温泉、赏花、美食、彩虹、漂流、花海以及各种与花相关的词都与轻松的休闲游画上了等号，而排名最高的文化一词背后的文本多是某地文化旅游节的相关内容（如咸宁温泉文化旅游节、宜昌首届大学生文化旅游节、麻城杜鹃文化旅游节、孝感市孝文化旅游节等），反观与文化密切关联的土家、历史、三国、炎帝等词排名却很靠后。

在旅游活动中，“带着微博去旅行”作为新浪微博的旅游专属话题，成为受广大用户喜爱的旅游话题，人们往往在旅游过程中发布行程微博并带上“#带着微博去旅行#”的话题，旅游目的地和景区在宣传过程中，也常常带上话题来吸引更多用户互动和参与。旅游过程中的分享方式有直播、随手拍，它们也在关键词中得以体现，而人们选择旅游的集中时间段是“十一”国庆节期间的长假以及“五一”、元旦的短期假。

另外，前 100 位的高频词中对情感或者形容词的体现有限，仅采集到期待、精彩、浪漫三个关键词，其他关键词中需要说明的是，“委员会”一词是指湖北省旅游发展委员会，2016 年湖北省旅游局正式更名为“湖北省旅游发展委员会”。

基于前面的高频关键词列表，通过 Tagul 文字云工具形成下面的标签云图（见图 1－2），反映出湖北省旅游的整体形象，标签云图的特征是形象、生动、直观，反映出的结论与前文分类分析结论基本一致，武汉、宜昌、恩施、神农架是最具代表性的湖北省旅游市州林区，神农架、三峡是最突出的旅游景区，这里不再赘述。需要说明的是，图中关键词的出现频次以大小作为唯一衡量标准，颜色深浅仅便于识别区分，不涉及具体数据体现。

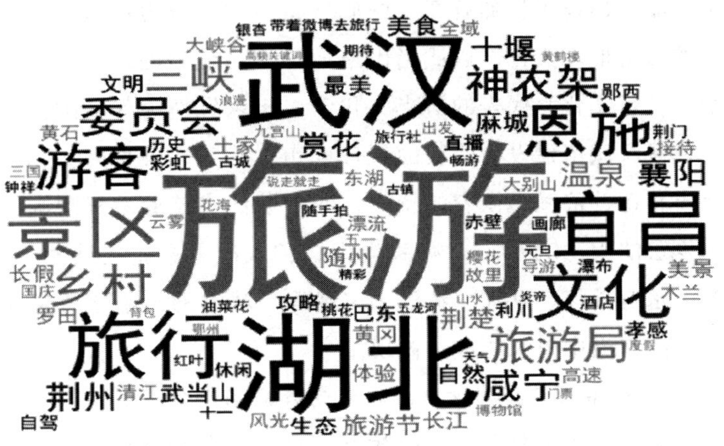

图 1－2　湖北省旅游品牌整体画像

（三）结论与讨论：湖北省旅游品牌的问题维度

从宏观角度看湖北省旅游业的发展，数据的时间纵向对比能够见证取得的成绩，而横向与全国对比以及具体数据的剖析则能够清楚地说明面临的问题。新媒体环境要求旅游目的地必须创建具有特色的旅游品牌，才能赢得激烈的市场竞争，获得旅游收入和知名度、美誉度。因此聚焦湖北省旅游品牌建设问题，思考相应的解决对策，才是核心问题所在。综合湖北省旅游业的发展现状以及社交媒体传播表现出的湖北省旅游整体形象，本章节认为湖北省的旅游品牌建设存在着整体旅游品牌不鲜明、重量级精品旅游品牌少、品牌传播力度不足等问题。

1. 整体旅游品牌不够鲜明，不能体现旅游资源优势

旅游地发展的核心是树立独特、鲜明且具有招揽性的旅游整体品牌形象。2010 年湖北省推出“灵秀湖北”的省域旅游品牌并借由中央电视台向全国宣传和推广，这一品牌名称虽然优美，而且“灵”“秀”的注解出自诗人屈原的《楚辞》，具有山水秀美、人杰地灵之意，但却未能充分体现湖北省的旅游特色。“灵秀”一词本身就使用十分广泛，而且极易让人联想到江南水乡的小家碧玉姿态，对于湖北省来说，“灵秀”并不能体现出鲜明的地域特色。与此同时，目前湖北省整体旅游品牌缺乏对优势旅游资源的考量，从湖北省的优秀历史文化遗存和天然的自然旅游资源来看，湖北省的旅游品牌建设应当拥有充足的底气，因为地域内拥有独特的以楚文化为代表的历史地域文化、以武当山道教文化为代表的宗教文化、以三国文化和辛亥首义文化为代表的历史文化、以土家风情为代表的民俗文化以及以新时代武汉城市建设为代表的现代都市文化等，种种的文化积淀均彰显了湖北省神奇、浪漫、恢宏的特点；而天然的自然旅游资源则是遍布全省的壮美恢宏的大山大水，山有武当山、神农架、恩施大峡谷、大洪山、九宫山等，水有长江、汉江、清江、东湖等，壮美的山水旅游资源优势在目前的旅游品牌当中尚未能成功体现。

2. 重量级精品旅游品牌少，品牌拉动效应不足

湖北省旅游资源十分富足，就数量上来说，湖北省世界级、国家级的旅游产品有 100 多个，占据全国第六位的有利地位，但是数量不足以取胜，全省范围内仍然比较缺乏重量级的精品旅游品牌，现有的丰富的旅游产品

缺乏比较优势，在全国甚至世界范围内知名度很低。除了武汉市、宜昌市、恩施土家族苗族自治州、神农架林区几个市、州、林区拥有一定知名度的旅游品牌如长江三峡、武当山、神农架等之外，其他地区的区域知名度和旅游景点知名度都还很低，旅游景点和旅游产品的档次还不够，缺乏旅游产品的有效整合和独特的旅游品牌，同时现有少数品牌对其他地区的品牌拉动效应不明显，不能将旅游品牌赢得的游客和收入向其他地区过渡和增值。

3. 品牌传播手段匮乏，整合传播力度不足

湖北省的旅游品牌营销策划和传播能力不强，传播推广的方式和手段也十分匮乏，媒体促销宣传技术含量和水平不高，目前传统的大众传播媒介还是重要的媒体传播渠道，在互联网和移动互联网中有一定的投入，但是渠道有限。目前省内还缺乏具有聚集力的在线旅游品牌，或者具有影响力的在线旅游社交账号。

另外，湖北省旅游品牌传播创新手段不足。众所周知，湖南张家界通过电影《阿凡达》的哈利路亚山原型来包装自己，制造“飞机穿越天门”的震撼景观，打造热点十足的悬空玻璃桥和玻璃栈道，这一系列品牌传播手段都创意十足，使得张家界为国内外游客所认知，品牌知名度大幅度提升。而反观湖北省，我们同样拥有类似优势的旅游景区，如神农架、恩施大峡谷，类似的品牌传播手段不是不可以做，但在创意方面，还十分匮乏。

而且目前全省旅游品牌传播缺乏整合意识，各区域各自为战，但由于先天条件和资源分配不均，自然就会存在传播效果的差异，如果不能进行整合品牌传播，省外的旅游者依然不能获得对全省旅游品牌的有效认知，对湖北省旅游发展也十分不利。

通过分析湖北省旅游品牌建设的核心问题，我们可以发现，湖北省目前的旅游品牌建设整体品牌核心理念不清晰，不能有效发挥文化旅游资源的优势，缺乏对湖北省文化核心的系统梳理。另外，对于具体地区，湖北省的精品景区品牌少，能够印记在旅游者心目中的品牌、提到湖北省旅游能立马联想到的旅游品牌匮乏，因此需要用精品的旅游品牌占据旅游者的心智联想。与此同时，湖北省旅游品牌传播层面仍然比较欠缺，面对新媒

体的传播环境，未能看到湖北省在新媒体上实施的引起网络热议和具有轰动效果的传播手段，品牌传播缺乏整合意识，不能让旅游者对湖北省旅游品牌建立起完整的认知。

对应湖北省旅游品牌建设的这些问题，本文提出以下解决对策。

（1）梳理湖北省荆楚文化，建立起独特的荆楚文化旅游品牌。

（2）打造多个精品文化旅游子品牌，共同构建荆楚文化旅游品牌体系。

（3）适配新媒体传播环境，制定荆楚文化旅游品牌传播方案。

这些对策是提纲性的策略，具体的内容将在后续第四章节和第五章节详细展开论述。

第三节　新媒体环境下荆楚文化旅游品牌建构

旅游品牌建构的核心，其实是传播旅游目的地与众不同的文化价值，通过优秀文化的传递，获得旅游者的价值认同和情感依赖，进而转化为实际的旅游体验行为。荆楚文化旅游要想成为优秀的旅游品牌，就必须从文化着手，以文化带给旅游者独特的感知。其品牌的核心价值定位与品牌个性挖掘也源自荆楚文化，是荆楚文化差异化的竞争力所在。文化赋予了旅游品牌生机与活力，在此基础上，才能搭建荆楚文化旅游品牌的金字塔体系。

一　荆楚文化旅游的文化版图

古代文献《尚书·禹贡》将传说中的夏禹时代分为九州，湖北省的主要地区在历史上属于荆州地域，而春秋战国时期又归属于楚国，所以人们习惯以“荆楚大地”来称呼湖北，荆楚文化即指以湖北为中心的区域特色文化。荆楚文化博大精深，历史悠久，底蕴厚实，内涵丰富。荆楚文化突破时间的限制，前可追溯到远古，后可延伸到现今，展现出纷繁的文化异彩。经过荆楚文化研究学者多年发掘、深入研究和对现状的分析，荆楚文化的研究已经颇有建树。这里我们从旅游的角度去重新梳理荆楚文化，将其分为山水文化、历史文化、宗教文化、民俗文化、红色文化、都市文化六个大的文化脉络，并列出其中最能体现湖北荆楚文化特色的具体文化类别（见图 1－3）。

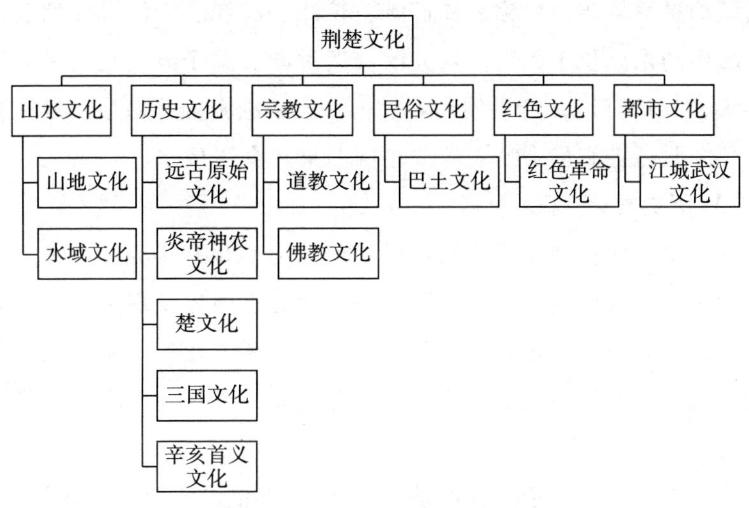

图 1－3　荆楚文化旅游的文化版图

（一）山水文化

湖北省地处中国中部腹地，横跨地形的第二级、第三级阶梯，长江横贯全省而过，形成了雄壮巍峨的山峰和风景秀丽的水域。

山地文化：湖北的名山众多，最出名的当数武当山和神农架。武当山是道教名山，1994 年，联合国教科文组织将武当山古建筑群列入《世界文化遗产名录》，其成为全人类的珍贵文化遗产，接着又被列入世界自然遗产名录，成为为数不多的“双遗产”之一。自宋代以来，武当山一直受到皇家的祭祀，特别是明成祖朱棣更将武当山封为“五岳”之上的名山，使其成为“天下第一名山”。经过历史的发展变迁，其形成了具有丰富内涵的武当文化。而神农架生态景观保存完好，自然风光奇妙莫测，最高峰神农顶海拔 3000 多米，有“华中屋脊”的称号。此外，大别山、大洪山、齐岳山、九宫山等都是具有一定知名度和文化底蕴的山岳。与山相伴的还有奇险的峡谷和神秘的溶洞景观。长江三峡是中国乃至世界最壮美的峡谷之一，以雄奇险秀幽著称于世，而且建设了三峡大坝以后也是举世闻名的水电能源基地，高峡平湖的壮美景色和举世无双的水电能源都令人叹为观止。另外恩施大峡谷足以与美国科罗拉多大峡谷媲美。利川腾龙洞被专家判定为中国已探明的最大溶洞，是世界级的美丽洞穴。

水域文化："千湖之省"的美誉自然不是虚名，湖北江河纵横，大大小小的湖泊星罗棋布，史称云梦古泽。长江、汉江、清江贯穿湖北，全国最大的城中湖东湖位于武汉，两大淡水湖洪湖、梁子湖更是风景秀丽：一首《洪湖水，浪打浪》让洪湖声名远扬，梁子湖则因武昌鱼和螃蟹驰名中外。另外湖北还拥有华中唯一的"中国温泉之乡"咸宁。

（二）历史文化

远古原始文化：湖北郧阳区发现了距今约 100 万年的远古人类头骨化石，说明汉江是汉民族文化的摇篮之一。湖北省内还发现了建始直立人遗址，以及旧石器时代文化和新石器时代的城背溪文化、屈家岭文化和石家河文化，这说明湖北的远古原始文化具有连续性，长江流域是中华文明的发祥地之一。

炎帝神农文化：炎帝神农的故里在现今湖北省随州市境内，而随州、谷城、房县、神农架是炎帝神农的主要活动区域，炎帝神农尝百草、教民种五谷的故事源远流长。炎帝神农文化标志着中华民族的文明从渔猎时代完成了向农耕时代的过渡，对农业文明的形成具有重大意义。

楚文化：楚文化是古代楚人独特的文化遗存，从地域特征来看，湖北是当之无愧的楚文化发源地，也是楚文化保存较为完整的地区。楚文化具有尊凤尚赤、崇火拜日、喜巫近鬼的特点，并且拥有筚路蓝缕的开拓精神、破格争先的进取精神、兴邦昌国的爱国精神、有容乃大的开放精神、博采众长的会融精神、推陈出新的创造精神，这些精神支撑着楚国创造了灿烂辉煌的文化，有当时世界领先的青铜铁器冶铸工艺、丝织刺绣工艺、髹漆工艺，另外还诞生了屈骚、庄文等诗人、哲学家以及道家哲学，还有格调鲜明的编钟乐舞与美术成就。

三国文化：从三国时期地域割据的局面来看，湖北正处于魏、蜀、吴三国交界，是犬牙交错、激烈争夺的"四战之地"。《三国演义》一书当中有 72 回在荆州（荆州 61 回，江陵 11 回），有 32 回在襄阳。全国有四大三国文化之乡：襄阳、荆州、涿州、许昌。其中湖北就占了两个。三国文化不仅在国内有着极强的生命力，故事被书籍出版、戏曲改编、影视传播等，而且在华人圈和东南亚获得了普遍认同感，甚至影响遍及全世界。

辛亥首义文化：武昌起义以武装暴动推翻了清王朝的统治，并结束了中国延续两千多年的封建帝制，这是近代革命党人奋不顾身用生命和鲜血换来的民主革命的成果。而辛亥革命留下的武昌起义军政府和起义门旧址以及历史资料则成为这一段历史最好的见证。

（三）宗教文化

道教文化：道教是中国土生土长的宗教，与同列为中国道教四大名山的四川青城山、江西龙虎山和安徽齐云山相比，湖北的武当山声名最高。这里保存着明代建造的中国现存最完整、规模最大、等级最高的道教古建筑群，而明代因帝王的重视，一度在中国兴起了“武当道”的说法。此外，湖北九宫山的道教声名更是远早于武当，瑞庆宫自南宋起就声名远播，并且由皇帝亲拟其字辈行系，故称为御制派道教祖庭。

佛教文化：湖北不仅在武汉市内拥有宝通禅寺、归元寺、古德寺等多座佛教名寺，形成了厚重的佛教文化，而且拥有中国佛教禅宗的发源地黄梅五祖寺。值得一提的是，黄梅拥有西有四祖、东有五祖、北有老祖、南有妙乐的禅寺格局，四方均有禅寺围绕，创造了当代独具一格的禅修胜景。

（四）民俗文化

巴土文化：生活在清江流域的土家族是古代巴人的后裔。恩施土家族苗族自治州、长阳土家族自治县、五峰土家族自治县三个少数民族自治地区构成了巴土文化的富饶土地。土家人的传统节庆、婚丧习俗、歌舞曲艺等共同构成了具有特色的巴土文化。在清江流域流传着“清江天下秀，长阳歌舞乡”“八百里清江美如画，三百里画廊在长阳”，巴土文化不仅指土家族的风土人情，还囊括了这里秀丽的风景。

（五）红色文化

红色革命文化：新民主主义革命时期，董必武、陈潭秋等老一辈无产阶级革命家在武汉创立了共产党早期组织，此后武汉曾经是大革命的中心。二七大罢工、武昌农讲所、八七会议、黄麻起义、鄂豫皖和湘鄂西革命根据地、八路军办事处、新四军五师司令部、中原突围和刘邓大军挺进大别山等革命活动、革命事迹、革命遗址等，构成了湖北红色革命文化的主要内容，是极其宝贵的革命文化资源。

（六）都市文化

江城武汉文化：武汉地处中国华中地区的中心区位，自古以来水陆交通便利，有“九省通衢”的美誉，3000多年前的商代盘龙城就为武汉积淀了丰厚的历史文化底蕴，而明清之后，武汉更是发展成著名的工商业城市。目前作为华中地区的特大城市和区域经济中心，江城武汉文化具有鲜明的区域特色。它囊括了以古琴台、琴断口、钟子期墓、集贤村、月湖等为载体的知音文化；以黄鹤楼、晴川阁、江滩近代建筑群等为代表的建筑文化；以近代汉阳兵工厂和现代制造业基地武钢为代表的工业文化；以汉正街的老字号和现代的武商、中商等为代表的商业文化；以武汉大学、华中科技大学、华中师范大学等高校和中国科学院武汉分院等科研院所以及东湖高新技术开发区光谷为代表的科教文化；以湖北省博物馆、武汉博物馆为代表的博物馆文化；有发达的铁路、公路、轨道交通和轮渡水运，而且武汉还拥有其他现代都市无可比拟的自然山水，有长江、汉江、龟山、蛇山、木兰山、东湖等自然风光，以及独具一格的江城美食。

湖北省拥有如此多样的荆楚文化，其自然也对应着丰富的旅游资源。依据《中华人民共和国国家标准：旅游资源分类调查与评价》，再结合上述荆楚文化分类情况，下面对湖北省荆楚文化旅游资源进行归纳总结（见表1－4）。

表1－4　荆楚文化主要旅游资源分布

文化主类	文化分类	旅游资源类别	代表性的旅游资源
山水文化	山地文化	山岳	武当山、神农架、大别山、九宫山、大洪山、木兰山、蛇山、龟山、磨山、武落钟离山、西山、莲花山、薤山、双峰山、星斗山、齐岳山
		峡谷	长江三峡（西陵峡、巫峡、瞿塘峡）、恩施大峡谷
		溶洞	腾龙洞、三游洞、隐水洞、钟祥黄仙洞、空山洞、太乙洞
	水域文化	河流	长江、汉江、清江、神农溪、车溪、柴埠溪
		湖泊	东湖、洪湖、梁子湖、陆水湖、仙岛湖、太极湖、漳河水库、丹江口水库
		温泉	咸宁温泉、汤池温泉、京山温泉、房县温泉、龙佑赤壁温泉、洪湖乌林温泉

续表

文化主类	文化分类	旅游资源类别	代表性的旅游资源
历史文化	远古原始文化	遗址	“郧县人”头骨化石遗址、建始直立人遗址、鸡公山旧石器时代遗址、黄梅“焦墩卵石摆塑龙”遗址、宜都城背溪遗址、门板湾遗址、屈家岭遗址、石家河遗址
	炎帝神农文化	遗址	炎帝神农故里遗址
	楚文化	遗址	荆州楚纪南故城、荆州古城墙、楚皇城城址、盘龙城遗址、襄阳邓国故址、襄阳楚王城遗址、秭归楚王城遗址
		墓葬	纪山楚墓群、九连墩古墓群、八岭山古墓群、擂鼓墩古墓群、屈原祠及屈原大夫墓
	三国文化	遗址	襄阳古隆中、鄂州吴王城、当阳关陵、关庙、三国赤壁古战场、宜昌猇亭古战场、三国乌林古战场、当阳长坂坡古战场
	辛亥首义文化	革命重要史迹	辛亥革命武昌起义军政府旧址（红楼）、辛亥革命起义门、辛亥首义博物馆
宗教文化	道教文化	宗教建筑	武当山道教古建筑群（净乐宫、玉虚宫、遇真宫），九宫山瑞庆宫，长春观，荆州三观（开元观、玄妙观、太晖观），南岳庙
	佛教文化	宗教建筑	归元寺，宝通寺，古德寺，黄梅四寺（四祖寺、五祖寺、老祖寺、妙乐寺），洪山寺，当阳玉泉寺
民俗文化	巴土文化	民俗景区	清江画廊、恩施土司城、利川鱼木寨
		传统节庆	赶年节、土家女儿会、牛毛大王节
		风俗习惯	婚俗“哭嫁”、陪十姊妹
		民族歌舞	摆手舞、花鼓子、茅古斯舞、撒尔嗬、长阳巴山舞、利川龙船调
		民族工艺	西兰卡普、土家花带
红色文化	红色革命文化	革命重要史迹	五里坪革命旧址、七里坪革命旧址、武汉农民运动讲习所旧址、湘鄂西革命根据地旧址、湘鄂西苏区革命烈士陵园
都市文化	江城武汉文化	历史建筑	黄鹤楼、晴川阁、汉口江滩近代建筑群、古琴台
		商贸街区	汉正街、汉街中央文化区、江汉路步行街、光谷步行街
		科教园区	武汉大学、华中科技大学、华中师范大学、中国科学院武汉分院、东湖高新技术开发区
		博物馆	湖北省博物馆、武汉博物馆
		城市交通	三大火车站（武昌站、汉口站、武汉站），武汉长江大桥、武汉长江二桥、轮渡码头（中华门、黄鹤楼、武汉关、晴川、汉阳门），轨道交通 1 号线、2 号线、3 号线、4 号线

（七）旅游区域发展不平衡

湖北省东西部经济和交通等各方面发展都存在着较大差异，所以湖北省旅游东西区域发展也不平衡，再加上自然资源和政策优势，形成了省会武汉市和宜昌市两个湖北省旅游发展的核心区域，其他地区差距逐渐拉大。伴随着湖北省旅游战略布局的变化，鄂西生态文化旅游圈逐步发展起来，西部地区市、州、林区逐渐搭上了发展的顺风车，但核心发展区域的客源和收入不能向发展落后区域实现有效过渡，拉动力量明显有限。旅游战略布局虽然对旅游发展落后地区有一定的扶持和带动，但核心区域却是在优渥的基础上获得更加利好的条件，因此整体区域发展不平衡加剧。

二　荆楚文化旅游品牌的核心价值与品牌个性

从文化梳理到品牌建构，首先要给品牌选定基调，从文化中提炼旅游品牌的核心价值，制定具有差异化的品牌定位，使旅游者形成对旅游资源和文化的有效感知。鲜明的品牌个性可以使旅游品牌在众多旅游目的地中脱颖而出，给旅游者留下深刻印象，方便旅游者辨识从而做出旅游决策。

（一）品牌核心价值：神奇、浪漫

品牌的核心价值引自 C. K. 普哈拉（C. K. Prahalad）和 G. 哈默尔（G. Hamel）“企业的核心竞争力”的说法，指的是从企业内部独特资源和能力中寻求竞争优势，[①] 后转入品牌营销领域，成为品牌核心价值的说法。品牌的核心价值是品牌的精髓所在，是一个品牌与其他品牌进行区分的最核心、最有力的诉求点。一个成功品牌的建设必然对品牌的核心价值有着清晰的设定，并使其引领整个品牌的建设过程。

旅游品牌的核心价值具有品牌核心价值所指的一般特征，同时特指旅游目的地的地域文化精髓，[②] 是一个地区的文化精神和特质的高度提炼。旅游品牌核心价值的构建和传递会形成他人对于旅游品牌的内涵和本质的明确认知。特别是以文化为内核的旅游品牌建构，是在梳理了当地文化的

---

① Prahalad, C. K., Hamel, G., “The Core Competence of the Corporation,” *Harvard Business Review*, 1990, 6.

② 黄炜、柳思维：《“神秘湘西”旅游品牌核心价值的构建理念》，《商业研究》2008 年第 7 期。

基础上，依据旅游目的地的文化价值主张进行策划和建构，再进行品牌的传播和推广的。这种旅游品牌建构成功的前提是旅游品牌的建构者和旅游品牌的体验者达成对品牌核心价值主张的共识，这样才能使价值所代表的文化得以有效传播。

通过前文梳理和归纳荆楚文化的文化版图，再把握住品牌核心价值的差异性、地域性、包容性、吸引力等特征，本章节尝试将荆楚文化旅游品牌的核心价值定位为“神奇”“浪漫”。

“神奇”一词既可以用来象征湖北省的山水文化，又可以代表荆楚大地的人文风情。首先，从自然山水文化的角度看，无论是保存着原始生态的神农架、仙山胜境的武当还是风光奇绝的长江三峡和清江画廊、国内最大的城中湖东湖、奇特的喀斯特地貌形成的世界级别的美丽腾龙洞等，这些都足以用“神奇”来形容，“神”意味着它们是大自然的神来之笔，星罗棋布在湖北的各个地域，“奇”则凸显了这些山水风光的奇特、奇妙。

再来看人文风情，炎帝神农文化发源于湖北随州，挑战人类起源的建始直立人遗址，号称“建在奇峰悬崖上的故宫”的武当山古建筑群，还有被誉为“东方第八大奇迹”的随州出土编钟，都彰显了神奇特征。古老的荆楚大地还拥有许多传奇故事，比如伯牙子期的知音传说、三国传说，它们也都被纳入了国家非物质文化遗产。还有秭归同时是屈原和王昭君的故乡，红安诞生了两位国家主席和 223 名将军，是当之无愧的“将军县”，作为文化名人诞生地的湖北充满神奇色彩。

荆楚文化悠久博大，以“浪漫”著称，具有瑰丽奇诡的浪漫性，在荆楚文化当中最具代表性和延续性的楚文化深刻影响了湖北地域的历史文化变迁，它足以与欧洲的古希腊文化和中原的正统文化相提并论，从尊凤尚赤之俗就能看出楚人的浪漫情怀，屈原更是浪漫主义的开创者，在诗作《楚辞》中尽情驰骋着他的浪漫想象。荆楚民俗文化的代表巴土文化也具有浓郁的浪漫气息，土家女儿会与心爱之人相约，也通过唱山歌、哭嫁等方式来抒发感情，是最浪漫的人。坊间流传的知音传说和白云黄鹤传说等同样闪烁着浪漫的光彩。

如今也有旅游城市大连采用“浪漫”一词作为其品牌的核心，但荆楚文化的“浪漫”与之完全不同，大连的浪漫是以现代都市的广场、绿地、喷泉为依托，将城市打造成绿色花园，加上连绵海岸线，打造的是现代浪漫都市；而荆楚文化的浪漫则得益于深厚的历史文化积淀，是传统浪漫主义的象征，其通过旅游得以融入现代文化生活。

综上，“神奇”“浪漫”最能彰显荆楚文化内核，具有高度的概括性和感召力，能够吸引旅游者产生好奇心和做出决策，足以作为荆楚文化旅游品牌的核心价值。

（二）品牌个性：自由奔放、浪漫飘逸、多元融合

美国学者 J. L. 阿克尔（J. L. Aaker）认为品牌个性是指与品牌密切相关的人格化的特征，[①] 消费者会倾向于选择更符合自己个性特征的品牌，并做出购买决策，[②] 从这一意义上说，消费者是在通过选择品牌来进行自我个性的表达。

尤克赛尔·伊金斯（Yuksel Ekinci）和萨米尔·霍萨尼（Sameer Hosany）最初将阿克尔提出的品牌个性理论应用到旅游学的领域，他们从旅游者的角度出发，将旅游目的地品牌的品牌个性看作旅游者在主观意识上将人的性格特征投射到旅游目的地上。[③]

荆楚文化旅游品牌的品牌个性就是用人格化的性情来描述品牌，本章节将其高度提炼为自由奔放、浪漫飘逸、多元融合。

1. 自由奔放

历史上楚国远离北方政治核心地区，虽然被称作南楚、蛮夷，但这反而给了楚地相对自由的发展空间，造就了其相对独立的地域文化品格，也形成了湖北人天然自由奔放、豪情浪漫的性格。荆楚文化旅游品牌也应将当地人这种自由奔放的性情融入品牌个性当中去。这里的文化是独立自由的，山水也是自由奔放的，原始的山林自由生长，浩瀚的江河奔腾不息。

旅游者的旅游行为也可以说是对日常工作生活的逃离，需要追求自由无拘束的体验，当旅游者这种潜意识的需求映射到旅游地时，一致的品牌

---

① Aaker, J. L.,“Dimensions of Brand Personality,” *Journal of Marketing Research*, 1997, 34 (3).

② Aaker, J. L.,“The Malleable Self: The Role of Self-expression in Persuasion,” *Journal of Marketing Research*, 1999, 36 (1).

③ Ekinci, Y., Hosany, S.,“Destination Personality: An Application of Brand Personality to Tourism Destinations,” *Journal of Travel Research*, 2006, 45 (2).

个性自然能赢得旅游者的青睐。荆楚文化旅游打造自由奔放的品牌个性能够吸引更多旅游者产生更频繁的旅游向往。

2. 浪漫飘逸

荆楚文化的浪漫是一种情怀，它根植于荆楚大地，是荆楚人民所创造出来的鲜明文化个性，其独特的精神气质充满了浪漫飘逸的神韵。事实上，早在2005年，湖北省就曾启用“极目楚天舒，浪漫湖北游”的旅游形象主题口号，“浪漫”对湖北旅游形象特征抓取得比较准确，我认为它相比后来的“灵秀湖北”当中的“灵秀”一词更能代表荆楚文化旅游品牌的个性。“灵秀”再加上江河湖泊太容易让人联想到江南水乡，然而相比之下，湖北没有断桥边许仙白娘子的缠绵爱情，而有伯牙子期的执着友情；没有苏小小小家碧玉式的幽怨，却有满江樯橹千帆竞发的气势；没有西湖苏堤的垂柳细雨，却有崔颢李白登黄鹤楼的思古情怀。论起来，湖北散发出的浪漫飘逸神韵不是江南的温婉秀气，而是基于大江大山大湖的荆楚气魄。

前文对湖北旅游品牌画像分析，捕捉到的为数不多的形容词就是“浪漫”，这说明在社交媒体传播过程中人们也对湖北的浪漫飘逸气质有着一定的认同感，将其作为荆楚文化旅游品牌的个性名副其实。

3. 多元融合

湖北地处华中之中，沟通南北，连接东西，独特的区位使得湖北不仅在地理形态上呈现多样化的特征，还促使荆楚文化形成了开放包容的品格，造就了其多元融合的文化个性。湖北的地势复杂多样，三面有高山，而中部则是低缓的平原河湖，自然形成了多元的旅游景致。穿越整个湖北省，不仅可以体验到雄伟巍峨的山峰、奇险峻秀的峡谷，还可以看到奔流不息的江河以及秀美如画的湖泊，荆楚大地多样的山水风光让这一旅游品牌丰富饱满，具有多面风采。

荆楚文化具有开放兼容的特点，西部地区古老的生态文明和历史文化保存良好，中东部借助发达的交通网络走向发达现代化，这种传统和现代、落后与发达并存融合的景象构成了如今的荆楚。通过前文的文化梳理也可以发现，荆楚文化丰富多样，形成了多元化的文化格局。除此之外，在与外来文化的碰撞之中，荆楚文化也彰显了其开放气度，武汉市作为省会和重点旅游城市可谓典范，旅游者既能在这里感受到悠久的历史和传统浸润的文化气息，又能体验到向一线现代化都市迈进的步伐，多元文化的融合提供给旅游者多元异质文化体验的满足感。

三 新媒体环境下的荆楚文化旅游品牌体系

明晰新媒体环境的特征和变化，是旅游品牌打造的基础。具体来说，新媒体环境下的旅游品牌建构遵循以下原则：定位清晰独特、传递文化价值、打造品牌名片、树立承载标杆、创意品牌传播。荆楚文化既是湖北旅游发展的灵魂，也是湖北旅游发展的载体。荆楚文化的历史脉络、空间分布和资源特色，极大地影响了湖北旅游的总体布局，影响了湖北旅游的产品开发和品牌打造。因此，依据新媒体环境下的旅游品牌建构原则，可规划的荆楚文化旅游品牌体系如下所示（见图 1－4）。

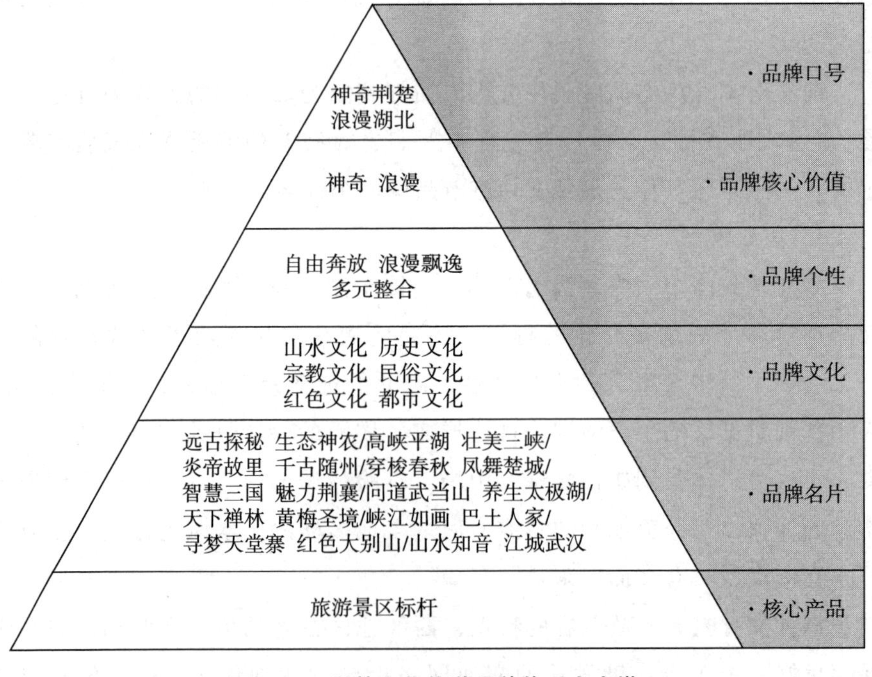

图 1－4 荆楚文化旅游品牌体系金字塔

这一荆楚文化旅游品牌体系以“神奇荆楚 浪漫湖北”作为整体品牌口号，围绕着荆楚特色的山水文化、历史文化、宗教文化、民俗文化、红色文化、都市文化，以神奇、浪漫定位品牌的核心价值，赋予品牌自由奔放、浪漫飘逸、多元融合的个性，再分别打造十个具有文化和地域特色的荆楚文化旅游品牌名片："远古探秘 生态神农""高峡平湖 壮美三峡""炎帝故里 千古随州""穿梭春秋 凤舞楚城""智慧三国 魅力荆襄""问道武当山 养生太极湖""天下禅林 黄梅圣境""峡江如画 巴土人家""寻梦天堂寨 红色大别山""山水知音 江城武汉"。

在打造十大旅游品牌名片的同时，我们还要寻找最具代表性的旅游景区标杆作为品牌的核心产品，因为人们对于实景的认知和记忆要强于一个品牌名称和一段文化背景，所以通过少数具有代表性的旅游景区标杆来实现对旅游者记忆心理的满足，这也是旅游品牌得以有效传播的正确方式。

表 1-5　荆楚文化旅游景区标杆

荆楚文化旅游品牌名片	旅游景区标杆
远古探秘 生态神农	神农架、神农溪
高峡平湖 壮美三峡	三峡大坝、三峡人家
炎帝故里 千古随州	随州炎帝神农故里、千年银杏谷
穿梭春秋 凤舞楚城	荆州古城、秭归屈原故里
智慧三国 魅力荆襄	襄阳古隆中、荆州古城
问道武当山 养生太极湖	武当山
天下禅林 黄梅圣境	黄梅四祖寺、五祖寺
峡江如画 巴土人家	清江画廊、恩施大峡谷、土司城
寻梦天堂寨 红色大别山	大别山、天堂寨
山水知音 江城武汉	东湖、黄鹤楼、古琴台

第四节　新媒体环境下荆楚文化旅游品牌传播策略

旅游品牌体系是旅游品牌建构的基石，而品牌传播则是撬动旅游品牌走出旅游地、走向全国、走向世界的杠杆。根据传播活动的一般要素以及旅游传播的特点，本节提出以下几点旅游品牌传播策略供"神奇荆楚 浪漫湖北"文化旅游品牌打造优质品牌传播方案。

一　传播创意：文化穿越旅游体验，制造传播爆点

新媒体时代动辄就是海量数据，如果缺乏创意，任何品牌传播活动都难以实现品牌成长的目标。对旅游产业而言，创意具有极大的空间，整个旅游产业就是一个微型社会，所以创意可以"天马行空"，"世界上最好的工作"和澳大利亚旅游的关系就是最好的例证。在中国旅游营销领域，张家界天门山通过连续十年的"传奇"营销，让曾经的一片荒山成为和武陵源并驾齐驱的国内重要旅游标志，不得不说其在营销上施展了卓越手段。翻开其履历，飞机穿越天门洞、挑战天门山、翼装飞人等大手笔，让人记忆深刻。

创意最终的体现是一种文化认同，也是融入旅游地文化的一种表达，而最终会形成这个城市、区域的一种文化体验，这种文化还将深刻地影响未来、支配未来。新媒体时代的旅游者看重旅游体验，而以文化注入内涵的旅游品牌同样也需要采取文化体验式的旅游方式才能充分彰显其文化价值。因此我们应当创造一种与以往完全不同的创新旅游体验，并借此引爆全网传播的爆点。

受《咱们穿越吧》大型历史穿越真人秀节目的启发，笔者构想的关于荆楚文化旅游品牌传播的创意是文化穿越游。既然演员可以通过在节目当中角色扮演进行穿越，体验相对真实的历史文化和风土人情，那为什么其他人不行呢？其他人也可以在旅游中体验穿越。从现实角度而言，我们不可能真正地突破时间和空间的限制，现有的旅游景区也不可能原原本本地还原历史风貌，但是科技进步赋予了想象更多的可能，具体实现方式要依靠 VR 和 AR 新媒体技术，旅游者通过简单的移动智能终端和穿戴设备来进入穿越世界，旅游应用 VR 技术和 AR 技术的天然优势在于旅游地可以营造一个相对符合虚拟世界的现实环境，旅游者可以在穿越世界中拥有第二个身份，但身体却在实际的旅游目的地完成体验。

我们需要设计一款适配智能终端的应用程序，将十大荆楚文化旅游品牌名片以故事主线的方式置入应用当中，并植入 LBS 定位技术，根据使用者所处位置自动选择相应的故事主线进入。应用需要寻找专业人士进行研发设计，可参考游戏开发流程，依据不同的故事主线类型设计人物角色，

整体风格和形象设计既要突出文化内涵，又要具备视觉吸引力，可以直接请游戏开发团队承包制作，保证开发应用的流畅度和美观度。

这款旅游穿越体验应用一经推出，对旅游者来说将有至少两种不同的体验方式：①在旅游行程前，通过 VR 眼镜进入应用，进行旅游行程的事先体验和准备，足不出户，就可以达到眼见耳闻的效果；②在旅游行程中，旅游者只需携带最基本的智能终端比如手机，LBS 定位将帮助旅游者自动进入所处地相应的故事主线，旅游者可选择身份角色，以故事为背景开始行程，在旅游目的地会有类似“签到点”的位置，到达某个位置，即可触发故事情节，配合 AR 技术，可以在智能终端查看叠加在现实环境上的穿越世界。考虑到旅游中的安全问题，VR 技术和 AR 技术将分别适用于不同的体验场景。

这一创意性的旅游体验方式一旦推出，必然会引起各方面的广泛关注，形成传播爆点，不仅对旅游爱好者来说是一个崭新的体验，对于文化爱好者来说更是福音，还会引发他们自主进行传播，而其他旅游目的地特别是文化旅游品牌也许会争相模仿，开发属于当地的旅游体验，但核心在于创意，人们会记住第一个，我们自己的旅游品牌可以同时收获知名度和旅游收入。

二　媒介整合：运用社会化旅游平台，积累旅游资产价值

在新媒体环境下，我们要学会用“内容支配媒介”。当传播创意诞生后，我们会将创意做分解，它会是一场活动、一段视频、一篇新闻稿、一个话题或是一个物料。而这时，我们要选择的是创意分解后的载体，再匹配它的传播渠道。以往，我们常常思考通过什么媒介去做表达；而现在，我们要思考的是我们的创意适合什么媒介。新媒体时代，媒介资源不再被垄断，游客可以自由选择接收的内容，同时游客能够接触到的媒介形式十分丰富，也包括免费的媒介资源，比如社会化媒体。所以，选择媒介已经不是我们的重要工作，我们应该投入精力的是选择适合创意的传播渠道。

前文提到新媒体传播的显著变革是社会化传播，社会化媒体成为一股不容小觑的力量，对于品牌传播而言，则要加大在社会化媒体上的投入。旅游品牌的传播可借助社会化旅游网站和微博微信之类的社交媒体平台。

（一）社会化旅游网站开辟专属板块

OTA因应社会化传播的需要，逐渐增加社交功能，向“旅游网站＋小型社交媒体”发展过渡，转变为社会化旅游网站。对于省级旅游品牌来说，旅游品牌和景区的传播推广可以进行集中管理，在线旅游网站依据从国家到省级到市级到景区来给旅游信息分级，我们要做的不只是分流基础的旅游信息，还要设计和开辟专属的品牌传播版块，在社会化旅游网站的原有功能基础上定制化这一传播平台。

湖北省旅游发展委员会已经意识到培育社会化旅游网站进行传播的重要性，在2016年7月宣布与携程合作，以“知音湖北 楚楚动人”进行主题推广活动，活动启动后，携程旅行网与携程手机应用开展了三场湖北深度游产品宣传促销活动，即“臻品游”万里长江暑期感恩之旅专场、“完美灵秀湖北，玩美旅游季”特卖汇抢购专场、“1元抢优惠，玩遍大湖北”门票活动。游客可以通过携程网的系统直观了解到湖北省丰富的旅游产品信息，购买湖北旅游线路产品，并能参与湖北省推出的各类旅游优惠促销活动，享受一站式全方位服务。

这次主题推广是一次有益尝试，能够向更多旅游者推荐湖北旅游景区和行程，直接实现旅游收入的增长，但与旅游者的日常互动显得不足。品牌传播不仅仅是一时轰动，需要维系细水长流的消费关系。因此要让旅游者可以方便快捷地获得旅游品牌的各方面信息，即使在第三方的旅游网站，旅游者也能够直接与旅游目的地品牌的服务者进行互动，对旅游品牌有全方位的深入了解，促成其做出到该地旅游的决策。

（二）社会化媒体平台积累社交资产

新浪旅游将品牌在社交媒体上的投入用社交资产的概念来表述，它对社交资产所做的定义是，社交资产，即单体或整体微博账号累积的影响力总和。通过某个地域的社交资产解析，可以了解该地域可覆盖的粉丝属性、粉丝兴趣和社交客源等。① 对于省级的旅游品牌而言，其社交资产应当包括省文化和旅游厅账号的累积社交影响力、市旅游局账号的累积社交

① 《新浪微博旅游行业发展报告》，http://www.199it.com/archives/338860.html，访问时间：2016年12月。

影响力、省域内旅游景区账号的累积社交影响力以及旅游机构从业人员账号的累积社交影响力。在评估某个地区或者机构的社交资产时应当综合这些方面共同构成影响力的总和。

新浪旅游对省级旅游品牌的“社交资产”进行了排名。其中浙江省旅游资产累积影响力最高，综合分值达到363691；影响力综合分值超过20万的依次有福建、江苏、山东。而湖北省尚未被排入前十名的行列。

因此要想在社交媒体平台上增强湖北省旅游品牌的影响力，必须加大对社交媒体的投入。传播方案的实行未来可能达成两方面的效果，一是通过湖北省旅游社交媒体账号群体传播我们的文化穿越体验游创意；二是传播创意一旦成为爆点，湖北省的旅游社交媒体必将持续受到各方面的关注，为湖北省旅游社交资产增值。

三　执行推广：KOL“种草安利”，发挥意见领袖的传播力

新媒体时代的传播体系，远比电视报纸时代复杂得多。旅游者的关注点常常就在一段视频、一张照片、一段文字上面，而非我们想要传达给受众的那些内容。既然受众可选的空间越来越大，我们就必须强化每一个细节，以确保我们传递的内容能够吸引潜在游客。为此，实际上我们要下很大的功夫。要确保执行得优秀，需要投入更多的资源。我们认为，创意传播也是遵守“能量守恒定律”的，一个优秀的传播成果和投入的资源是完全成正比的。

KOL（关键意见领袖）指的是品牌传播过程中的意见领袖，需要他们在旅游品牌和创意传播的执行过程中发挥巨大的传播力，覆盖更多更广的旅游者群体，通过推出他们的实地体验和旅游攻略，来吸引其他旅游者的向往和做出来湖北旅游的决策。新媒体环境下的KOL领域不断细化，生活类KOL因其普遍接近性和分享实用性尤其受到追捧。

在网络用语中，“草”指的是长势凶猛的购买欲，而“种草”则泛指购物欲望的萌生；“安利”原本是一个公司，模式类似于传销，但现在已经从名词演变成一个动词，泛指网络中介绍好物品的行为，衍生出“贩卖安利”（介绍自己喜欢的东西）、“吃安利”（接受别人的推荐去购买或了解某物品）等说法。

社交网络上的各种类型的KOL就是“安利”的一把好手，他们在耕耘自己的社交圈子时，首先会把一些意识形态、价值观、爱憎好恶深植在受众心里，形成个体的独特风格，可以说现在的KOL不仅仅是一个信息传播的影响者，而且在运营粉丝经济，他们面对的不是一个个受众，而是具有一定忠实度的粉丝。当具备一定的粉丝基础时，“安利”的时刻就到来了，而且对于粉丝来说，由于已经积累了价值观和爱好的信任度，会心甘情愿地“吃安利”。

这一策略的具体执行如下。可以在全网范围内邀请具有代表性的KOL（如知名旅游博主、旅行作家、摄影师、旅游体验师等）参与我们的创意文化穿越旅游体验，让这些KOL通过图文分享或者直播的方式，在社交媒体平台上分享自己的体验；也可以让KOL直接招募旅游者，带领粉丝群体，发起结伴式的旅游行程，类似进行一场事件营销。这样可以借助强大的社交媒体平台的传播力和KOL庞大的粉丝群体完美呈现荆楚大地的文化和风情，引发深度传播。

需要特别注意的是，目前网络上的受众很多都对KOL直接发布的广告产生了反感情绪，因此在运用KOL的传播过程中，要尽量避免直接的广告利益呈现，而是以自身体验的言说为主要传播方式，要突出真诚感且有一定限度，传播者主体应是KOL自身，而不是旅游目的地，让旅游者心甘情愿“吃”下KOL的“安利”，而非感觉到被隐形广告欺骗和套路。

第二章　就地城镇化背景下湖北乡村旅游品牌传播

第一节　就地城镇化背景下乡村旅游品牌传播的战略定位

“城镇化是现代化的必由之路。”① 就地城镇化是“人口未大规模向城市或异地迁移，在县域范围内，依托域内城镇体系，推动产业、资源、人口、信息等科学合理聚集，实现居民社会保障一体化、基本公共服务均等化、生产生活方式市民化的一种新型城镇化模式”。② 乡村旅游是实现新型城镇化的重要途径。2022 年我国提出了分类推进小城镇发展，发展具有区位优势和独特资源的专业文旅功能城镇的方案。③ 因为作为乡村旅游内涵的乡村特殊资源与区域优势等无法在短时间内改变，所以作为乡村旅游外延表达的品牌传播就成了发展的重点。

一　就地城镇化：乡村建设的必由之路

我国城镇化发展最开始借鉴美国和欧洲的模式，在中国主要体现为异

① 《中央城镇化工作会议举行 习近平、李克强作重要讲话》，http://www.gov.cn/ldhd/2013-12/14/content_2547880.htm，访问时间：2013 年 12 月。

② 浙江省标准化研究院：《国家标准〈就地城镇化评价指标体系〉解读》，http://www.zis.org.cn/Item/4042.aspx，访问时间：2019 年 11 月。

③ 中华人民共和国国家发展和改革委员会：《“十四五”新型城镇化实施方案》，https://www.ndrc.gov.cn/fggz/fzzlgh/gjjzxgh/202207/t20220728_1332050.html，访问时间：2022 年 7 月。

地城镇化。随着城市资源饱和，异地城镇化背景下的城市无法为农村迁移人口提供足量的就业岗位和生活空间，农民基本生活无法保障，所以我国开始了具有中国特色的就地城镇化。

（一）就地城镇化的必要性

改革开放以来，随着我国政策制度的完善稳定与工业技术的不断发展，乡村农业生产力富足问题显现。同时，乡镇企业的生产力需求不足以覆盖富足的农业生产力供给，我国形成了农业生产力跨地区流动，即由乡村流入城市的异地城镇化模式。D. Bougue 的“推—拉理论”认为影响人口迁移的因素由“推力”和“拉力”两部分构成，前者是影响人口迁出的消极因素，后者是影响人口迁入的积极因素。[①] 我国乡镇务农人员需求降低与乡镇就业岗位稀少是影响人口迁移因素中“推力”的重要组成部分，而城市工业化飞速发展带来的城市就业岗位需求增多与城市经济收入提升是影响人口迁移因素中“拉力”的重要组成部分。

随着社会经济发展，“城市优先”的发展模式导致乡村地区大量的生产力流向城市，我国乡村的空心化、老龄化等问题严重，生产与生活效率低。2021 年国民经济和社会发展统计数据显示：“全国人户分离的人口 5.04 亿人，其中流动人口 3.85 亿人。”[②] 我国城市生产力需求随着社会经济的高速发展转向稳定发展而逐步降低，城镇化建设逐渐转向具有中国特色的就地城镇化。就地城镇化区别于异地城镇化，其人口未大规模向城市或异地迁移，而是依托于县域内的城镇体系，通过区域特色资源与产业等的科学挖掘与合理聚集实现乡村各要素间的协调发展与乡村居民生产生活方式市民化的一种新型城镇化模式，是我国现代化战略布局中的重要组成部分，也是乡村建设的必由之路。

（二）就地城镇化的源起与意向

就地城镇化有助于优化乡村产业结构、管理体系、乡村环境和传承乡土文化以及助力农民身份的转变，是新型城镇化的重要模式，也是乡村振

---

① 李强：《影响中国城乡流动人口的推力与拉力因素分析》，《中国社会科学》2003 年第 1 期。

② 国家统计局：《中华人民共和国 2021 年国民经济和社会发展统计公报》，http://www.stats.gov.cn/xxgk/sjfb/zxfb2020/202202/t20220228_1827971.html，访问时间：2022 年 2 月。

兴战略的重要组成部分，[①] 在缩小城乡差距与助力城乡统筹发展中起重要作用。我国就地城镇化起步依托于工业化发展，工业化的本质在于批量化与效率化，指向提高乡村生产和生活效率，助力乡村经济发展，提供更多就业岗位与更大就业空间。

我国依托于工业化的就地城镇化发展到一定程度，生产力走向饱和，供大于求，生产力再次溢出，使得第二产业提供的就业岗位饱和与不适宜工业化发展的生态脆弱型乡镇中第三产业逐步受到重视，旅游业和以旅游业为产业链核心辐射的其他产业随之发展，进一步解决乡村就业岗位与经济发展问题，乡村旅游业在就地城镇化中逐渐占有重要地位。

二　乡村旅游业：就地城镇化的支撑要素

就地城镇化最初主要以第二产业为依托，提供就业岗位，提高生产生活效率，促进经济流动发展。第二产业发展到一定程度，生产力饱和，供大于求，无法继续提供更多的岗位，乡村旅游受到重视，逐渐成为就地城镇化的支撑性产业之一。

（一）双向互动：基于就地城镇化的乡村旅游业建设

就地城镇化与乡村旅游有着密切的互动协调关系。[②] 就地城镇化可以使得乡镇从生产和生活两方面实现城镇化。

生产城镇化使得农业和其他产品的生产效率化与批量化，工业的引入使得生产力被解放，被吸收入其他产业之中。乡村旅游的发展需要大量的人员，从农业和工业生产中解放出的生产力以及原本流入城市的生产力一同流入乡村旅游业与其他旅游相关产业，促进乡村旅游业的进一步发展。同时，生产的城镇化会使得经济发展更加迅速，经济的积极发展促使乡镇基础设施逐步完善和美化，为乡镇旅游业提供更多的人文环境和服务体系的支持。生活的城镇化使得居民生活便利度与环境美化度提升，生活便利度提升为乡村旅游业提供良好的游客接待环境与优质的服务，为乡村旅游

① 彭斌、芦杨：《乡村振兴战略下就地城镇化发展路径析论》，《理论导刊》2019 年第 12 期。

② 丁华、陈添珍：《乡村振兴背景下乡村旅游与就地城镇化耦合协调探析——以浙江省安吉县为例》，《西北师范大学学报》（自然科学版）2019 年第 5 期。

发展提供先决条件。

生活和生产的城镇化为原来由乡村流入城市的乡镇人员提供了更多的选择与机会，生产的城镇化带来的就业机会以及生活的城镇化带来的生活便利度使得原本的部分重要“推力”被削弱或消解，原本由乡村流入城市的部分人员也会随之反向流回乡村，为乡村旅游业注入更多生产力与活力。就地城镇化与乡村旅游业建设逐步形成了协同发展的双向互动关系。

（二）空间拓展：基于乡村旅游业的就地城镇化发展

乡村旅游业在发展建设过程中需要大量的生产力，在吸引本地及周边乡村人员向中心旅游乡村聚集的同时也更大限度地增加了农民工返乡就业或创业的可能。以此助推乡村生产方式和产业结构的改变，为实现生产城镇化提供更多的助力。

周边人口的向心化聚集使得此区域形成了以一个旅游型乡村为核心呈辐射状的乡村旅游区域，带动周边资源或区域优势弱于中心村的其他乡村共同富裕，为实现城镇化建设提供更多的生产力资源并为实现共同富裕创造更大可能。

乡村旅游带来的经济发展和区域人口聚集使得乡村拥有了设施建设的经济基础，以及由区域人口聚集带来的基本生活需求增大和其他社会需求增加，一同驱动着城镇化设施建设加快，共同助推就地城镇化目标达成，进一步为就地城镇化发展拓展空间。

三　品牌传播：就地城镇化背景下乡村旅游业发展的外延桥梁

乡村旅游业是就地城镇化的重要支撑，作为现阶段乡村旅游业发展重要问题的乡村旅游品牌传播随之成了就地城镇化背景下乡村旅游业发展的外延桥梁。乡村旅游与品牌传播间呈现博弈与互助并存的螺旋向上的发展关系，乡村旅游业内核建设制约乡村旅游品牌传播发展的同时，作为乡村旅游外延触点的品牌传播又不断助力着乡村旅游业的内涵建设。

（一）博弈：受乡村旅游业发展制约的品牌传播

就地城镇化通过促进乡村旅游业的发展，进一步促进乡村旅游传播的发展。乡村旅游业发展的程度决定人员从城市回归乡村的速度，因此制约着乡村旅游传播的人才增加幅度。

就地城镇化与乡村旅游业的协同发展程度决定了乡村环境美化程度以及乡村经济发展速度。环境美化为乡村旅游传播提供更多的传播内容支持，经济发展带来的人员收入提高使得乡镇居民的消费水平提高以及人员流动加速，伴随人员流动的乡镇信息输出不断增加，人的流动带来的信息流动也会提升乡镇的知名度，对于乡村旅游传播有积极影响。生活的城镇化带来的乡村旅游环境美化度提升，使得旅游环境和旅游气氛呈现优势地位，对于乡村游客的吸引度也随之提升，吸引度的上升使得乡村旅游传播信息在触达受众后更容易被受众所解码，使受众转化为游客的可能性上升。反之，经济发展和环境美化程度较低的乡村，传播内容和由人员流动带来的信息流动均较少，对于游客的吸引力也较低，对于乡村旅游传播有负面影响。

乡村环境美化和经济发展取决于就地城镇化和乡村旅游业的协同程度，传播内容的丰富度和信息流动的速度取决于乡村环境好坏和乡村经济的发展程度，乡村传播人才的留存取决于就地城镇化对于乡村旅游业发展空间的拓宽程度，乡村旅游业由此制约着乡村旅游品牌传播。

（二）互助：作为乡村旅游业外延触点的品牌传播

在乡村旅游的发展中，其需要内涵和外延的同步建设，前者指代品牌的内涵建设，后者指代品牌的信息传播。因乡村资源和文化经济等要素的不同，形成了较为差异化的乡村品牌内涵，且因为经过长时间的沉淀，品牌内涵已经呈现较为稳定的态势，难以在短时间内进行改变。所以，乡村旅游品牌传播成为现阶段乡村旅游发展的主要问题。

乡村旅游品牌传播在很大程度上使得乡村的知名度与口碑协同上升，为乡村旅游提供更大的人员流动基础，吸引更多的游客进入乡村、了解乡村，并且在乡村进行消费活动，带动乡村经济的活跃。游客的涌入使得乡村旅游业和相关产业蓬勃发展，乡村旅游业连接与带动其他产业，促进就业岗位增加和完成产业聚集，完善乡镇基础设施建设与服务管理体系。

总的来说，乡村旅游品牌传播以扩大乡村知名度与提升乡村口碑为切入点，通过人和物的流动带动乡村旅游业发展，助推就地城镇化不断发展完善。

第二节　就地城镇化背景下湖北乡村旅游品牌传播的多元现状

在论述了乡村旅游品牌传播就地城镇化的战略定位后，本章节将从整体现状、环节分析和对比观察三个角度对湖北省乡村旅游品牌传播进行全面的现状考察与分析。为下一步找到湖北乡村旅游品牌传播的问题提供支撑。

一　湖北乡村旅游品牌传播的立体化现状呈现

随着社会的发展，我国的传播环境发生了翻天覆地的变化，湖北省乡村旅游品牌传播在不断适应传播主体嬗变、传播技术变革和社交需求的不断增长带来的传播环境变化中，逐渐形成了“大传播”“云传播”与“场传播”并存的传播格局。

（一）主体嬗变语境下的“大传播”

融媒体时代下传播主体在横向和纵深上不断地拓展和演变。在横向上，从人扩展为人、物并存；在纵深上，从单一传播者传播扩展为传播者传播与用户传播并存。由此形成了由主体嬗变带来的“大传播”生态。

2023 年 3 月 2 日，《CNNIC 发布第 51 次〈中国互联网络发展状况统计报告〉》显示：“截至 2022 年 12 月，我国网民规模达 10.67 亿，较 2021 年 12 月增长 3549 万，互联网普及率达 75.6%。”① 互联网的不断普及，使得受众变成传播的主体成为可能。在全民传播的社会情境下，所有用户都有可能成为湖北省乡村旅游品牌传播的主体，传播权的让渡使得受众从被动的接受者变成了主动的参与者，抖音、小红书等社交软件的发展壮大，进一步刺激了用户的分享欲望，使用户参与到湖北乡村旅游的传播中。

在万物皆媒的背景下，传播的主体由人和物共同组成，人和物的流动均会带来信息的飞速传播。湖北省位于中国中部地区，省会城市武汉是全

---

① 《CNNIC 发布第 51 次〈中国互联网络发展状况统计报告〉》，https://www.cnnic.net.cn/n4/2023/0302/c199-10755.html，访问时间：2023 年 3 月。

国重要的综合交通枢纽城市，交通的发达带来了人的大量流动，促使着武汉以人为媒介的信息流通率远高于交通次发达城市。同时，我国快递业的发展壮大，使得伴随着物的流通所传播的信息也随之增长，在湖北乡村的产品向全国流通的过程中，湖北乡村的知名度不断提高，乡村知名度的提高有助于提高乡村旅游品牌的受众认知度，从而促使乡村旅游行为增多。

综合互联网普及带来的传播权让渡和湖北省会城市作为全国重要综合交通枢纽带来的信息大量流通，湖北省乡村旅游品牌传播在主体嬗变语境下的“大传播”格局逐渐形成。

（二）技术变革背景下的“云传播”

随着互联网技术的升级，以“大数据”、“云计算”和“云储存”为依托的交互方式不断涌现，人工智能、AR 和 VR 等技术的革新，给乡村品牌传播带来了全新的技术变革，在传播技术不断地升级换代下，传者和受者的生活与网络愈加密不可分，逐渐形成了以网络技术为支撑的“云传播”生态。

在技术变革的社会背景下，“互联网成为实现乡村振兴重要抓手，推动农村数字化服务发展”。[①] 乡村数字化的发展普及，进一步降低了乡村旅游品牌传播的技术难度，使得更多的村民成为乡村旅游品牌的传播者，扩大了乡村旅游品牌传播的辐射范围。湖北襄阳的谷城县堰河村乡村旅游区，在当地经营景区商铺的村民大部分都会使用抖音等网络平台发布自己的日常生活和进行直播带货，依托“云平台”，与受众形成“云朋友”关系，通过情感连接促进粉丝增长和转化，为当地的乡村旅游品牌传播提供更多的信息传播渠道。

在精准推送技术普及的当下，乡村旅游内容被推送给目标受众的可能性也随之增大，堰河村的村民以景区为中介，集合当地旅游“大 V”定期开展交流活动，利用其内容在各平台的垂直化送达机制，在无形中精准传播了当地的乡村旅游品牌形象。综合湖北乡村商户自媒体传播与湖北乡村官方利用云技术进行活动实时直播等传播形式，湖北乡村旅游品牌传播的

---

① 《CNNIC 发布第 51 次〈中国互联网络发展状况统计报告〉》，https://www.cnnic.net.cn/n4/2023/0302/c199－10755.html，访问时间：2023 年 3 月。

“云传播”格局开始搭建。

（三）社交需求环境下的“场传播”

伴随着社会压力和生存压力的不断增加，人们的线下社交时间和精力被不断压榨，社交媒体的产生使得个人与个人、个人与群体间的社交突破了时间和空间的限制，原本需要身体在场的社交变为精神在场。社交媒体使用的多元化，使得人们逐渐不满足于简单的文字、图片传播形式，场景化的沉浸式体验成为旅游传播的要求之一，由社交需求带来的精神在场和场景化的沉浸式体验逐步构成了湖北乡村旅游品牌的“场传播”生态。

在短视频媒体和原有社交媒体的联动中，融合图文和视频形式，打通线上线下的场景化传播逐渐发展壮大。湖北乡村旅游在线上多平台多角度进行宣传，通过网络直播的形式带给受众沉浸式的“云旅游”体验，将受众转化成游客，进一步通过线下优质的旅游服务给游客带来线上线下全程的沉浸式体验，积累了优质的口碑，随之利用口碑传播，增强传播声势，最终形成环环相扣的传播链条，由此湖北乡村旅游品牌形成了场景化、闭环化的“场传播”生态。

二　湖北乡村旅游品牌传播的多环节关联分析

本部分以襄阳为例，从传播模式和传播过程两方面对湖北乡村旅游品牌的传播现状进行分析。首先，对湖北乡村旅游品牌传播的几类基本模式进行总结。其次，在传播过程层面上，基于“5W”传播模式，把乡村旅游传播分为传播者、传播渠道、传播内容、受众、效果和反馈五个部分，从传播者、受众两个角度对传播的内容和渠道、效果和反馈进行综合分析。

（一）传播模式：独立与联动并存的基本范式

在乡村旅游中，品牌可以被简要细分为目的地品牌、景区品牌和产品品牌三类子品牌，这三类子品牌的交叉组合形成了不同的乡村旅游品牌传播模式。以下以襄阳各乡村为例，总结出三种湖北乡村旅游品牌传播的基本模式。

1.“目的地＋景区”的品牌传播模式

在襄阳各乡村中，“目的地＋景区”为主的品牌传播模式以尧治河村和堰河村为代表，相比于其他乡村，其目的地名称与景区名称的一致性和品牌强关联性使其在传播过程中占据优势。

尧治河村最初因矿业带动乡村发展，随着乡村旅游受到重视，其合理利用自身资源，把矿洞开发为旅游景区进行旅游宣传，大力发展旅游业，用新媒体进行营销传播。

在乡村旅游目的地和景区品牌传播中，尧治河村采用传统媒体和新媒体结合的宣传方式，新媒体以抖音短视频为主，采用官方账号和自媒体推荐并行的营销传播方式，内容以风景、发展故事、景区介绍为主。相比于堰河村和承恩寺，其新媒体传播效果更好，用户互动性更强。

堰河村主要以产业推动旅游业发展的形式进行乡村发展，积极跟进新旅游形式，采用“旅游＋农业”“旅游＋研学”等形式发展乡村旅游，在营销传播方面，结合当地特色，线下活动通过线上表达，从多方位多角色上进行营销传播。

堰河村在乡村旅游目的地和景区品牌传播中，除日常媒体宣传外，每年都会举办“年货节”活动，利用中国人过年备年货的传统习惯与喜爱热闹节日氛围的需求，吸引各地游客参与，在提升旅游品牌知名度的同时，进一步刺激了游客消费，为当地村民创收。线下营销活动同时以直播的传播形式在线上进行宣传，进一步扩大了信息流通范围，同时直播的强互动性给予受众沉浸式的参与体验，进一步吸引更大范围的受众向游客转化。

2. “产品带动景区”的品牌传播模式

在襄阳各乡村中，“产品＋景区”为主的品牌传播模式以汉家刘氏茶和石花酒为代表，其品牌以产品为核心，打造工业园区，以产品知名度带动景区知名度，吸引游客游玩参观。

汉家刘氏茶园位于谷城县，在神农架和武当山的交界地带，除产品品牌带来的知名度外，因其特殊的地理位置，在神农架和武当山旅游的游客也会因为空间距离较短，有更大的可能性被此地的旅游品牌信息触达，从而到当地旅游。综合来说，汉家刘氏茶园的旅游品牌传播是由人和物的流通带来的信息流通共同推动的。

石花酒业除石花酒外还有另一知名品牌——霸王醉，石花酒生态园以霸王醉高端产品的品质和个性化的霸王醉代窖藏服务吸引酒类爱好者参观和消费，同时通过在所属县市投资赞助的方式，在进行产品宣传的同时，带动周围村镇的旅游宣传发展。

3. “景区品牌”为主的品牌传播模式

香水河景区、春秋寨景区和五道峡景区均属于襄阳乡村旅游较知名的景区，属于传统的以自然风景为资源的乡村旅游发展模式，均为发展较早的乡村旅游景区，在旅游品牌传播上以自然风景内容为主。因其特殊的风景资源和旅游开发较早，除媒体宣传的传播形式外，主要以口碑传播的方式在游客间进行旅游信息传递，在单一景区品牌的知名度上胜于其他乡村旅游景区品牌。

（二）传播者：优劣互补的政企传播

1. 政府传播：内容专业但深度融合不足

现阶段，襄阳的乡村旅游传播者以政府为主，相比于企业传播，政府传播拥有着延续自传统媒体时代的渠道资源优势和传播专业优势，但在融媒体时代其内容创新与深度融合方面处于劣势。

（1）政府传播优势：渠道资源丰富和内容专业。融媒体时代，政府传播在拥有传统媒体传播优势的同时积极向新媒体转型，不断加大传统媒体与新媒体的融合力度，发展融媒体矩阵，推进政务新媒体和小程序等新媒体渠道建设，积极利用 VR 等新技术对品牌传播形式进行技术升级，政府传播在传播的专业内容、资源与技术等层面仍占据优势地位。

政府作为传播者在乡村旅游传播方面以进行品牌形象传播为主。以襄阳为例，南漳县文化和旅游局在襄阳二桥、武汉的洪山礼堂以及刘集机场等地进行旅游形象广告的投放；谷城县文化和旅游局在襄阳火车站、机场、谷城高铁站和高速路等区域持续进行旅游形象广告宣传，计划拍摄具有谷城特色的旅游风光片，印刷专属旅游宣传单页和广告牌进行多角度的旅游品牌传播，同时继续举办堰河“年货节”、汉家刘氏茶园“开园节”等节庆活动，积极利用直播、短视频、全景 VR 等新兴传播形式进行全方位的旅游传播，给予受众沉浸式的“云旅游”体验。

（2）政府传播劣势：内容创新和深度融合不足。互联网时代，政府议程设置变得更加困难的同时，专业人才资源较为缺失，内容创新和融媒体矩阵建设困于形式，深度融合欠缺。政府新媒体与传统媒体融合方式以进行多平台账号运营、增加政务新媒体客户端和小程序用于服务受众为主，但在内容创新上仅以适应新媒体传播形式进行内容修改，并没有以新媒体受众需求变化为导向进行内容创新，内容和媒体融合拘泥于形式，并未进行深度融合发展。

政府传播的劣势体现在襄阳乡村旅游品牌传播方面，主要包括新媒体账号多且定位不清晰、内容没有以目标受众的需求为导向、更新速度慢、互动性缺乏等方面。例如，谷城县五山堰河乡村旅游区的微信公众号 2022 年仅更新 18 篇公众号文章，且不定时定期发布，使得用户黏性较低，同时，内容以风景宣传、节庆宣传以及政务新闻为主，对于堰河的游玩攻略、特色美食、自然风景等特色挖掘不足，文章内容与传统媒体的表达形式相似，与网络热点结合不足，缺乏“网感”，文章内容与新媒体用户需求错位。保康县马桥镇尧治河村作为襄阳较为知名的乡村旅游品牌，以尧治河为关键词在抖音平台上进行搜索，可以搜索到 4 个以尧治河景区或度假区命名的账号，均无官方认证，致使尧治河旅游信息的真实性和权威性不足，影响信息传播效果。

微信公众号图文和视频均可发布，同时适合较长的文章内容，这导致了用户在阅读旅游类微信公众号时期望文章内容丰富，但在碎片化信息的长期影响下，用户对于内容较长的文章容易感到厌烦，传播者需要以简洁、幽默的表达形式吸引用户阅读全文，不能把传统媒体的新闻内容仅进行简单的复制或者删减就用于新媒体。

2. 企业传播：需求导向但受众信任度低

企业是襄阳乡村旅游传播的重要传播者之一，其传播形式主要为旅游传播和产品营销传播。相比于政府传播，以产品销售为导向的企业传播在有着以受众需求为导向的市场化传播思维优势的同时也存在受众信任度较低的劣势。

（1）企业传播优势：受众需求导向的传播思维。企业因其商业化的运营模式，在产品生产和销售的过程中一直以消费者需求为导向，所以在传播过程中拥有面向消费者的思维模式，相比于政府传播，其对于受众需求和供需关系的理解普遍更为深入。企业传播作为旅游品牌传播中的一环，在新媒体内容创新和需求对接方面更具优势。

部分乡村旅游相关企业以直播形式进行产品销售，产品流通的同时信息也伴随产品在地区间流动，对于乡村品牌的传播具有积极影响。例如，五山堰河乡村旅游区的“堰河味道”品牌，其以堰河为品牌名称的一部分，在产品销售过程中，消费者对于堰河的认知和记忆也随之提升，有利于堰河的乡村品牌传播。同时，“堰河味道”账号在抖音平台上以农村日常生活为主要内容进行运营，运营者标签为返乡创业的年轻人，其塑造的品牌形象满足了乡村旅游目标受众——城市游客群体逃离城市的愿景以及对乡村美好生活的向往，同时提升了受众对于堰河的好感度，有助于受众转化为游客来堰河旅游。

（2）企业传播劣势：受众信任度较低。企业因其商业化特征，传播行为主要以产品销售为导向，受众对于企业传播的内容真实性存疑、信任度不足，导致企业传播的信息在受众转化为游客过程中起到的作用降低。同时，因为乡村旅游相关企业的资质、产品质量不一，政府对企业在新媒体平台上的营销传播监管较为困难，使得产品质量较差的企业在产品销售过程中给当地的乡村旅游品牌形象带来消极影响，这也会进一步使得受众对于企业的信任度降低，影响企业乡村旅游品牌传播的作用力。

（三）受众：扮演双重角色的用户群体

互联网时代，随着技术的不断发展和深入，受众在传播过程中所扮演的角色不断地变化和拓宽，由作为传播客体的受众变为扮演着主客体双重角色的用户。用户创造内容（User-created Content）的媒体生产模式（以下简称 UGC）深化发展，用户作为传播主体的潜能被释放出来。①

1. 作为传播主体的用户

在襄阳乡村旅游品牌传播中，扮演传播主体角色的用户主要以网络传播和人际传播的形式进行乡村旅游品牌传播活动，这两种传播模式共同构成了旅游品牌的口碑传播。

（1）网络传播。以 UGC 为主导的新媒体平台在 Web 3.0 时代不断涌现，由技术赋权的网络用户个体传播能力和热情不断增强，各种非专业性的个性化内容和数据得到快速的复制和传播。在乡村旅游传播领域，各类

① 许同文：《UGC 时代受众的角色及内容生产模式》，《青年记者》2015 年第 12 期。

网络 KOL 的出现使得乡村旅游品牌传播模式出现了巨大的变化，扮演传播者和受众传播角色的用户群体在传播过程中有着天然的优势，在传播过程中，作为旅游目标受众群体的大众对于同为游客的 KOL 或其他用户所分享的内容有着相比于企业和官方生产内容更高的信任度。

例如，以“尧治河”为关键词在抖音进行搜索，点赞数前十的账号均为旅游自媒体，相比于尧治河官方或者当地企业所拍摄的短视频，其有着用户分享更多和互动度更高的优势。以“五山堰河”为关键词在抖音进行搜索，综合排名较高的也均为自媒体账号所拍摄的短视频。

传播过程中关系的紧密程度对于受众决策起着重要的作用，所以用户生产的内容在不同的媒体平台对于受众的旅游决策有着不同程度的影响，在微信朋友圈等强关系传播场所中，受众对于他人分享的内容信任度更高，其进行旅游决策的可能性更大。

（2）人际传播。人际传播作为襄阳乡村旅游品牌传播的重要形式，以口口相传的形式对襄阳各乡村的旅游口碑产生着重要影响。人际传播的互动性高，反馈及时，传受双方不断地交换角色，根据对方的反应进行传播形式的修正，信息的解码度更高，同时，人际传播的非制度化特性使得传受双方的地位更为平等，受众接收信息更自愿，更能实现信息的传播效果的最大化。

在旅游信息的人际传播过程中，传者与受者间一般存在某种较强的社会关系，使得受者对旅游信息的信任度更高，旅游信息被接受的可能性更大，受众进行旅游决策的可能性也随之增大。

2. 作为传播客体的受众

在大众传播中，“距离”包括了空间距离、社会距离和心理距离，电子媒介的产生使得传播的空间距离逐渐缩小，社会距离主要体现在不同文化和不同阶层的文化差异方面，心理距离是传播距离的核心概念。[①] 在襄阳乡村旅游品牌传播中，作为传播客体的受众主要受到空间和心理距离因素所影响。

---

① 陈力丹：《“距离”在传播学中的概念及应用——关于大众传播中“距离”的讨论》，《国际新闻界》2009 年第 6 期。

（1）受空间距离影响的受众。在互联网技术发展的背景下，在广义上，空间距离对于受众的影响程度在不断地缩小，但在乡村旅游品牌传播中，因为乡村旅游的特殊性，这种影响因素仍然起着重要的作用。

相比于城市旅游，襄阳的乡村旅游以自然风景、采摘体验、休闲、研学等形式为主，对于游客来说，乡村旅游可以满足其短暂逃离工业化城市，在自然风景中放松心情的需求。在万物皆媒的背景下，人的流通和物的流通皆会带来信息的流通。但乡村旅游所满足的受众需求和其地域范围较小的客观因素决定了其旅游时间更短的特性，从而使得游客更多来自襄阳本地。从产品层面上看，在全民直播的社会环境下，乡村产品的销售距离变大，产品所携带的信息流通更广，但襄阳乡村产品知名度较低，相比于直播发往全国的产品，更多的产品由去往乡村旅游的本地游客带回襄阳市内。综合而言，襄阳的受众受到空间距离因素的影响，更多地了解襄阳当地的乡村旅游信息。

（2）受心理距离影响的受众。心理距离可以被分类为认知距离、情感距离和态度距离，其中认知距离会由受众在信息解码过程中因缺少相关知识而丢失或误解的信息引发，情感距离和态度距离会因为受众对信息的主观喜好和选择引发。[①]

襄阳乡村旅游品牌信息的受众群体可以由旅游行为被分类为进行过乡村旅游的受众、仅进行过城市旅游的受众和从未旅游过的受众。以上三类受众群体对于旅游信息的认知具有差异，进行过乡村旅游的受众对于乡村环境等客观信息了解更加全面和深入，在信息解码过程中，对于相关信息误解的可能性更小。进行过乡村旅游和仅进行过城市旅游的人群对于旅游信息感兴趣的可能性更大，对于旅游信息主观选择的可能性更大。由此可知，进行过乡村旅游的受众对乡村旅游信息的心理距离更近，仅进行过城市旅游的受众次之，从未旅游过的受众群体对乡村旅游信息的心理距离最远。

总的来说，从传播模式上看，湖北乡村根据各地不同的自然或产业资源与旅游相结合，造就了以“目的地+景区”、“产品带动景区”和“景区品牌”三种品牌传播模式作为湖北乡村旅游品牌传播的基本模式。从传播过程上看，湖北乡村旅游传播以政府传播、企业传播、用户传播三种传播形式为主，政府传播拥有内容专业性和渠道资源多样化的优势，但在内容的创新性和媒体深度融合发展上具有劣势。企业因其商业化思维，在传播上以受众需求为导向的思维模式具有巨大的优势，但与此同时，又因其传播的底层目的为销售产品或服务，受众对于其内容的真实性有所怀疑，对其信任度不足。用户传播又可以分为网络传播和人际传播，两者共同构成了用户口碑传播。用户网络传播因用户与大众间的心理距离更近，其受众信任度更高，在内容切入角度上更贴近大众心理，受众解码传播信息的难度更低；在旅游人际传播中，因为传者与受者间一般存在较强的社会关系，受众对于内容的真实性信任度高，有利于其对信息的接收与记忆，受众转化为游客的可能性也随之增大。

三　湖北乡村旅游品牌传播的全方位对比观察

近年来，乡村逐渐成为人们的短期休闲目的地，湖北省乡村旅游品牌传播者对于旅游品牌传播愈加重视，本节通过对湖北省内各乡村的对比观察，发现其由地域所限造成的差异化和同质化并存的定位特征和由思维所困造成的离散型编码特点。

（一）定位层面：湖北乡村旅游品牌定位的异同特征

湖北省乡村旅游资源较为丰富，但因地理位置相近，乡村间的地域和文化风俗等也较为相似。即使是省内相隔较远的黄冈乡村旅游和恩施乡村旅游也具有较大的相似性，在景区资源上，黄冈市英山县有着大别山主峰景区、神峰山庄景区等山川旅游景区，恩施土家族苗族自治州屯堡乡有着以恩施大峡谷为主的山水风光自然旅游资源；在人文风俗上，英山县和屯堡乡均为少数民族聚居地，且少数民族组成较为相似，使得其文化风俗也有较大程度的相似性。

总体上，湖北省地势三面环山，山地丘陵占据大部分面积，省内较为知名的乡村旅游资源以山川资源为主，而长期的历史沉淀决定了乡村旅游品牌内核在短期内难以更改，同时，乡村旅游品牌内容主要由其所拥有的独特旅游资源和文化内涵决定，所以，湖北各乡村的旅游品牌在形象定位阶段具有天然的同质性。

乡村旅游相比于城市旅游有其特殊的人群定位，因为乡村经济资源和人才资源的限制，除少数因知名景区位于乡村使得乡村旅游品牌知名度较高外，大部分乡村旅游品牌知名度仅辐射至所属地级市，同时，乡村旅游目的地贴近自然且消费较低的特性，湖北大部分乡村旅游的传播受众定位以所属地级市为主，湖北省内的其他城市为辅，由此达成差异化的受众定位。

综上所述，在定位层面上，湖北省乡村旅游品牌有着同质化的形象定位和差异化的受众定位特征。

（二）传播层面：湖北乡村旅游品牌传播的离散编码

随着传播环境的复杂化和传播形式的多元化，湖北省内各地区对于乡村旅游品牌传播的编码方式也日渐丰富，官方和自媒体同时发力，电影和电视剧植入均有涉猎，线上宣传与线下活动不断联动，全媒体、多渠道共同传播乡村旅游信息。

在传播内容上，紧紧围绕当地乡村特色，谷城县堰河村利用当地茶产业特色和自然风光进行内容表达，黄冈市罗田县旅游局曾拍摄内容为“天下大别山，美景在罗田”的风光视频，黄陂围绕木兰文化进行内容创作与旅游宣传。在传播渠道上，各地乡村均打造了全媒体式的宣传渠道，例如，襄阳尧治河村通过自媒体到当地拍摄取景进行旅游宣传；襄阳十家庙村建设唐城影视基地，通过影视场景植入提升当地品牌知名度；堰河村通过直播“年货节”活动打通线上线下旅游传播渠道。

乡村旅游品牌传播的内容和渠道选择共同构成了乡村旅游品牌传播的编码形式，当地乡村旅游品牌传播的编码形式多元，但在传播思维上没有以系统化的角度整合传播内容和渠道，根据目标受众群的差异进行“受众需求＋传播者资源＋传播内容＋传播渠道”的聚合化编码，使得湖北各乡村旅游品牌传播的效果不一。

第三节　湖北乡村旅游品牌传播问题探析：基于襄阳案例的定量调研

我们基于对湖北乡村旅游品牌传播现状的全面研究，在问题探析阶段使用问卷调查的方法收集数据。本节首先对研究设计进行分析，其次对不同年龄受众需求和传播者信任的差异进行论证，全方位了解受众需求，随后把湖北乡村旅游品牌量化为目的地品牌、景区品牌和产品品牌三部分，通过对三类品牌受众认知度的差异分析，考察湖北乡村旅游品牌传播的效果，同时结合对乡村旅游传播者的访谈，建构以传播架构、传播主体和传播实践三个层面组成的湖北乡村旅游品牌传播评价体系，用以分析湖北乡村旅游品牌传播的具体问题。

一　研究设计

（一）研究对象和样本数量

本次研究的对象是襄阳乡村旅游的目标受众，根据前文关于不同旅游行为对受众旅游信息心理距离影响的分析，把进行过乡村旅游行为的游客作为主要目标受众，未进行过乡村旅游的受众（包含仅进行过城市旅游的受众和没有过旅游行为的受众）仅作为对比参考。笔者利用微信、QQ 等平台进行网络问卷发放，最终回收问卷 592 份，592 份问卷均为有效问卷。

（二）调查问卷设计

此次问卷调查主要使用非量表问卷，根据第一题受众的旅游现状，把受众分为进行过乡村旅游、仅进行过城市旅游和没有旅游过的细分受众，分别导向不同的问卷分支，每个分支均有 28 个问题，3 个问卷分支均主要由 4 个部分组成：受众基础信息、受众襄阳乡村旅游品牌认知度、受众乡村旅游需求和偏好以及受众就地城镇化认知度。

受众基础信息用于对受众进行简单统计描述；受众襄阳乡村旅游品牌认知度用于考察襄阳乡村旅游品牌的传播效果，为后续进行襄阳乡村旅游品牌传播问题分析提供现实支撑；受众乡村旅游需求和偏好用于对受众的需求和了解信息的媒介渠道以及对于不同旅游信息传播方式的信任度等进行深入了解，为后续襄阳乡村旅游的策略构建提供支持；受众对于城镇化的认知度用于对就地城镇化背景分析提供现实认知支持。

经过多次修改与检验确认后，问卷题目设计具体如下。

Q1：用于细分受众，把受众导向不同问卷分支

1. 针对进行过乡村旅游受众的问卷分支

Q2—Q6 + Q11—Q21：受众乡村旅游需求和偏好

Q7—Q10：受众乡村旅游品牌认知度

Q22—Q23：受众就地城镇化认知度

Q24—Q29：受众基础信息

2. 针对仅进行过城市旅游受众的问卷分支

Q2—Q8 + Q15—Q21：受众乡村旅游需求和偏好

Q9—Q14：受众乡村旅游品牌认知度

Q22—Q23：受众就地城镇化认知度

Q24—Q29：受众基础信息

3. 针对没有旅游过受众的问卷分支

Q2—Q8 + Q15—Q21：受众乡村旅游需求和偏好

Q9—Q14：受众乡村旅游品牌认知度

Q22—Q23：受众就地城镇化认知度

Q24—Q29：受众基础信息

（三）样本基础信息分析

此次问卷共收集 592 份，有效率为 100%。此次问卷调查对象，从性别上看，女性占比 70.27%，男性占比 29.73%，调查对象大部分为女性；从年龄上看，25—40 岁人群占比最大，为 46.11%，41—55 岁人群次之，占比 35.47%，24 岁及以下人群占比最小，仅为 7.77%；从学历上看，本科学历人群占比最大，为 29.56%，硕士及以上学历人群占比最小，为 7.77%；从居住地上看，湖北省襄阳市人占比最大，为 84.12%；河南/陕西/四川/湖南/江西/安徽省内城市占比最小，仅为 2.36%；从职业上看，国企/事业单位员工/公务员占比最大，为 35.98%，学生占比最小，为 5.57%；从月平均收入来看，月平均收入 2000—4999 元的人群占比最大，为 35.3%，月平均收入 8000 元及以上的人群占比最小，为 14.53%。

表 2－1　乡村旅游目标受众基础信息统计

单位：人，%

基础信息类别	选项	人数	有效占比
性别	男	176	29.73
	女	416	70.27

续表

基础信息类别	选项	人数	有效占比
年龄	24 岁及以下	46	7.77
	25—40 岁	273	46.11
	41—55 岁	210	35.47
	56 岁及以上	63	10.64
学历	初中及以下	153	25.84
	高中	114	19.26
	专科	104	17.57
	本科	175	29.56
	硕士及以上	46	7.77
居住地	襄阳	498	84.12
	湖北省内其他城市	55	9.3
	河南/陕西/四川/湖南/江西/安徽省内城市	14	2.36
	其他省外城市	25	4.22
职业	个体商户/公司经营者	101	17.06
	国企/事业单位员工/公务员	213	35.98
	学生	33	5.57
	私企/外企员工	86	14.53
	其他	159	26.86
月平均收入水平	1999 元及以下	147	24.83
	2000—4999 元	209	35.3
	5000—7999 元	150	25.34
	8000 元及以上	86	14.53

以上 592 个对象中进行过乡村旅游的人数最多，为 438 人，占比约为 73.99%；仅进行过城市旅游的人次之，为 127 人，占比约为 21.45%；从未旅游过的人数最少，为 27 人，占比约为 4.56%。因为此次研究主要对乡村旅游品牌的直接目标受众（进行过乡村旅游的游客）进行分析，故仅进行过城市旅游的人群和没有过乡村旅游行为的人群不作为此次研究的主要研究对象，数据仅用于对比以辅助逻辑推理。

二　受众需求量化研析：基于年龄和需求的交叉列联表卡方检验

因此次研究的目标受众为进行过乡村旅游的受众，故此部分以进行过乡村旅游的受众分析为主，其他受众群用于对比以辅助分析。

为考察不同年龄受众群体的乡村旅游信息传播渠道需求、内容需求和传播者信任度的统计学差异，故使用 SPSS Statistics 进行交叉列联表卡方检验（见图 2－1、图 2－2、图 2－3）。

（一）不同年龄受众群体的渠道需求分析

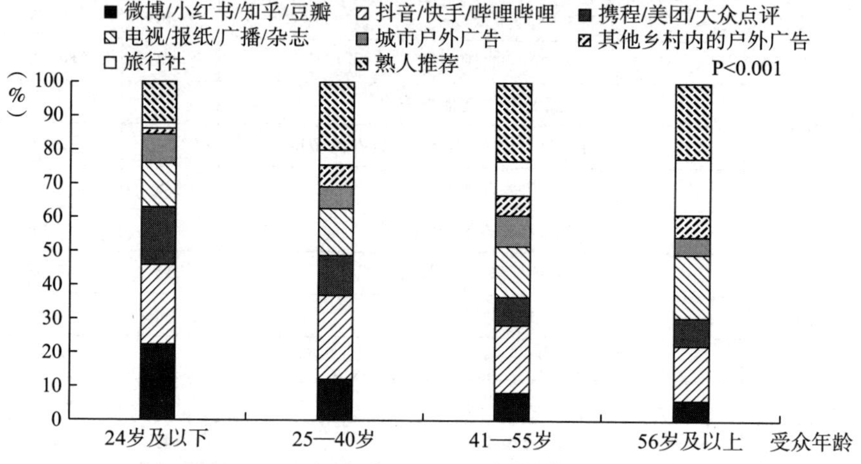

图 2－1　不同年龄受众群体的渠道需求差异

P<0.001 指向不同年龄受众群体的乡村旅游信息渠道需求具有显著性差异，即不同年龄的受众群体会使用不同的渠道获取旅游信息。其中，24 岁以下受众倾向于通过“微博/小红书/知乎/豆瓣”、“抖音/快手/哔哩哔哩”和“携程/美团/大众点评”了解乡村旅游信息，25—40 岁受众群体倾向于通过“熟人推荐”、“抖音/快手/哔哩哔哩”和“电视/报纸/广播/杂志”了解乡村旅游信息，41—55 岁受众群体偏好使用“熟人推荐”、“电视/报纸/广播/杂志”、“抖音/快手/哔哩哔哩”和“旅行社”了解乡村旅游信息，同时，41 岁及以上受众对于通过旅行社了解信息的需求大于 41 岁以下人群。

在了解乡村旅游信息的三种网络媒体中，所有人群均偏好使用中短视频软件（“抖音/快手/哔哩哔哩”），而图文分享软件（“微博/小红书/知乎/豆瓣”）和旅游点评软件（“携程/美团/大众点评”）的受众主要集中于24岁及以下的年轻群体。

（二）不同年龄受众群体的内容需求辨析

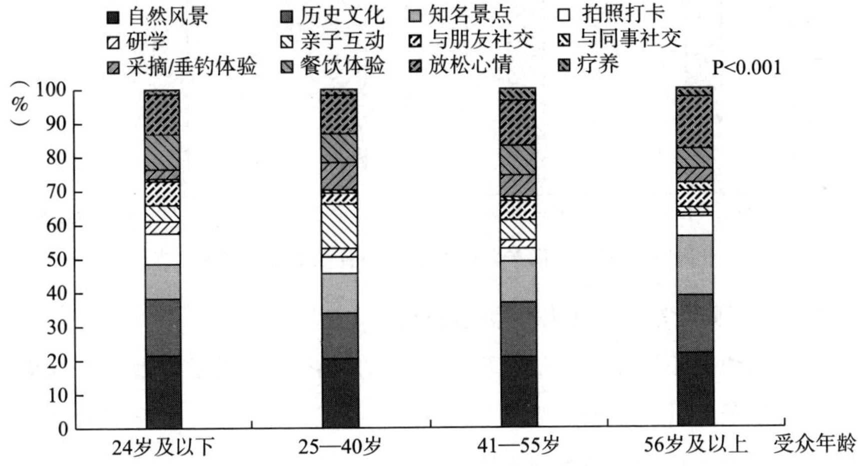

图2-2　不同年龄受众群体的内容需求差异

P<0.001指向不同年龄受众群体的乡村旅游信息内容需求具有显著性差异，即不同年龄的受众群体关注的旅游信息内容不同。其中，所有人群对于“自然风景”“历史文化”的内容需求均较高，56岁以下人群对于“放松心情”的需求较高，25—40岁和56岁及以上人群对于知名景点的需求较高，24岁及以下受众群体对于拍照打卡的需求高于其他群体。

（三）不同年龄受众群体的传播者信任探析

P<0.001指向不同年龄受众群体的乡村旅游传播者信任具有显著性差异，即不同年龄的受众群体对不同传播者的信任度有差别。其中，所有受众群体对于“商家宣传”的信任度最低；24岁以上人群对于“熟人推荐”信任度最高，对“政府公益广告”的信任度次之；24岁及以下受众对于“网络用户/大V的分享”的信任度最高，“熟人推荐”次之。

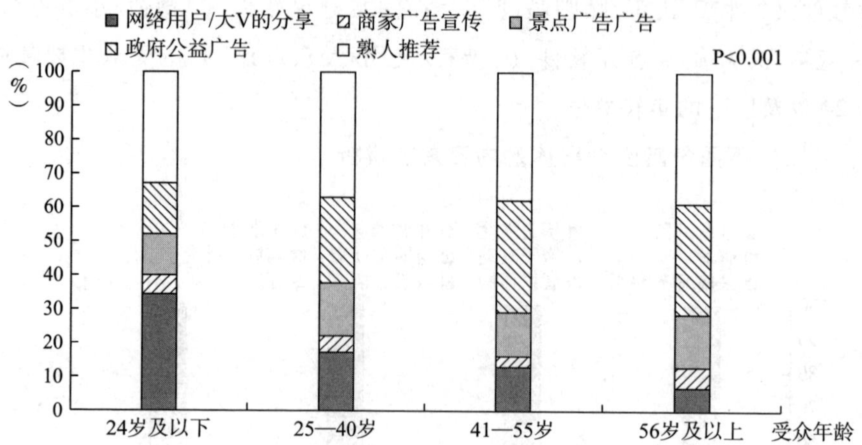

图 2－3　不同年龄受众群体的传播者信任差异

（四）不同年龄受众群体的需求讨论

总的来说，不同年龄的受众群体对渠道和内容的需求以及对传播者的信任具有显著差异。不同年龄的受众群体因其生长环境的区别，其在日常生活中接触的传播渠道差异较大。

相比于年轻群体而言，年龄较大的群体（56 岁及以上）作为成长在互联网未普及时代的受众群体，其对于人际传播形式更为熟悉和信任，故在旅游信息传播者上对于熟人更为信任，其对于网络的使用较为单一，多将抖音作为主要旅游信息获取渠道。

多数处于中间年龄段的受众群体（25—55 岁）正经历着“上有老下有小”的人生阶段，背负着较大的经济压力、教育压力和养老压力，故其在休闲时间进行乡村旅游的主要需求为放松心情。

作为伴随着互联网成长的年轻群体（24 岁及以下），其对于网络有着更高的依赖度和信任度，既是网络信息的接收者，也是网络信息的分享者，故其对于网络用户和大 V 的分享信任度最高。相比于年龄较大的受众群体，年轻群体成长的社会环境更为开放和多元、经济环境更为优质，但与之相伴的是较大的学习压力和内卷化的竞争环境，复杂的成长环境使得其对于放松心情的旅游具有较大的需求，对于点赞的追求和分享欲使得其热爱去网红景点拍照打卡并将其上传至社交平台进行旅游推荐。

三　传播效果定量研究：基于受众认知度的卡方拟合优度检验

此次分析主要是对乡村旅游目的地品牌、景区品牌和产品品牌的传播效果进行分析，此次效果分析中使用受众认知度作为统计数据，采用 SPSS Statistics 进行分析。首先使用不同人群不同品牌认知度的个案百分比进行对比分析。其次，因为个案百分比仅能说明受众对乡村旅游品牌的认知度之间具有差异，但不能证明这种差异的统计学意义，且本次研究主要针对进行过乡村旅游的游客，故对进行过乡村旅游的受众数据进行卡方拟合优度检验，用于分析不同品牌传播效果的差异。

（一）乡村旅游目的地品牌传播效果分析

不同受众对于襄阳乡村旅游目的地品牌的认知度不同（见图 2－4），襄阳乡村旅游目的地品牌位于进行过乡村旅游的受众认知度前三位的是：第一，保康县马桥镇尧治河村（简称尧治河村），约占 48.0%；第二，谷城县茨河镇承恩寺村（简称承恩寺村），约占 42.9%；第三，谷城县五山镇堰河村（简称堰河村），约占 41.3%。仅进行过城市旅游的受众对于尧治河村的目的地品牌认知度最高，占比为 33.9%；对于承恩寺村的目的地品牌认知度次之，占比为 26.8%；对于堰河村的认知度排第三位，占比为 26.0%。

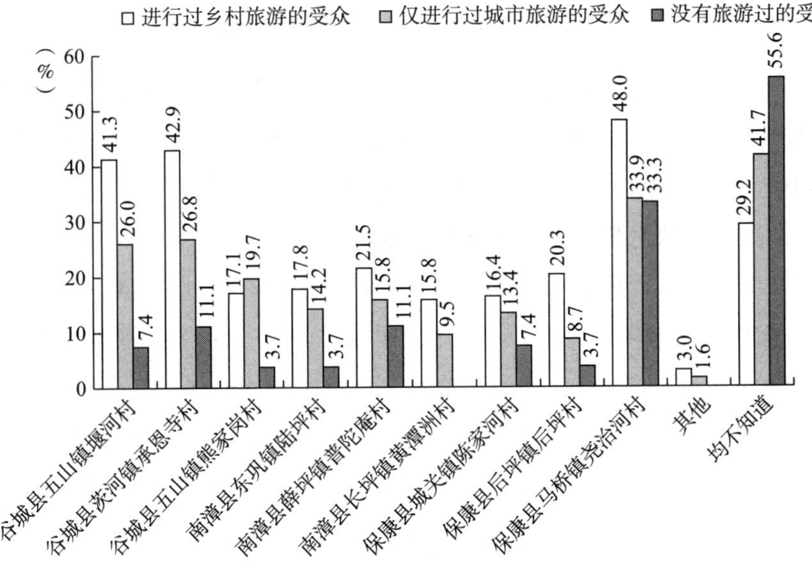

图 2－4　不同受众对襄阳乡村旅游目的地品牌的认知度

通过对比可知，进行过乡村旅游和仅进行过城市旅游的受众对于尧治河村、承恩寺村和堰河村的目的地品牌认知度占比均排在前三位，指向了这三个旅游目的地品牌的认知度更高。

对进行过乡村旅游的受众数据进行卡方拟合优度检验（见表2-2）。

表2-2　襄阳乡村旅游目的地品牌卡方拟合优度检验

单位：个

襄阳乡村旅游目的地品牌	实测个案数	期望个案数	残差	χ^2	P
谷城县五山镇堰河村	181	108.8	72.2	339.223	<0.001
谷城县茨河镇承恩寺村	188	108.8	79.2		
谷城县五山镇熊家岗村	75	108.8	-33.8		
南漳县东巩镇陆坪村	78	108.8	-30.8		
南漳县薛坪镇普陀庵村	94	108.8	-14.8		
南漳县长坪镇黄潭洲村	69	108.8	-39.8		
保康县城关镇陈家河村	72	108.8	-36.8		
保康县后坪镇后坪村	89	108.8	-19.8		
保康县马桥镇尧治河村	210	108.8	101.2		
其他	13	108.8	-95.8		
均不知道	128	108.8	19.2		
总计	1197	—	—		

$P<0.001$说明上述目的地品牌认知度具有显著的统计学差异。结合对比分析结果可以推论，尧治河村、承恩寺村和堰河村的旅游目的地品牌传播效果显著高于襄阳其他乡村旅游目的地品牌。

（二）乡村旅游景区品牌传播效果辨析

图2-5显示，进行过乡村旅游的受众对乡村旅游景区品牌的认知度排名前三位的为五道峡景区（68.3%），春秋寨景区（56.2%）和香水河景区（55.0%），认知度最低的为石花生态白酒庄园（22.6%）。在仅进行过城市旅游的受众对乡村旅游景区品牌的认知度排名中，五道峡景区以53.5%排名第一，香水河景区以40.9%次之，春秋寨景区以40.2%排名继之，石花生态白酒庄园排在末尾，为16.5%。

进行过乡村旅游和仅进行过城市旅游的受众对于春秋寨景区、香水河

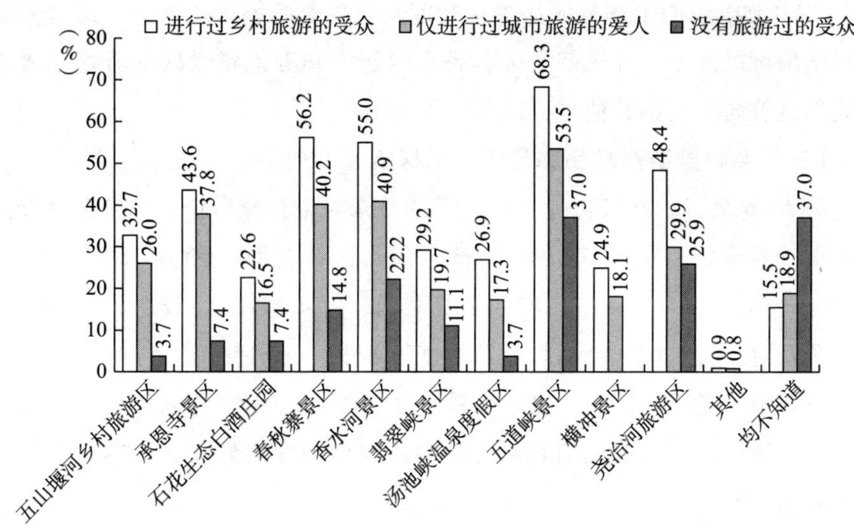

图 2－5　不同受众对襄阳乡村旅游景区品牌的认知度

景区和五道峡景区的品牌认知度均排在前三位，指向了这三个景区的品牌知名度最高，传播效果最显著。

对进行过乡村旅游的受众数据进行卡方拟合优度检验（见表 2－3）。

表 2－3　襄阳乡村景区品牌卡方拟合优度检验

单位：个

襄阳乡村旅游景区品牌	实测个案数	期望个案数	残差	χ^2	P
五山堰河乡村旅游区	143	154.8	－11.8	509.074	<0.001
承恩寺景区	191	154.8	36.2		
石花生态白酒庄园	99	154.8	－55.8		
春秋寨景区	246	154.8	91.2		
香水河风景区	241	154.8	86.2		
翡翠峡景区	128	154.8	－26.8		
汤池峡温泉度假区	118	154.8	－36.8		
五道峡景区	299	154.8	144.2		
横冲景区	109	154.8	－45.8		
尧治河旅游区	212	154.8	57.2		
其他	4	154.8	－150.8		
均不知道	68	154.8333333	－86.83333333		
总计	1858	—	—		

P＜0.001 说明上述景区品牌认知度具有显著的统计学差异。结合对比分析结果可以推论，春秋寨景区、香水河景区和五道峡景区的景区品牌传播效果显著高于襄阳其他景区品牌。

（三）乡村旅游产品品牌传播效果探析

图 2－6 显示，在进行过乡村旅游的受众对乡村旅游产品品牌的认知度排名中，襄阳黄酒（约 74.4%）排名最高，石花酒（约 67.6%）次之，霸王醉（约 56.4%）第三，磨坪贡茶最低，占 4.8%。在仅进行过城市旅游的受众对乡村旅游产品品牌的认知度排名中，襄阳黄酒（约 58.3%）最高，石花酒（约 53.54%）次之，霸王醉（约 42.5%）排名第三。通过对比可知，襄阳黄酒、石花酒和霸王醉的品牌认知度均显著高于其他乡村旅游产品品牌。

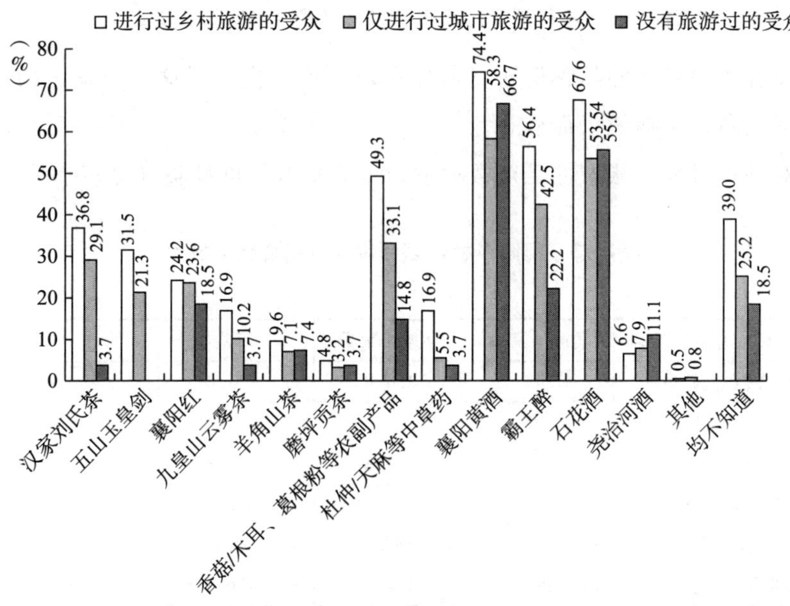

图 2－6　不同受众对襄阳乡村旅游产品品牌的认知度

对进行过乡村旅游的受众数据进行卡方拟合优度检验（见表 2－4）。

P＜0.001 说明上述产品品牌认知度具有显著的统计学差异。结合对比分析结果可以推论，襄阳黄酒、石花酒和霸王醉的乡村旅游产品品牌传播效果显著高于其他品牌。

表 2-4　襄阳乡村旅游产品品牌卡方拟合优度检验

单位：个

襄阳乡村旅游产品品牌	实测个案数	期望个案数	残差	χ^2	P
汉家刘氏茶	161	135.9	25.1	1047.086	<0.001
五山玉皇剑	138	135.9	2.1		
襄阳红	106	135.9	-29.9		
九皇山云雾茶	74	135.9	-61.9		
羊角山茶	42	135.9	-93.9		
磨坪贡茶	21	135.9	-114.9		
香菇/木耳、葛根粉等农副产品	216	135.9	80.1		
杜仲/天麻等中草药	74	135.9	-61.9		
襄阳黄酒	326	135.9	190.1		
霸王醉	247	135.9	111.1		
石花酒	296	135.9	160.1		
尧治河酒	171	135.9285714	35.07142857		
其他	2	135.9285714	-133.9285714		
均不知道	29	135.9285714	-106.9285714		
总计	1903	—	—		

（四）乡村旅游品牌传播效果讨论

第一，襄阳乡村旅游目的地品牌中，尧治河村、承恩寺村和堰河村的目的地品牌传播效果最好，并且其内部景区品牌名称与目的地品牌名称一致，认知度均较高。

襄阳乡村旅游景区品牌中，春秋寨景区、香水河景区和五道峡景区的景区品牌传播效果最好。其景区名称与所属目的地品牌名称不一致，且景区认知度高，目的地品牌认知度低。

以上分析指向相同的景区名称和目的地名称对于乡村旅游品牌传播有积极影响。

第二，乡村旅游产品品牌中，襄阳黄酒、石花酒和霸王醉的产品品牌传播效果最好。

所有产品中，汉家刘氏茶、五山玉皇剑、襄阳红、霸王醉、石花酒均为有商品品牌的产品，其余七种产品仅为品类名称，没有商品品牌。有品牌的5种产品中仅襄阳红1种认知度较低，无商品品牌的产品中有4种认知度较低。认知度排在前三位的产品中有两种均为有商品品牌的产品。襄阳黄酒认知度最高，但襄阳黄酒产地不仅限于乡村，而是来源于整个襄阳市，与其他乡村旅游产品具有差异，属于特殊产品。由此可知，商品品牌对于乡村旅游产品认知度和传播效果具有积极影响。

在万物皆媒的背景下，产品的流通会带来信息的流通，商品品牌会带来产品认知度提高，故乡村旅游商品品牌越多，知名度越高，流通度越大，则对于乡村旅游品牌传播的积极影响越大。

第三，在目的地品牌、景区品牌和产品品牌认知度的统计中，均不知道的人群中进行过乡村旅游的人占比均为最小，指向乡村旅游行为对于品牌传播效果有正向作用。

第四，因旅游传播品牌是目的地品牌、景区品牌等综合构成的品牌，所以，总体来说，襄阳乡村旅游品牌传播效果较好的乡村旅游品牌为：尧治河村、承恩寺村和堰河村。

由“第一性原理”可知，每种乡村旅游品牌传播模式形成的背后一定存在一个原始的驱动要素或路径，这个“第一性”及背后的逻辑，才可被其他乡村所借鉴。襄阳乡村旅游品牌优势乡村所采用的主要旅游品牌传播模式为“目的地＋景区”。这种传播模式的优势是由乡村旅游品牌与其各子品牌间以名称为中介构建的品牌强关联性带来的。

四　品牌传播问题剖析：基于乡村旅游品牌传播评价体系建构

（一）就地城镇化下乡村旅游品牌传播的评价体系建构

通过对湖北乡村旅游品牌传播在就地城镇化中的定位分析以及上述对于受众需求和品牌传播效果的量化研究，把就地城镇化下乡村旅游品牌传播评价体系构建为包含传播架构、传播主体和传播实践三个层面的系统化体系。在传播架构层面，评价指标主要为系统化策略制定和顺应国家政策；在传播主体层面，评价指标为传播者目标与传播者责任；在传播实践层面，主要基于内容与渠道的受众需求导向和传播者需求与受众需求的链接进行评价（见图2－7）。

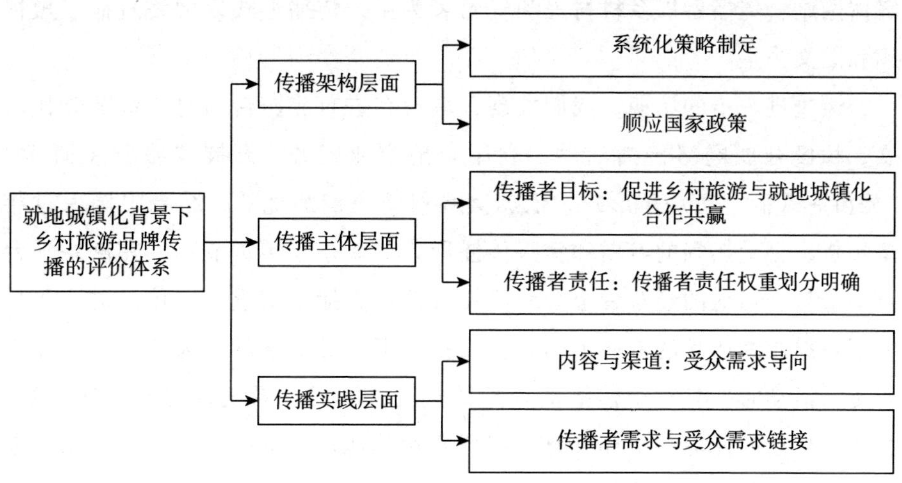

图 2－7　就地城镇化下乡村旅游品牌传播效果评价体系

（二）传播架构层面：系统化策略制定之艰

乡村旅游与就地城镇化是一个互相关联但不完全重合的整体，从发展上来看，乡村旅游和就地城镇化属于协同发展、互相促进的关系，作为乡村旅游外延的乡村旅游品牌传播是乡村旅游发展中的重要一环。从整体上看，就地城镇化、乡村旅游和品牌传播是一个互相推动、耦合发展的系统。从细节上看，着眼于研究乡村旅游品牌传播，虽然品牌传播可以被细分为内涵和外延，且作为外延的传播可以被划分为 5 个部分，但这 5 个部分不是独立存在，而是两两关联的整体，需要从系统的角度去考虑整个品牌建设和传播过程。从襄阳乡村旅游品牌传播效果的研究中可知，相同的目的地和景区名称使得品牌传播效果更强，也印证了相对系统化的品牌体系传播效果更优。

以堰河村为例，堰河村是襄阳发展较好的乡村旅游品牌之一，在三个较成功的襄阳乡村旅游品牌中属于较为特殊的品牌，其并无特殊的旅游资源，主要依靠茶产业带动乡村旅游业发展，属于较后期发展起来的乡村旅游品牌。

我们在堰河村进行走访调查的过程中，通过对当地的经营者和乡村旅游工作人员的访谈，得知在进行乡村旅游传播的过程中，堰河村的传播渠道以网络传播和传统媒体传播为主，传播平台主要是抖音、微信公众号、媒体网站，传播者以乡村村民和经营者为主，传播形式以网络直播、短视频和图文为主。

通过进一步的访谈，我们发现，堰河在进行旅游传播时，跟随时代发展，积极开展网络传播活动，利用当地产业资源，开展“旅游+研学”“旅游+采摘”等旅游形式，依据其乡村特色产品优势，结合中国人过年备年货、喜爱热闹的习惯和新兴传播形式，举办“年货节”并在网络平台直播造势。当地的经营者也会利用短视频和直播卖货进行宣传，进一步扩大了乡村旅游产品的流通范围，从而扩大了产品信息的传播范围。但在进行传播活动时，其对于传播活动整体规划性不足，系统性考虑有所欠缺。在考虑传播的任何一个环节时，都需要对其他环节进行关联分析，系统地考虑传播过程，才能使传播覆盖的受众范围更广，传播的效果更好。

（三）传播主体层面：目标与责任错位之困

乡村旅游品牌传播的目的是推动乡村旅游业发展，乡村旅游业作为就地城镇化中的重要组成部分，要在就地城镇化的底线要求与就地城镇化的目标之间寻找合适的发展空间，即不能背离保障乡村基本生存需求的底线，不能压缩以尽可能地城镇化发展为目标的空间。只有明确乡村旅游品牌传播的目标才能有助于就地城镇化和乡村旅游的协同发展。

乡村旅游传播的需求是多方的，对于传播者来说，在满足需求的同时，也需要承担相应的责任。对于不同的传播主体，其所拥有的资源和传播能力是不同的，所以其承担的责任权重也具有差别。现有的乡村旅游传播责任主要落在乡村企业和乡村集体上，但其所拥有的资源和能力是远远小于襄阳市政府部门的。现阶段，责任意识和责任划分是改善乡村旅游传播现状的重要问题之一。

乡村企业经营者大部分对于主动进行传播呈现积极态度，以堰河村为例，堰河村本地的乡村旅游传播是由经营者、乡村集体作为传播者分别进行的，双方均通过自媒体和官方媒体以及自主宣传进行传播，但并不具有规划性，没有最大限度地联合所有传播者一起，确定传播目标，有组织有规划地进行全覆盖矩阵信息输出，没有进行信息资源的最大化利用。

（四）传播实践层面：主客体需求链接之难

在任何的传播过程中，需求都不只是属于一方的，都是需要了解传播者和受众双方的需求与资源，通过对于资源和需求、需求和需求的链接来达到有效传播的目的。在就地城镇化下的乡村旅游传播中，通过明确受众、乡镇集体、企业经营者和国家的需求与资源，寻找最大公约数，即找到这些需求、资源间的嵌合关系，是乡村旅游传播中的重要问题之一。

在襄阳的乡村旅游传播中，以堰河村为例，我们在对经营者和乡村旅游工作人员的访谈中得知，有经营者每月举办联谊会活动，邀请襄阳当地旅游 KOL 进行联谊，用于其产品品牌的宣传，与此同时，其也会进行日常的抖音拍摄和直播卖货活动，均间接地带来了由产品流通促进的当地旅游品牌信息传播。此经营者对于己方需求认知明确，对于受众需求认知也比较清晰，但经过对多位经营者的访谈可知，大部分经营者都对于宣传有较大需求，但其对于受众需求认知不足，没有需求链接意识。乡村集体在进行宣传时以景区传播为主，主要着眼于乡村景区和受众需求的链接，对于产品传播的重视度不足，需求链接意识薄弱，较少地考虑到链接经营者需求。

通过对堰河村、尧治河村、承恩寺村在抖音、快手、微博、小红书等网络平台传播的调研发现，关于乡村旅游信息传播渠道中受众使用最多的短视频平台，仅尧治河景区在抖音上长期稳定运营账号，其他景区仅开设账号，并无长期稳定运营。尧治河景区在抖音上运营的内容主要集中于风景分享、景区介绍和日常生活分享，对于主要依赖网络渠道，关注因素为自然风景和拍照打卡的年轻人来说，内容过于单一化，没有把当地特色和受众多项需求进行串联，无法形成差异化品牌吸引力。

从针对不同年龄的受众需求研究中可以发现，不同年龄的受众群体对于不同的内容、渠道的选择和传播者信任度均显著不同，但湖北乡村旅游品牌传播在链接受众需求时，对于需求的细分不足。虽然在实践中于不同渠道进行了宣传，宣传内容也较为多样，覆盖了不同的受众群，但没有对需求和内容、渠道等的不同链接形式进行细化考量，因此没有形成以受众需求为导向的传播策略。

第四节 就地城镇化背景下湖北乡村旅游品牌传播的破题策略

湖北乡村旅游品牌传播策略需要在就地城镇化背景下，以发展乡村经济、提高乡村就业率等为目标促成乡村旅游业的发展。本章以进行过乡村旅游的受众为主要传播对象，以实证调研为现实支撑，结合湖北乡村旅游的现状、问题和受众需求分析，搭建由受众策略、内容与渠道策略、品牌传播体系策略共同组成的湖北乡村旅游品牌传播策略，通过深入分析策略核心，提出针对湖北乡村旅游品牌传播的具体对策。

一 受众定位策略：基于需求链接的具体对策

在传统营销传播方式的影响下，湖北省乡村旅游传播者在受众策略方面长久以来更多地采用传统市场调查与定位方式了解受众群体的需求，用此种方式所收集的信息价值密度高但信息的数据量较小，是全国各地均会采用的调查形式，所获得的信息价值接近饱和，无法进一步获得更精确的且未被获取过的信息。伴随各类技术的升级，大数据需要被应用到湖北的乡村旅游品牌传播领域，以使其获得多于其他乡村旅游传播者获得的游客信息，帮助湖北乡村旅游传播者进行更精准的游客定位和了解更细致的游客需求。

（一）受众策略核心：资源与需求的链接

1. 基于共赢的需求链接

从传播者的角度考虑，传播者在乡村旅游品牌传播过程中的需求为：信息输出量大、信息触达力强、信息有效解码率高。总的来说，这三种需求的核心目的是使受众转化为游客。从受众的角度考虑，受众在乡村旅游品牌传播过程中的需求在于成功接触到满足其偏好的真实旅游信息。

围绕这两个核心目的，乡村旅游品牌传播过程最重要的就是有效链接传播者和受众，即形成传播者资源与受众需求、传播者需求和受众需求的共同链接，把受众需要的且传播者拥有的资源信息传播给受众，使旅游品牌信息成功触达受众并为受众所解码，受众接触到满足其偏好的真实旅游信息，从而转化为游客，实现传播者与受众的共赢。

2. 闲置资源再利用

在现有资源与信息的链接过程中，有很多资源被忽视，造成了资源的闲置，对于闲置资源的再利用有助于拓宽信息的内容和渠道。

就地城镇化有助于乡村经济的发展，助力乡村的生产和生活城镇化。在这个过程中，为提升生产和生活的城镇化，政府对乡村进行了一系列改造，这些改造带来的很多改变可以被当作传播资源进行利用。例如，为增强乡村安全性，在乡村进行了摄像头覆盖。在乡村旅游中这项举措除了有助于提升游客安全感外，对于乡村旅游品牌传播来说，摄像头覆盖可以作为传播者资源进行再次利用，乡村政府联合乡村经营者进行乡村公共特色区域的摄像头实况直播，并在各类传播渠道进行宣传，吸引本地以及其他地方的受众观看，带来沉浸式乡村旅游云体验，对于受众了解乡村有着强于文字或图片的传播效果。

例如婺源篁岭在察觉到游客从观光旅游转向休闲旅游的需求后，其根据乡村的资源优势和发展状况，将篁岭定位为集休闲体验、民俗和徽派活态文化为一体的乡村旅游景区，通过把当地乡村资源和游客需求进行精准链接，逐渐创立起具有区域特色的乡村旅游品牌，与周围其他乡村形成差异化竞争，为后续进一步发展乡村旅游奠定了坚实的基础。

（二）游客数据精准定位的技术手段

搜集游客数据对于游客精准定位主要有两方面的作用：一是为了根据游客的需求进行用户画像，确立目标受众；二是对于目标受众的数据进行分析，进一步确定其聚集点与聚集时机，有助于进行更精准的渠道选择与内容投放。

1. 基于数据的用户画像

在湖北乡村旅游品牌传播中，进行用户画像需要对用户的经济水平、休闲时间、学识水平、过往旅游行为、兴趣偏好、受压力情况等进行全面的搜集。在 Web 3.0 时代，数据的收集已经不仅停留在一问一答的内容形式上，湖北的乡村旅游传播者可以通过对受众在各网络平台留存的海量数据进行收集分析，更加全面和深入地了解游客需求，寻找湖北当地乡村的旅游优势与游客需求间的最大交叉空间，以此确定旅游传播的目标受众。

可以通过以下方式获取数据：①与旅游相关平台或专业平台合作进行用户画像，比如携程、大众点评、美团等平台，此类平台聚集了海量游客群体，拥有大量流量，并且有着优质的算法支持，在精准定位用户上具有显著优势。②了解游客在各个社交平台上感兴趣的旅游内容，选取一批旅游内容与当地特色重合度高的自媒体账号，与自媒体账号进行深度合作，了解其受众群体，从而获得更多的用户需求资源。在获得用户需求的基础上以地级市政府为主的传播者需要对数据进行深入分析，找寻到符合湖北乡村旅游的目标受众，从而为针对目标受众进行传播渠道选择和内容创意打下基础。

2. 基于数据的受众聚集点确定

在确定目标受众以及全面了解目标受众的需求和偏好后，需要对目标受众进行更加深入的分析，了解受众的聚集地和聚集时机，以确定具体的传播渠道和内容。聚集地可以分为线上聚集地和线下聚集地，线上聚集地的分析可以通过收集各平台用户以及平台各类型浏览内容的使用数据进行分析，以了解目标受众主要聚集平台，选择聚集受众多的平台为传播渠道，了解受众在此平台上喜好浏览的内容，针对不同平台进行不同的内容创意和形式表达，比如小红书平台旅游内容主要为旅游“干货”分享，多为用户分享旅游路线、吃住行攻略、拍照打卡等，湖北乡村旅游传播者使用此平台作为传播渠道时应以相关内容对应当地旅游资源进行旅游品牌传播。

（三）多元化受众意见的反馈渠道

反馈是传播的重要一环，意见反馈是传播反馈中的重要部分之一，是最直接了解受众需求的通道。多元化的意见反馈渠道设置对于传播者来说，有助于其多渠道地全面深入了解受众需求，完善受众画像，校正传播内容和渠道，进一步提高传播效果。对于受众来说，多元化的反馈渠道设置有助于受众与传播者的平等对话，可以拉近受众与传播者间的心理距离，在提高受众互动性的同时有助于提高受众的信任度。

在湖北乡村旅游品牌传播中，需要在多平台设立受众意见反馈通道。除了在当地村委和旅游接待处等官方地点设立意见反馈箱外，还可以在游客较多的景点、酒店、停车场等地设立线下反馈渠道，从便捷度的角度考虑，反馈渠道的表达形式可使用二维码和纸质意见投递箱。线上意见和建议反馈渠道可使用微信后台留言、小程序意见反馈板块等。可以在特定的时间节点，比如，节日活动宣传、线下大型活动宣传前后等，在营销宣传的同时，以提问并提供奖励的形式促使用户留言，在提高用户互动性的同时了解用户需求。

二　内容与渠道策略：基于立体化传播矩阵的多维措施

随着传播环境和传播技术的不断改变，受众需求呈现多元化、个性化的变化趋势，湖北乡村旅游品牌传播的内容和策略也应该随之改变，根据受众个性化需求融合大数据、精准推送、VR、AR 等新技术的传播方式成为改变的重点方向。随着乡村振兴战略的推进，以提供乡村就业岗位的就地城镇化目标为前提的乡村旅游形式与新型传播形式融合发展应该成为湖北乡村旅游品牌传播的主流形式。

（一）内容与渠道策略核心：多级、分众和动态并存的立体化传播矩阵

1. 乡村旅游立体化传播矩阵概念和框架

本书基于现有新媒体矩阵的概念进行升级迭代，强调类型化与多维交叉，尝试建构立体化传播矩阵的概念和框架。新媒体矩阵主要由传播渠道层面的多平台（横向）和平台内多种类（纵向）的矩阵组成。立体化传播矩阵主要指在传播层面，将不同的传播者、受众、内容、渠道细分形成不同矩阵，将不同矩阵交叉组合形成立体化矩阵模型。

图 2－8 为乡村旅游立体化传播矩阵，其中四种矩阵互相交叉，形成数种不同的乡村旅游传播组合，有效精准地覆盖了更大范围的受众群。

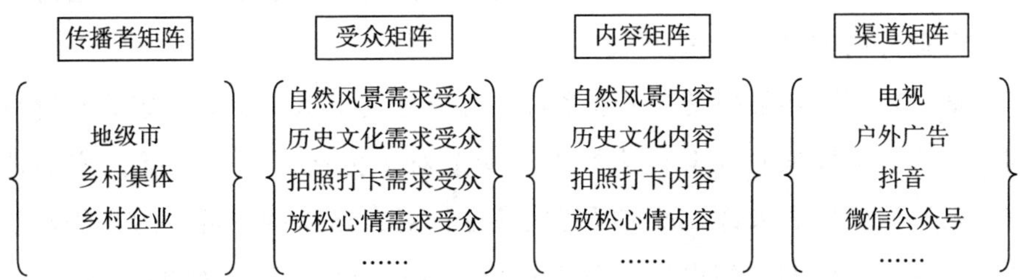

图 2－8　乡村旅游立体化传播矩阵

乡村旅游立体化传播矩阵的核心在于传播者的多极化、受众的分众

化、内容和渠道的动态化三方面。

2. 传播者多级化

在乡村旅游传播中，传播者从责任和需求的角度被划分为三个层级。

（1）地级市的责任与需求。在就地城镇化下的乡村旅游品牌传播中，地级市有着就地城镇化的需求和主要责任，是就地城镇化的推行者与乡村旅游品牌传播的核心传播者。

（2）乡村集体的责任与需求。乡村集体是就地城镇化的直接执行者和乡村旅游业的发展者，对于乡村旅游传播有着直接的需求和责任，是乡村旅游传播的主要传播者。

（3）乡村企业的责任与需求。乡村企业在具有赢利需求的同时也承担着社会责任，只有乡村旅游业积极发展，乡村企业才有发展空间。乡村企业是乡村旅游业发展的需求者和助力者，是乡村旅游传播的重要传播者。

3. 受众分众化

互联网的迅速发展和技术的不断升级为精准传播提供了技术基础。受众在使用网络浏览信息时，留存了大量的用户数据，其中不仅包含了大量的用户基础信息，还包含了用户的渠道使用偏好和内容浏览偏好等动态数据，为分众化奠定了数据基础。使用技术手段分析用户数据，得出用户整体偏好，进行精准的分众化推送，把不同的乡村旅游内容通过不同渠道推送给不同偏好的目标受众群。分众化是减少乡村旅游输出和触达信息浪费的重要传播思维。

4. 内容和渠道动态化

在此次问卷调查中可以发现，不同年龄段的受众了解乡村旅游信息的渠道和偏好内容显著不同。

通过对不同年龄的受众了解乡村旅游信息的渠道和偏好内容分别进行对比分析，可以发现年龄因素影响着受众对于传播渠道和传播内容的选择。对不同传播者来说，没有系统地考虑针对自己所拥有的品牌优势对于不同的受众使用不同的渠道、以不同的内容进行传播是问题的关键所在。在进行宣传时，只有针对不同的人群需求进行内容和渠道的动态划分，才能达到最好的传播效果。

（二）个性化与场景化结合的传播路径

在市场竞争白热化的现在，产品和服务同质化严重，各地乡村旅游服务卖点很难形成差异化表达。在各类实体商品和服务领域，私人定制化的个性服务逐渐成为重要卖点之一，但其在乡村旅游领域的普及度仍有不足。

个性化场景化服务做得较好的惠州南昆山景区已经开始推进智能化的景区游览模式，其采用的智慧导航系统以手绘方式展示景区地图，同时标注出景区内的热门景点和公共设施，叠加游客实时定位，使游客可以随时随地规划游览路线。

在湖北乡村旅游中，各地乡村已经形成初步的多种景区或乡村的串联旅游线路，但旅游线路的个性化场景化不足，首先，湖北的乡村可以借鉴南昆山的游览模式，为游客提供更智能的个性化服务；其次，在游客选定旅游路线后，结合旅游地点的特色与游客选择偏好进行更加可视化的 3D 建模场景展示，还可以加入 VR 技术和 AR 技术为游客带来更多沉浸式体验，场景化且带有互动性的表达形式可以吸引更多受众参与，增大游客转化可能；最后，可以为游客和当地村民提供私人导游服务平台，在当地乡村选取最了解当地的村民，村民通过平台审核后，可以为游客提供导游服务，通过游客下订单导游接单的灵活就业形式为当地提供更多创收可能，并且在资源推荐和导游平台中加入当地特色产品或民宿等旅游相关的推荐，结合购买链接，为当地的产品或民宿等进行品牌推广传播，为当地村民创收。

在传播渠道上，线下可以选择以二维码的形式体现在户外广告和宣传页上，宣传页发放在本地的旅行社和乡村接待处等地，线上可以分享在各平台官方账号上，同时和各地具有影响力的自媒体进行合作，邀请自媒体使用个性化旅游线路定制服务并分享真实体验，用真实使用场景吸引用户参与，提高游客转化率。

（三）强互动性的社群传播方式

随着网络移动通信技术的普及和发展，人与人之间的交流和传播方式随之改变，人们更多地使用移动设备进行网络社交活动，网络逐渐打破了时间和空间的限制，人与人之间的交流传播更便捷，随之而来的微信群、QQ 群、微博群组等不断发展壮大，填充着大众的社交空间，移动社群的传播方式成为各行业传播方式创新的突破点。

根据此次对襄阳乡村受众的调查发现，乡村旅游受众最信任的信息传播渠道为熟人推荐，相比于其他传播者，熟人与受众间具有更强的社会关系和情感联系，与受众的心理距离更近，熟人对受众的了解更深入，需求把握更精准，双方的信息传播互动性也更强。把以上逻辑运用到网络传播中，乡村旅游的传播者可以利用社群创造几类具有相同兴趣爱好的圈层，比如，拍照打卡群组、美食交流群组、人文历史爱好群组等。在社群中，传播者在进行旅游宣传时，需要从受众需求角度出发，以受众感兴趣的形式进行宣传，同时需要以一种日常的形式融入社群交流中，拉近与受众的心理距离，比如，在爱拍照打卡的社群中以时令风景为切入点，在与受众的交流中分享当地特色风景，吸引游客来拍照打卡。

社群传播的强交互性使得传播者更易拉近与受众间的距离，形成更强的游客黏性，增加游客的重复旅游次数。

（四）融合化的传播媒介应用

融媒体时代，万物皆媒，融合化、系统化的传播媒介应用成为传播的重点，在乡村旅游品牌传播领域，媒体的深度融合不仅应该体现在形式方面，还应该体现在内容与体制机制方面。湖北乡村旅游品牌传播不同层级的传播者应该承担不同的传播责任，不同的传播渠道所拥有的受众群体不同，所搭载的内容也不同，传播内容应该以受众需求为导向，以更多元的创新方式在不同渠道进行精准分众传播。通过打通线上线下传播渠道，以系统化的思维融合新旧媒体，融合内容与体制机制进行传播应用，从而形成用户自发的病毒式传播，形成良好的口碑，打造优质品牌形象。

以年轻化旅游受众群体为例，在乡村旅游中其与朋友出行或与家人出行的可能性大，因为现阶段城市年轻人多为独生子女的特殊性，在家庭出行中按照其意愿偏好决定旅游目的地的可能较大，故成为适合家庭出游的乡村旅游目的地重要目标受众之一。年轻受众群最高频率使用网络渠道了解信息，喜爱个性化的定制服务，喜爱拍照打卡和生活分享，对新奇事物感到好奇。针对这类受众群可以使用年轻化的媒体渠道，比如，小红书、哔哩哔哩、抖音、微博等，在表现形式上，可以以线上线下相结合的方式进行，比如在平台上发起拍照活动，并在线下设立打卡点，利用奖励的方式吸引受众参与，也可以使用H5或者互动视频的形式给其提供场景化的互动体验，抢占其注意力，加深乡村记忆点，引起用户分享，引发“病毒式传播”。

例如，2022年婺源篁岭举办了“dou来晒秋”的抖音短视频活动，以万元大奖作为奖励，鼓励受众参与进婺源篁岭的旅游传播中来。根据婺源篁岭统计，活动期间，相关视频播放量达1.4亿次，参赛作品643条，更有多条点赞百万次以上的短视频，吸引了大量受众的注意力，对于湖北乡村旅游品牌的传播具有借鉴意义。

（五）旅游传播的公益广告形式

“公益广告，顾名思义，就是为了社会公众利益而做的广告，与政治和政策以及社会的和谐发展密切相关。”① 以推进乡村振兴战略与就地城镇化发展为目标的乡村旅游业，可以树立助农与乡村发展的核心目标进行公益广告传播。例如，广西以系列乡村公益广告形式，展示了其乡村的宜居、生态、幸福和清洁等多个优势方面，打破了受众对乡村的固有印象，对于促进乡村旅游有着积极的影响作用。

在湖北乡村旅游品牌传播中，以襄阳谷城县五山镇为例，其中堰河村主要产业为茶产业，经对当地村民的访谈可知，近年来，当地以茶产业和旅游业逐步脱离贫困，实现乡村发展，但周围各乡村富裕程度仍然较低，当地政府计划以堰河村为中心辐射各乡村，继续大力发展茶产业和旅游业，带动周围乡村经济发展，提高村民收入水平。综合考虑到当地的实际情况和资源情况，可以使用以茶叶为核心产品的助农增收公益广告形式为其进行传播推广，公益广告在助农基础上可以提升其乡村综合品牌知名度，吸引更多潜在游客的关注，就此成为旅游传播中的一环。

三　品牌传播体系策略：基于系统思维的整合方法

乡村旅游品牌传播表达为品牌内核和信息传播两部分，因此品牌传播体系又可以分为品牌建设体系和信息传播体系。在湖北乡村旅游传播中，针对品牌建设体系以打造强链接的品牌体系为对策，在信息传播体系中应

① 丁俊杰等：《广告学概论》，高等教育出版社，2018，第15页。

不断完善“反馈—校正”的传播体系，通过直接意见或间接数据等对受众需求进行深入收集分析，完善传播各环节，最终形成良性循环的旅游品牌传播体系。

（一）品牌传播体系策略核心：效果与反馈系统化

1. 效果系统化：从传播者到受众

融媒体时代下，万物皆媒，乡村旅游品牌不是单一的目的地品牌，而是包含了目的地、景区和产品品牌的多层级综合品牌。

总的来说，在考量乡村旅游品牌传播时应进行系统性的考察，首先对所属的目的地、景区与产品的品牌传播进行分别考察，然后考察其互相的影响关系与对整体乡村旅游品牌传播效果的影响，最后制定出符合当地特色的乡村旅游品牌系统化传播体系。

从对襄阳的目的地和景区品牌传播效果的调查中发现，目的地品牌与景区品牌名称一致时，目的地品牌传播效果较好，景区品牌传播效果一般，故整体乡村旅游品牌传播效果较好。目的地品牌与景区品牌名称不一致时，景区品牌传播效果较好，目的地品牌传播效果较差，故整体乡村旅游品牌传播效果一般。从对乡村产品传播效果的调查中发现，有商品品牌的产品传播效果普遍好于无商品品牌的产品，故商品品牌对于乡村旅游产品认知度和传播效果具有积极影响。

由此可知，湖北乡村旅游传播应进行目的地品牌和景区品牌的关联性传播，同时打造具有湖北特色的乡村旅游商品品牌，把目的地、景区和产品进行紧密连接，系统化地进行传播。

2. 反馈系统化：从受众到传播者

从系统化的角度出发，受众反馈机制的设立应该针对不同传播环节——传播者、传播内容、传播渠道分别设立。

对于游客在乡村旅游中遇到的问题的调查发现：游客对于不同的传播者和传播内容的信任度不同，对于乡村旅游信息有不同的内容和信息获取渠道偏好。在乡村旅游中遇到过问题的游客有约 25% 的人不知道通过什么渠道进行反馈，在反馈过问题的游客中有约 21% 的人没有收到过任何回复。

由此可知，不论在乡村旅游品牌传播的大环节还是其中某个部分的小环节，都需要设立不同的受众反馈机制以针对性地对传播内容、渠道等进行修正，实现更精准的信息传播和更畅通的反馈。通过增强传受双方的互动性，提高受众信任度，达到更理想的传播效果。

靖安县中源乡就设立了“游客之家”调解室，帮助游客解决旅游中遇到的问题和纠纷，在为游客解决现有问题的基础上，及时地收集了游客对于当地乡村旅游的意见反馈，对于促进当地乡村旅游的可持续发展和口碑传播起到了积极作用。

（二）打造强链接的品牌体系

此次调查发现子品牌名称的强链接性以及多子品牌组合的品牌传播效果大于品牌名称弱链接性的分离式单一品牌传播效果，因此在品牌建设中可以通过打造具有强链接性的品牌体系，为品牌传播创造良好的先决条件。湖北部分乡村旅游业相对发达但特产资源不丰富，部分乡村具有独特的产品资源但没有条件发展乡村旅游业，或者县域内各乡村旅游产品资源差异性较小，故可以以县域品牌为载体，整合各乡村资源，打造乡村旅游品牌的强链接，增强乡村旅游品牌的传播效果。

以南漳县为例，南漳县有春秋寨景区、香水河景区等优质旅游景区，但景区所属的当地乡村旅游产品知名度较低，与此同时同属于南漳县的磨坪寺村有较为知名的特色产品——磨坪贡茶，故可以以南漳县为载体，以县域名称为品牌中介，把各景区、各产品与县域构造强链接，形成以县品牌为单位，以乡村旅游为核心的乡村旅游品牌群，形成“乡村旅游+”的强链接品牌体系。

（三）完善“反馈—校正”传播体系

在传播中，反馈是其中的重要组成部分，发挥着传播效果评估和传播内容、渠道校正的重要作用。乡村旅游品牌传播中的反馈可以被分为直接反馈和间接反馈，直接反馈主要指游客意见或建议评论等，这些直接的反馈内容可以最直观地了解到受众对于传播内容和渠道的喜爱程度，找到改进方向，间接反馈主要指由受众对于传播内容的浏览量、点赞数、互动积极性等数据指标，通过这些数据指标可以评测出受众偏好的内容和渠道，细化出不同渠道的不同使用受众，以及了解到不同内容适合的传播渠道等信息，通过这些数据信息不断地校正传播选择，最大化地增强乡村旅游品牌传播的效果。

第三章　乡村振兴背景下湖北省特色农产品区域公用品牌建设

第一节　特色农产品区域公用品牌建设：乡村振兴重要突破口

一　特色农产品：乡村振兴的重要发力点

实施乡村振兴，重点在于产业兴旺。[①] 特色农产品具有鲜明的地域性和代表性，是某一乡村地区特有的资源，还能体现乡村地域文化，发展特色农产品对实现乡村振兴意义深远。

（一）特色农产品：传统农业增收的强力引擎

种植业、养殖业等基础农业的稳定发展是乡村振兴的基本要求，对于维护国家安定团结具有重大作用。但是，要实现农民增收、乡村富裕，真正实现乡村振兴，还要更加关注地区特色农业产业，大力发展特色农产品。特色农产品有先天的竞争优势，地域性强，品质较高，能够满足日益细分的市场需求，在农产品市场受到青睐。

各地依托不同的自然资源禀赋优势，发展特色农产品，引导特色农产品向最适宜区集中，建设特色农产品优势产区，壮大农业产业基础，能有效促进农业增产，为增收提供有力保障。农民是最直接的受益者，特色农

---

① 《中共中央国务院关于实施乡村振兴战略的意见》，人民出版社，2018，第8页。

产品的商品价值较基础农产品高，特色农产品的销售能够带动当地农民经济收入增长，促进农业产业持续增收，夯实乡村振兴的经济基础。

（二）特色农产品：三产融合发展的坚实基础

特色农产品能够带动加工、包装、物流等工业产业的发展，不仅如此，具有鲜明地域特征的特色农产品蕴含着绚烂多彩的特色历史文化，每一件特色农产品都是我国传统农耕文化的重要体现，是地方人民勤劳智慧的美好品格的反映，凝结着地方优良物质文化财富，对促进乡村第三产业的发展也具有重要意义。以特色农产品为中心，结合乡村地域文化，发展观光农业、田园综合体等农业新业态，走农文旅融合发展模式，吸引外地游客前来消费，能在更大程度上增加农民收益，促进地区经济发展。以河北鸡泽县为例，鸡泽县近年来大力发展特色辣椒产业，培育新品种，延长产业链，带动了加工、物流等第二产业的发展，并推出体验采摘、观光旅游等衍生项目，带动了餐饮、住宿等第三产业的发展，创造了更大的利润。以特色农产品为基础，能够不断挖掘乡村潜力，走“农业+”发展模式，开辟农民收入新渠道，推动一二三产业融合发展，筑牢乡村振兴产业根基。

二　特色农产品传统发展模式瓶颈：以湖北省为例

产业化是现代农业的基本方式，[①] 通过提高加工水平和增强加工深度来增加农产品的附加值，提高农产品竞争力。在新的市场环境和政策环境下，该发展模式逐渐显示出不少弊端。以湖北省为例，特色农产品的发展存在着许多突出的问题。

（一）附加值低与溢价能力不足

农产品本身价值偏低，通过对农产品进行加工，改变农产品的状态，例如将新鲜水果加工成水果干、罐头等，既便于贮藏、运输和销售，又能保证干净卫生，方便携带及食用，更好地满足了消费者需求，能够在一定范围内提升农产品的附加价值。但是，目前湖北省特色农产品精深加工程度低，多以原料型和初级加工产品为主，附加值低，产品价格较低。

---

① 孔祥智、李圣军：《试论我国现代农业的发展模式》，《教学与研究》2007 年第 10 期。

同时，产业经济学中的“微笑曲线”说明，在产业链中，制造加工附加值最低。总体来看，湖北省特色农产品的发展仍处于生产、加工阶段，缺乏营销端的销售、传播、网络及品牌延伸，湖北省特色农产品的发展正面临着产品附加值较低、溢价能力不足的困境。

（二）同质化程度高与竞争力不强

近年来，在国家总体发展战略的指导下，特色农产品产业进入了迅速发展时期，各省区市都在大力促进特色农产品优势区建设，特色农产品市场空前繁荣，这也意味着农产品市场竞争极为激烈。而农产品本身的性质决定了其在品种、外观和口感上的相似程度非常高，如果不使用专业的仪器进行检测，普通消费者很难从外观和口感上对不同的农产品加以区分。

因此，在传统产业化发展模式下，湖北省特色农产品与其他地区特色农产品相比较没有突出的特色，缺乏独有的特点，也就是说其内在的产品差异性不足。这就导致湖北省特色农产品容易淹没在庞大的同质化农产品市场中，市场竞争力表现弱。

三　从产业化到品牌化：特色农产品营销变革的必由之路

特色农产品具有重要的战略地位，传统发展模式已经无法发挥其最大价值，品牌化已经成为我国特色农业发展的新途径，打造特色农产品区域公用品牌、实施品牌营销战略势在必行。

（一）品牌化：提升特色农产品价值的重要手段

随着经济发展和消费升级，消费者对高质量的品牌农产品的需求日益增多。湖北省通过区域公用品牌的整合，推进标准化生产和统一销售，更有利于提高特色农产品的质量，生产出优质的农产品，提高品牌溢价，增加生产收益。

另外，推进湖北省特色农产品区域公用品牌建设，拉长了产业链条，增加了特色农产品的附加值。特色农产品区域公用品牌具有联动作用，有利于引导企业集聚，促使产业链不断完善，特色农产品的发展不再局限于生产和加工，而是逐渐从第一产业延伸到第二产业、第三产业。如此，既能提升特色农产品的附加值，又能带动当地农民增收。例如湖北省秭归县发展“脐橙+文化+旅游”模式，延伸了秭归脐橙产业链，提升了秭归脐橙的价值。

（二）品牌化：打造特色农产品核心竞争力的关键

由于区域间的资源禀赋差异，各地区会形成特色农产品，又因为消费具有普遍性，特色农产品跨区域销售成为必然。随着时代的发展，特色农产品面临越来越激烈的市场竞争。农产品同质化程度高，因此，仅依靠特色农产品本身的产品特性无法在激烈的竞争中脱颖而出，这就要求挖掘并传达特色农产品独特的核心价值。

特色农产品区域公用品牌依托地理标志农产品发展形成，区域公用品牌是特色农产品质量和信誉的保证。特色农产品区域公用品牌建设有利于突出特色农产品差异性，提高特色农产品知名度，便于消费者区分和选择。打造湖北省特色农产品区域公用品牌，可以将湖北省的农业资源优势转化为竞争优势，提高特色农产品的核心竞争力。

第二节　湖北省特色农产品区域公用品牌建设的现状分析

一　湖北省特色农产品区域公用品牌的建设概况

近年来，在政府推动特色农产品区域公用品牌建设的背景下，湖北省已经涌现出一批各具优势的特色农产品区域公用品牌，使得湖北省品牌强农的基础更为扎实。截至 2021 年底，全省农产品地理标志数量达到 190 个，总量位居全国第二。

（一）农产品区域公用品牌的数量及类别

农业是资源依赖型产业，湖北省自然资源禀赋、地理区位、地域文化等优势明显，农产品资源丰富。湖北省积极发展品牌农业，采取了一系列措施加强特色农产品区域公用品牌建设，加快向农业强省转型。

在农业农村部的领导下，我国农产品地理标志登记保护工作自 2008 年开展。根据农业农村部官网发布的信息，截至 2021 年，全国共授予农产品地理标志 3305 件，湖北省农产品地理标志总数达 190 件。近年来，“中部崛起”战略大力实施，中部六省积极抢抓“十四五”时期农业发展新机遇，湖北省农产品地理标志数量在中部六省中排名第一（见图 3－1），展现了一定的品牌建设成果。

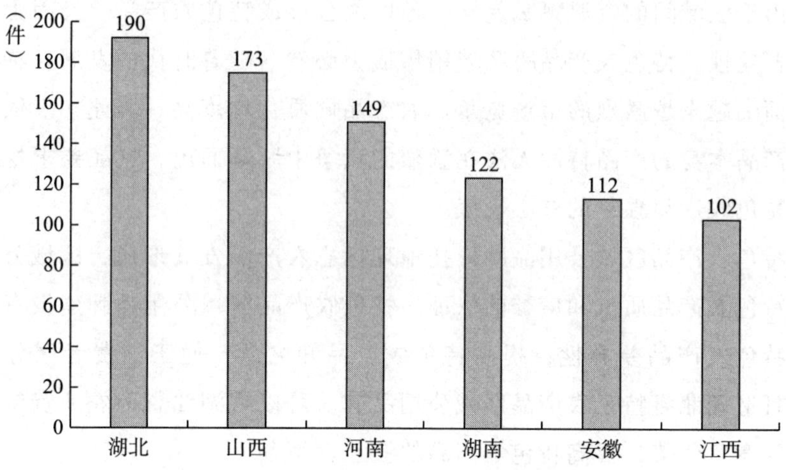

图 3－1　中部六省农产品地理标志数量比较

从全国范围内来看，湖北省拥有的农产品地理标志数量也较多，在全国排名第二，仅次于山东省，且湖北省农产品地理标志数量增速总体上来看呈上升趋势，这为湖北省特色农产品区域公用品牌建设继续推进奠定了良好的基础。

湖北省拥有的农产品地理标志不仅数量多，而且农产品种类丰富。农产品地理标志划分为九大产品类别，分别是果品类、蔬菜类、粮油类、茶叶类、畜禽品类、水产品类、食品类、中药材类和综合类。湖北省农产品地理标志品类主要为蔬菜类、果品类及茶叶类（见表 3－1）。

具体来看，按行政区域划分，湖北省 17 个市（州、林区）各自拥有的农产品地理标志数量如图 3－2 所示。农产品地理标志数量排前三位的地区为宜昌市、十堰市和黄冈市，分别达到了 36 项、23 项和 20 项，其中宜昌市拥有的农产品地理标志最多。鄂州市仅仅拥有 1 项农产品地理标志，仙桃市还没有申请农产品地理标志。从数量上看，农产品地理标志分布不均衡。

在国家关于建立中国农业品牌目录制度相关政策的要求下，中国农产品市场协会于 2019 年第一次发布了《中国农业品牌目录 2019 农产品区域

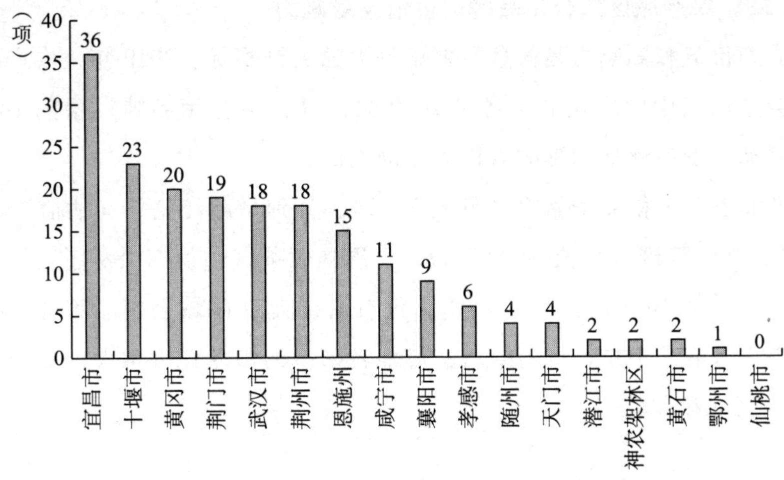

图 3－2 湖北省各市（州、林区）农产品地理标志数量

公用品牌》，对我国 31 个省（自治区、直辖市）的特色农产品区域公用品牌进行推介，该目录共收录了 300 个有代表性的特色农产品区域公用品牌，其中湖北省共入选 11 个品牌（见表 3－1）。入选品牌最多的地区是山东省，山东省总计有 17 个特色农产品区域公用品牌被收录。湖北省具有市场竞争力的特色农产品区域公用品牌在数量上与排名靠前的省份相比存在一定的差距，品牌优势不大。

表 3－1 中国农业品牌目录 2019 农产品区域公用品牌——湖北品牌

序号	品牌名称	类别
1	宜昌蜜橘	果品类
2	秭归脐橙	果品类
3	大别山黑山羊	禽畜品类
4	潜江龙虾	水产品类
5	荆州鱼糕	水产品类
6	洪湖莲藕	水产品类
7	武当道茶	茶叶类
8	恩施硒茶	茶叶类
9	襄阳高香茶	茶叶类
10	随州香菇	蔬菜类
11	蕲春蕲艾	中药材类

（二）农产品区域公用品牌的价值及影响力

品牌价值和影响力是衡量品牌竞争力的关键指标。2019 年，农产品市场协会选取《中国农业品牌目录 2019 农产品区域公用品牌》中的 100 个品牌启动了价值评估和影响力指数评价工作。

湖北省共上榜 4 个品牌（见表 3－2），分别是潜江龙虾（估值 238. 77 亿元）、秭归脐橙（估值 24. 89 亿元）、恩施硒茶（估值 20. 88 亿元）和随州香菇（估值 16. 88 亿元）。其中，仅有潜江龙虾区域公用品牌在 100 个品牌中进入前二十位，排名第六，与排名第一的黑龙江五常大米品牌估值 897. 26 亿元相差较多。

表 3－2　中国农业品牌目录 2019 农产品区域公用品牌（第一批）价值评估榜单——湖北品牌

单位：亿元

排名	品牌名称	估值
6	潜江龙虾	238. 77
72	秭归脐橙	24. 89
77	恩施硒茶	20. 88
85	随州香菇	16. 88

资料来源：《中国农业品牌目录 2019 农产品区域公用品牌》。

湖北省 4 个入选品牌总估值 301. 42 亿元，在我国 31 个省（自治区、直辖市）中排名第十一位，处于中上。总估值排名前三的陕西省、黑龙江省、辽宁省分别为 1054. 02 亿元、946. 89 亿元和 917. 48 亿元。湖北省特色农产品区域公用品牌在品牌价值上与排名靠前的地区相差较多，品牌价值较低。

湖北省 4 个入选品牌与其他地区同类别的特色农产品区域公用品牌影响力比较如下：随州香菇区域公用品牌在 4 个食用菌类品牌中影响力排名第一，潜江龙虾区域公用品牌在 6 个水产品类品牌中影响力排名第一，秭归脐橙区域公用品牌在 22 个果品类品牌中影响力排名第十一，恩施硒茶区域公用品牌在 13 个茶叶类品牌中影响力排名第八。综合来看，湖北省特色农产品区域公用品牌展现了一定的影响力。

通过品牌价值和品牌影响力评估，可以看出湖北省特色农产品区域公用品牌建设取得了一定的成果，部分品牌展现出不错的品牌实力，但是与农业品牌化水平高、农产品区域公用品牌价值高、品牌影响力大的地区还存在一定的差距，总体竞争力不具优势。

二　湖北省特色农产品区域公用品牌的整体特征

（一）现实表现：区域公用品牌发展失衡

通过比较湖北省农产品地理标志数量和区域公用品牌的价值和影响力，可以看到湖北省特色农产品区域公用品牌呈现出品牌多而不强、品牌发展不平衡的格局。

截至 2021 年底，湖北省农产品地理标志达到了 190 项，居全国第二位、中部六省第一位，农产品地理标志数量多，为农产品区域公用品牌建设奠定了良好的基础。以拥有农产品地理标志数量最多的宜昌为例，宜昌地理位置优越，拥有独特的峡江气候，孕育了丰富的农特产品，经过多年发展，培育了宜昌蜜橘、秭归脐橙、清江椪柑、宜昌宜红、宜昌毛尖、宜昌猕猴桃、宜昌白山羊等一批特色农产品区域公用品牌。然而，湖北省特色农产品区域公用品牌总体上表现为多而不强，品牌价值较低、影响力较小。

湖北省特色农产品区域公用品牌还存在着发展不平衡的问题。截至 2021 年，湖北省总共拥有农产品地理标志 190 项，在湖北省 17 个市（州、林区）中，平均一个地区拥有农产品地理标志 10 项以上。但是，湖北省有 9 个市（林区）农产品地理标志登记数量在 10 项以下，分别是襄阳市、孝感市、随州市、天门市、潜江市、神农架林区、黄石市、鄂州市及仙桃市，其中仙桃市登记数量最少，为零。这意味着部分地区政府还没有真正理解到品牌农业的含义，没有积极主动地引导协会和企业去进行农产品地理标志的申报工作和区域公用品牌创建工作。在已经申报成功农产品地理标志保护的湖北省 190 项农产品地理标志中，仍有很大一部分没有继续推进区域公用品牌的建设。同时，部分经营主体和行业协会的品牌意识只停留在申请地理标志、申请区域公用品牌的阶段，仅注重商标注册和获得授权，缺乏完整的品牌战略规划与运营推广，建设主体没有发挥主动性，导致湖北省部分地区的特色农产品区域公用品牌建设并未真正展开，各地区之间发展极为不平衡。潜江龙虾是湖北省特色农产品区域公用品牌建设优秀案例，潜江最大限度地挖掘了地区特色优势，打造虾—稻特色产业，加强了潜江龙虾区域公用品牌建设。截至2023年，“潜江龙虾”区域公用品牌价值350.8亿元，自2019年起连续5年登顶行业榜首，入选了中国农业品牌目录。与此同时，湖北省却还有较多特色农产品区域公用品牌发展势头较弱。尽管湖北省在大力推进品牌强省目标，宜昌市、恩施土家族苗族自治州等地区特色农产品区域公用品牌建设颇有成效，但仍有较多地区的特色农产品区域品牌化建设远远落后于平均水平，缺乏能叫得出名字的农产品区域公用品牌，例如鄂州市、黄石市、仙桃市等地区，其特色农产品区域公用品牌发展极为不平衡。

（二）环境支持：政府品牌意识初步树立

近年来，湖北省政府采取了一系列措施打造特色农产品区域公用品牌，显示出政府已经初步形成了发展区域公用品牌的意识。

2019年初，湖北省农业农村厅印发《湖北省农产品品牌三年培育方案》，从政策上明确了要强化农产品区域公用品牌建设，提出要以区域公用品牌为引领、企业产品品牌为支撑，加大宣传推介力度，促进特色优势产业提质增效，稳定发展。此后，湖北省陆续发布了各类政策文件支持农产品区域公用品牌建设（部分文件见表3－3）。

表3－3　湖北省关于农产品区域公用品牌建设的部分文件

年份	文件	内容
2019	《湖北省农产品品牌三年培育方案》	明确按照“区域公用品牌＋企业产品品牌”培育模式开展农产品品牌培育工作，推动农业大省向农业强省转变
2021	《湖北省促进茶产业发展条例》	完善茶叶区域公用品牌、企业品牌和产品品牌培育、推介、保护机制，培育、整合茶叶区域公用品牌
2021	《省人民政府关于印发湖北省推进农业农村现代化“十四五”规划的通知》	建立完善区域公用品牌建设管理标准体系，打造一批区域公用品牌、重点企业品牌和特色农产品品牌

截至2021年，湖北省已经采取措施进一步拓展农产品区域公用品牌

评价体系，发布了各类农产品区域公用品牌榜单，例如湖北省区域公用品牌二十强。湖北省于2018年首次公布农产品区域公用品牌二十强（见表3－4），至2020年已经连续发布了3年。这也是湖北省探索建立农产品品牌目录制度的一次尝试，一方面，有利于提升湖北省特色农产品区域公用品牌的知名度和市场影响力；另一方面，可以通过这种动态评价制度促使品牌建设主体加强品牌的建设和管理，并利用优秀案例的示范效应指导品牌建设。

表3－4　2018年湖北省农产品区域公用品牌二十强

品牌名称	类别	品牌名称	类别
英山云雾茶	茶叶类	随州香菇	蔬菜类
武当道茶	茶叶类	襄阳山药	蔬菜类
恩施玉露	茶叶类	公安葡萄	果品类
利川工夫红茶	茶叶类	蕲艾	中药材类
洪湖再生稻米	粮油类	潜半夏	中药材类
孝感香米	粮油类	宜昌白山羊	畜禽品类
京山桥米	粮油类	大别山黑山羊	畜禽品类
洪山菜薹	蔬菜类	张沟黄鳝	水产品类
房县香菇黑木耳	蔬菜类	梁子湖大河蟹	水产品类
张港花椰菜	蔬菜类	丹江口翘嘴鲌	水产品类

另外湖北省政府还大力支持企业创建并发展自己的品牌，引导农业龙头企业加快开展农产品地理标志、名特优新农产品、农产品区域公用品牌的申报和推介，重视和企业深入合作共建特色农产品区域公用品牌。

（三）基础保障：品牌培育主体逐渐壮大

农业经营主体在农产品区域公用品牌建设中的作用突出，以龙头企业为重点的包括农业企业、农民合作社、家庭农场和专业大户等农业经营主体是农产品区域公用品牌的培育基地，农业经营主体的良好发展将有力推动农产品区域公用品牌的建设。

特色农产品区域公用品牌的建设和发展离不开企业品牌的进步，尤其是不能缺少农业龙头企业的引领带动作用。近年来，湖北省大力培育农业龙头企业，进入了发展新阶段。2021年，湖北省级农业龙头企业新增125

家，达到990家；国家级农业龙头企业新增20家，达到82家。据农业农村部公布的信息，新认定的20家农业产业化国家重点龙头企业在2020年平均总资产规模达到9.26亿元，辐射带动农户2.3万多户，通过就业促进农民人均增收1.52万元。农业龙头企业在实现乡村振兴、推动湖北省特色农产品区域公用品牌建设、带动就业增收方面发挥了重要作用。例如湖北富农食品工业园有限公司，是鄂州市首家国家级农业龙头企业，为鄂州武昌鱼区域公用品牌的发展带来了新机遇。但是，湖北省农业龙头企业竞争力不强。根据中国农业产业化龙头企业协会确立的100家2021年度农业产业化头部企业名单，湖北省仅上榜2家（见表3－5）。总体来看，湖北农业龙头企业经营规模不大，有影响力的品牌不多，[①] 企业数量在全国范围内不占优势，不能切实发挥农业龙头企业对农产品区域公用品牌建设的引领带动作用。

表3－5　2021年度农业产业化头部企业——湖北企业

序号	企业名称	行业
1	湖北省粮油（集团）有限责任公司	粮油
2	劲牌有限公司	酒业

湖北省近年来涌现了大量新型农业经营主体，截至2021年末已发展到21万个。农民专业合作社和家庭农场等新型农业经营主体把分散的农户组织带动起来，有利于促进农业标准化生产、集约化经营，实现品牌化发展。湖北省拥有190项农产品地理标志，其中有24项为合作社申报，农民合作社在推动湖北省特色农产品区域品牌建设方面的作用不言而喻。农民专业合作社逐渐壮大，截至2021年末，湖北省农民合作社数量达108244家，比2020年末的104594家增加了3650家，全省农户入社率超过50%。但是由于新型农业经营主体力量较弱，品牌建设能力不足，加之品牌意识还不够强，在建设特色农产品区域公用品牌方面发挥的力量有限。此外，湖北省仍有大量的耕地由普通承包农户经营，普通农户大多缺乏技术和知

① 毛丽萍：《壮大龙头企业，推动补链延链强链》，《人民政协报》2021年10月11日，第3版。

识，这对特色农产品区域公用品牌培育来说是不利的。

（四）市场潜力：品牌赢利前景基本向好

在湖北省大力实施品牌强省战略、开展品牌提升专项行动的背景下，2021 年，湖北省共向 146 个国家和地区出口了农产品，出口总额 176.2 亿元，较上年同期增长了 15.84%，达到了历史最高水平。2021 年，湖北省农业农村厅组织省内多家茶企参加茶博会，湖北名优茶边疆行、沿海行等系列活动，推介七大区域公用茶品牌，累计签约 16.21 亿元。2021 年 11 月 27—29 日，湖北省成功举办了首届湖北农博会，参加展会的企业有 1642 家，参观人数超过了 10 万人次，共有 43 个重大项目集中签约，金额达 1449.12 亿元。

秭归脐橙是湖北省区域公用品牌建设的“尖子生”，截至 2021 年，秭归脐橙市场评估品牌价值达 26.91 亿元，并且年年保持增长。秭归脐橙种植面积、产量和产值都有大幅提升，截至 2021 年底，秭归县脐橙种植面积达到 2.67 万公顷，年产量达 70 万吨，综合产值突破 85 亿元。借助新电商平台，秭归脐橙热销品种达上百个，全年线上单品销售额达 14.5 亿元。纵向比较，秭归脐橙市场赢利前景可观，但是与我国其他地区的脐橙品牌进行横向比较，秭归脐橙略处于劣势地位。湖北秭归脐橙与江西赣南脐橙相比，赣州市脐橙种植面积达 178 万亩，产量 140 万吨，均居世界第一位，赣南脐橙品牌价值 681.85 亿元，位列全国区域公用品牌水果类第一位，赣南脐橙多方面数据都要好于秭归脐橙。

特色农产品区域公用品牌建设是一个由诸多因素共同作用的长期过程，它与当地的自然资源、人文历史有着密切的联系。湖北省历史悠久，拥有多元文化，地理环境和气候条件优越，特色农产品资源丰富，农产品地理标志数量多且在不断增加，特色农产品区域公用品牌建设基础较好。同时省政府初步具备了发展品牌的意识，农业经营主体也在不断壮大，部分特色农产品区域公用品牌市场运行情况较好。但是，湖北省目前还有很大一部分特色农产品没有形成自有品牌，部分地区品牌培育不力，总体上缺乏知名的、影响力大的特色农产品区域公用品牌，且企业品牌带动乏力，这说明湖北省特色农产品区域公用品牌建设总体仍处于起步阶段，区域公用品牌建设存在着亟待解决的问题。

第三节　湖北省特色农产品区域公用品牌建设的具体实践及消费者认知

一　运营端：基于四大品牌维度的具体实践

菲利普·科特勒（Philip Kotler）提出品牌建设应从定位和观念的形成入手，然后围绕品牌理念进行品牌名称、品牌产品的决策，并进行有效的沟通。特色农产品区域公用品牌是一个地理范围内的特色农产品品牌化的表现，是地方政府、行业协会及农业企业等多方主体实施品牌战略的结果，涉及品牌创建、品牌定位、品牌设计、品牌传播等多个方面。

（一）品牌创建：多主体联动推进

湖北省特色农产品区域公用品牌是在多主体的努力下协同创建的，目的在于增加销量，推动地方农业产业和经济发展，构建“区域品牌＋企业品牌”的培育模式。

1. 建设模式

在农产品市场中，由于同质化程度高，农产品的竞争能力相对较弱。因此，各国、各地区都在积极打造自己的特色农产品区域公用品牌。立足中国国情，探索适合我国特色农产品区域公用品牌发展的模式尤为重要。在我国农产品区域公用品牌形成的过程中，一般认为，政府、协会、企业和农户都发挥了重要的参与作用。

湖北省特色农产品区域公用品牌创建模式为多主体联动创建，企业等农业经营主体是湖北省特色农产品区域公用品牌的实际培育者和使用者。湖北省资源禀赋优势明显，拥有丰富的特色农产品资源，依托特色农业往往能形成少数龙头企业，接着在政府的引导和支持下，企业联合共同打造特色农产品区域公用品牌，区域公用品牌和企业品牌互为补充，提高当地特色农产品的知名度和增强其影响力。政府还会推动相关行业协会等社会团体组织积极参与到农产品区域公用品牌的运营和管理中来，协会在政府的指导下开展品牌推广活动、构建产业标准体系、制定品牌运作相关章程等工作。协会是区域公用品牌的运营主体，是连接各方的纽带，发挥了重要的中介作用。行业协会将各类品牌培育主体联合起来，实行统一管理，加强行业自律和诚信经营，营造出良好的品牌建设环境，共同打造品牌，不断提升湖北省特色农产品区域公用品牌的声誉。

总的来说，湖北省按照“区域公用品牌＋企业产品品牌”的母子品牌发展模式，进行统筹和规划，龙头企业牵头，企业、家庭农场、专业合作社、农户等多种经营主体合作经营，多方主体共同参与农产品区域公用品牌建设。

2. 品牌类型

在依托地区优势农业产业及龙头企业、整合区域资源力量、多方联合推动的创建模式下，湖北省基本上形成了以区域公用品牌为引领、企业产品品牌为支撑的特色农产品区域公用品牌发展体系（见表3－6）。塑造特色农产品区域公用品牌，可以为相应的农业企业品牌背书，企业品牌的发展又有利于提高区域公用品牌的知名度，促进区域公用品牌的发展和提升。

表3－6　“区域＋企业”品牌体系举例

区域公用品牌	企业品牌
潜江龙虾	潜江虾皇、潜江市莱克集团、华山水产等
秭归脐橙	屈橙鲜、湖北屈姑集团、多美橙等
恩施硒茶	利川星斗山红茶、凯迪克富硒茶业、恩施玉露集团等
随州香菇	神农生态、联丰食品、裕国股份等

湖北省特色农产品区域公用品牌类型有单品类品牌和多品类品牌两种，以单品类品牌为主。单品类品牌即区域公用品牌仅包括唯一的特色农产品类别，有一定的地理保护范围，例如潜江龙虾。潜江龙虾区域公用品牌仅用于潜江小龙虾产品，产品指向性更加明确，消费者看到“潜江龙虾”能够快速在心目中定位到“潜江”“小龙虾”，便于其与同类竞争产品区分开来。依据同品类里有不同品种农产品，又可以以品类区域公用品牌为母品牌，打造更多的区域公用品牌，形成母子品牌体系，例如恩施硒茶。湖北省盛产茶叶，但是与浙江省、福建省等产茶大省相比，缺乏名茶。2013年，恩施土家族苗族自治州打造了恩施硒茶州域公用品

牌，并采取“母子商标、双牌经营”的模式，在以恩施硒茶州域公用品牌为“母品牌”的基础上，又以县市整合打造了恩施玉露、利川红、鹤峰茶、伍家台贡茶、唐崖茶、巴东郡贡茶、炜丰茶、来凤藤茶等八大区域公用品牌。单品类农产品区域公用品牌的优势在于可以集中力量、有针对性地在一个特色农产品产业上发力，推进品牌整合，增强区域公用品牌整体影响力。

多品类区域公用品牌，即与之同在一个品牌体系中的区域公用品牌或特色农产品具有多样性，是一个综合性品牌，覆盖更大的区域范围、更全的特色农产品类别和更多样的农业产业，例如房县贡礼区域公用品牌。房县整合了县域内房县黄酒、房县小花菇、房县中药材、房县冷水红米等众多特色农产品，创建了房县贡礼区域公用品牌。房县贡礼区域公用品牌以综合品类的多种特色农产品资源为基础，湖北省类似的特色农产品区域公用品牌还有千里江陵、荆品名门等。

（二）品牌定位：挖掘独特的属性

在电商高度发展的今天，借助电商平台，小农自产自销成为可能，农产品同质化问题突出。要想在激烈的竞争中脱颖而出，就要形成差异，定位是实现差异化的有效手段之一。进行品牌定位就是把关于品牌的重要信息主动地与消费者进行交流并显示出自身区别于竞争品牌的优势，这个优势可以是产品本身的特色，也可以是品牌所传达的独特品位或理念，目的是使品牌和产品在消费者的心中占据一个有利的位置。进行品牌定位时，不需要寻求全面的差异性，要选择消费者重视的、竞争品牌还没有占据的、本品牌所独有的要素，依靠某一方面的独特优势取胜。湖北省特色农产品区域公用品牌的发展依托于独有的特色农产品资源优势，而特色农产品的地域特性决定了其特色。因此，湖北省特色农产品区域公用品牌定位一般从特色农产品的地域特色出发，基于工艺、风味、品质、功能价值、人文历史等角度进行。整体来看，湖北省特色农产品区域公用品牌定位有基于产品视角和基于文化视角两种路径，多基于产品特点进行定位。

1. 基于产品定位

基于产品的品牌定位重在突出特色农产品本身的优势，洞察与满足消费者物质方面的需求，打造差异化、精品化的产品。从产品出发对特色农产品区域公用品牌进行品牌定位，一般强调其口味及品质能够给予消费者不一样的品尝体验。这就要求农产品产地具有独特的资源禀赋，土壤、气候等自然地理条件有明显优势，更加适宜该类农产品的生长，能够培育出质量更高、品质更好的特色农产品。

基于产品进行定位的典型案例是恩施硒茶区域公用品牌及秭归脐橙区域公用品牌。恩施硒茶产自恩施，恩施拥有“世界唯一探明的独立硒矿床”和“全球最大的天然富硒生物圈”两大世界级资源，[①] 是“世界硒都”，其生产的特色农产品多富硒。硒是人体必需的一种微量元素，茶树对硒的吸收能力较强，恩施硒茶天然含硒丰富，这是别的茶类品牌不具备的独特产品特质。恩施硒茶立足地域优势打“硒”牌，强调茶和硒元素的有机结合是两种健康资源的“强强联合”，展现了品牌鲜明的特征，可以很好地与别的茶叶品牌区别开来，打造差异化。作为三峡水乡，秭归地处三峡河谷地区，拥有得天独厚的高山峡谷和峡江气候地理资源优势，为“湖北冬暖之最”，地理和气候环境独特，适宜秭归脐橙的生长发育。秭归县因地制宜规划，大力发展优良品种。为了填补市场空白和进行错峰销售，满足消费者一年当中任何时候都能吃到新鲜橙子的需求，秭归县利用先进的生产技术培育并推广早熟、晚熟的高品质品种，例如秭归伦晚就是秭归大力发展的晚熟品种。目前，秭归已经通过区域化种植实现了“春有伦晚、夏有夏橙、秋有早红、冬有纽荷尔”，打造了“一年四季有鲜橙”的响亮名片。秭归脐橙的“四季鲜橙”特色使其在市场中形成了独特优势，秭归县是目前少数能够全年供应新鲜脐橙的地区，在消费者心目中强化了“我有他无”的品牌差异。

2. 基于文化定位

基于文化进行定位，即立足区域特色文化，强调品牌及产品不仅自然品质佳，而且蕴含丰富的文化内涵，能够给予消费者以精神享受。

基于文化进行定位的农产品区域公用品牌目前还较为稀缺，在这方面有一定实践成果的湖北省特色农产品区域公用品牌是武当道茶。中国是茶之古国，饮茶历史悠久，由于地理环境、生活场景、饮茶方式的不同，中

---

① 转引自朱云芬等《恩施州硒产业发展战略研究》，《湖北农业科学》2014 年第 23 期。

国茶叶常与区域文化相伴相生，因此，塑造中国茶品牌，往往离不开区域文化的表达。2009年，武当道茶荣膺“湖北第一文化名茶”；2014年，武当道茶被中国优质农产品开发服务协会评为“中国第一文化名茶”。武当道茶的历史可以追溯到老子，老子把茶叶看作道家的礼物，“道茶”的说法因此产生。武当山是道教名山，其优越的自然条件和源远流长的道教文化，孕育了别具特色的武当道茶。基于自身的文化基因，武当道茶被定位为文化茶，表达崇尚自然、朴实的思想，寄托“闻道而长，滋养众生”的美好希望。根据浙江大学CARD中国农业品牌研究中心开展的2021年中国茶叶区域公用品牌价值评估结果，武当道茶区域公用品牌价值达到32.02亿元，再创新高，武当道茶成功将区域文化优势转化为品牌发展优势，显示了品牌的特色与魅力。

这对打造特色农产品区域公用品牌具有一定的借鉴意义。在推进品牌建设时，除聚焦特色农产品自身的质量和品质优势外，还可更多考虑立足于区域特色文化，将品牌打造与特色文化相结合，并使文化内涵显性化，传达一种文化理念，引起消费者的文化联想，拉近品牌与消费者的距离。

（三）品牌设计：强化原产地效应

对品牌外在的、显性的组成要素进行设计，可以帮助消费者区别品牌，产品的功能及作用等都能够通过品牌元素准确而形象地传达给消费者。一个好的品牌设计可以有效地吸引客户，在提升品牌的知名度方面发挥举足轻重的作用，品牌设计主要包括品牌命名、品牌标志设计和包装设计。特色农产品区域公用品牌具有非常鲜明的地域特色，“原产地效应”在一定程度上会影响消费者决策，因此，特色农产品区域公用品牌设计十分强调突出地域识别特征，强化“原产地效应”。

1. 品牌命名

品牌名称是一种能传达品牌及产品信息并让顾客产生重要联想的关键元素。品牌命名应符合简明、易读易记的原则，更有利于传播，同时要有独特的个性，显示出与其他品牌的差别。湖北省特色农产品区域公用品牌一般以“地名+产品名”命名，如“潜江龙虾”“随州香菇”等，这种命名方法在特色农产品区域公用品牌创建的过程中非常常见。“地名+产品名”的命名方式不仅能够直观地表现出农产品的种类，更重要的是体现了农产品的区域性特征。这种具有地域识别特征的品牌名称在一定程度上体现了农产品质量，能够影响消费者对品牌的评价，进而影响其购买倾向。以秭归脐橙为例，秭归县具有得天独厚的脐橙种植自然地理环境，且经由多年种植经验开发了适合当地的特殊种植模式，是全国知名的脐橙产区，秭归产地生产的脐橙在长期发展中已经在消费者心目中塑造了品质好、营养价值高的品牌形象，因此，“秭归脐橙”品牌名称能让消费者快速地将其与其他品牌区分开来，这种识别又会进一步影响农产品销售，并在销量中体现出来。

在命名特色农产品区域公用品牌时，要考虑到如何使地域特色更为突出，建立原产地识别。此外，目前常规的区域名称+产品名称的命名方式过于单一，可以考虑采用更加灵活的命名方式来凸显地域特色，如“丽水山耕”“千里江陵”等。

2. 标志和包装设计

品牌标志包含商标、标准字体和标准色彩，是形成视觉识别的关键。品牌的外在识别，除了文字，一般人第一眼看到的是品牌标志物，比如耐克（Nike）的“对号”、麦当劳的“M”及苹果公司的“有缺口的苹果”等。设计特色农产品区域公用品牌标志，能使消费者更好地识别品牌，同时这也是优质特色农产品的身份认证。包装既是产品本身的需要，也是品牌形象的外在表现形式，是品牌理念、产品特性传递的有效载体。消费者选购商品时，基于审美要求会注意到色彩斑斓的商品包装或造型，还会通过包装判断商品的品质和档次。因此，包装设计者需要树立起以形成品牌形象识别为主的观念，包装设计要考虑品牌核心价值、品牌个性的塑造，显示品牌的特点。对于特色农产品来说，就是需要建立原产地识别。秭归屈橙鲜公司在2021年秋季推出秭归脐橙高端礼盒，将中华名果、屈原文化等相关信息印于礼盒上，能迅速唤起消费者对秭归脐橙的良好印象，从而产生购买倾向。

（四）品牌传播：探索多样化推广

农产品区域公用品牌建设的关键环节是在消费者心目中塑造出品牌形象，其过程是品牌建设主体应用一系列品牌化手段实施品牌识别，通过媒介传播给消费者，以在消费者心目中树立良好的品牌形象，传播在其中扮演着重要的沟通角色。要使品牌被消费者感知到并得到消费者认同，就必须有计划、有系统、有策略地进行品牌宣传。近年来，湖北省加大了特色农产品区域公用品牌的宣传推广力度，探索“线上+线下”全方位的推广模式。

1. 农业展会仍是传统营销阵地

大型农业展会既打开了本省品牌农产品的知名度，又建立了产销一体化渠道。长期以来，湖北省坚持举办各种农业展会，例如湖北农博会、市区县特色农产品展销会等，并组织各县市、企业参加全国有影响力的展会，努力提升湖北省特色农产品区域公用品牌形象。潜江龙虾节对于推进潜江龙虾区域公用品牌建设具有重要意义，第一届中国湖北（潜江）龙虾节于2009年5月15日至17日举行，截至2021年，已经连续举办了12届，大大提升了潜江龙虾区域品牌的知名度。恩施土家族苗族自治州每年都举办硒博会宣传“硒”产品，州域内各个区域公用品牌也会举办各自的展会，例如，恩施硒茶区域公用品牌在茶叶主销城市举办“恩施硒茶推介会”，参与全国性的农业展会推介恩施硒茶，举办“恩施硒茶茶王大赛”等。通过一系列的展会、推介会及线下活动打响区域公用品牌名片。

2. 直播电商带来营销新机遇

“互联网+”传播成为湖北省特色农产品区域公用品牌宣传推广的新途径。2022年1月18日，2022荆楚农优品年货节网络直播带货活动在武汉市龟山电视塔开幕，湖北籍奥运冠军及十多位湖北“网红”为恩施玉露、随州香菇、蔡甸莲藕等上百款湖北特色农产品带货。以这场网络直播带货活动为序幕，荆楚农优品年货节还在京东生鲜、邮乐购、长江严选等线上平台以及中国石化湖北易捷店、中百仓储等线下平台同时进行销售。在此之前，2021年4月7日至8日，湖北省两场“品牌强国工程”公益直播带货活动的总播放量为3047万人次，直播总订单数174万件，销售额达到了4949万元，在微博上的话题阅读量有16.15亿次，讨论量有129.55万次。①直播带货“架”起了特色农产品出村进城的“信息高速路”，在加强宣传推广和产销对接方面起到了重要作用，带来了特色农产品“互联网+”发

① 《湖北25个农产品区域公用品牌“带货忙”》，https://www.hubei.gov.cn/hbfb/rdgz/202202/t202202/0_3994917.shtml，访问时间：2022年2月。

展新机遇。通过全方位推介湖北省特色农产品，多角度呈现湖北省特色农产品区域公用品牌形象，在带动特色农产品销售的同时，将有效提升湖北省特色农产品区域公用品牌的知名度和美誉度。湖北省罗田县拥有大别山黑山羊、九资河茯苓、罗田板栗等特色农产品，但由于地理区位受限，在营销上困难重重。“网红”谷哥（徐志新）是黄冈市罗田县骆驼坳镇燕窝湾村第一书记，他在2020年开通短视频账号，开启了直播带货之路，创造了良好的经济效益。

广告投放也是湖北省特色农产品区域公用品牌宣传方式之一，主要以中国中央电视台（简称央视）为重点。2021年，湖北省遴选潜江龙虾、随州香菇、房县黑木耳等25个农产品区域公用品牌，制作广告片于央视播放。湖北25个农产品区域公用品牌总投放频次达5710次，每次15秒，总播出时长85650秒。[①] 湖北省还通过线上线下各类区域公用品牌评选活动，在提升品牌知名度上下功夫。通过多方位的宣传活动，湖北省特色农产品区域公用品牌知名度得到了有效提升。

二　消费端：基于问卷调查的品牌认同研究

（一）研究设计与样本特征分析

日常生活中购买农产品的消费者群体十分广泛，因此本书采用网络问卷的方式，从消费者对湖北省特色农产品区域公用品牌的认知程度、购买满意度和品牌认同感三个维度展开调研，共计获得312份有效问卷。问卷由4个部分组成：第一部分为被调查者的基本情况统计，主要包括性别、年龄、学历、职业、月收入及籍贯，题数设置为Q1—Q6；第二部分是关于消费者对湖北省特色农产品区域公用品牌的认知情况，题数设置为Q7—Q9；第三部分是关于消费者购买湖北省特色农产品区域公用品牌的情况，题数设置为Q10—Q13；第四部分是关于消费者对湖北省特色农产品区域公用品牌的认同情况，题数设置为Q14—Q17。

首先，对被调查者基本信息进行统计。性别组成方面，女性占比60.58%，

---

① 《湖北25个农产品区域公用品牌“带货忙”》，https://nyncj.wuhan.gov.cn/xwzx_25/xxlb/202202/t20220210_1921106.html，访问时间：2022年2月。

男性占比 39.42%；年龄组成方面，以 20—29 岁年龄段居多，占比达到 65.38%，其次是 30—39 岁年龄段，占比为 25.96%，最少的是 20 岁以下年龄段，占比仅有 0.96%；文化程度方面，75.97% 的被调查者学历为大学本科（或大专）及以上；职业方面，主要是学生及企业员工；月收入 3000 元以下的被调查者最多，其次是月薪为 5001—8000 元者；籍贯为湖北省的被调查者占比达到了 70.19%。根据基本信息统计，被调查者多数为学生及企业员工，学历本科及以上占比超过 50%，文化水平较高，这一群体有能力进行分辨、比较和购买品牌农产品，能够为研究提供真实客观的数据。从籍贯来看，大部分被调查者来自湖北省内，但也有部分被调查者来自省外，确保了样本的代表性和广泛性。

（二）品牌知名度：消费者认知程度偏低

如图 3－3 所示，对给出的宜昌蜜橘、秭归脐橙、大别山黑山羊、洪湖莲藕、潜江龙虾、荆州鱼糕、恩施硒茶、武当道茶、襄阳高香茶、随州香菇、蕲春蕲艾等 11 个湖北省典型的特色农产品区域公用品牌，312 位被调查者总计选出了 1060 个选项，每人至少选择了一个品牌。仅潜江龙虾和秭归脐橙有超过半数的被调查者知道，知名度排在前三名的湖北省特色农产品区域公用品牌为潜江龙虾、秭归脐橙和宜昌蜜橘。

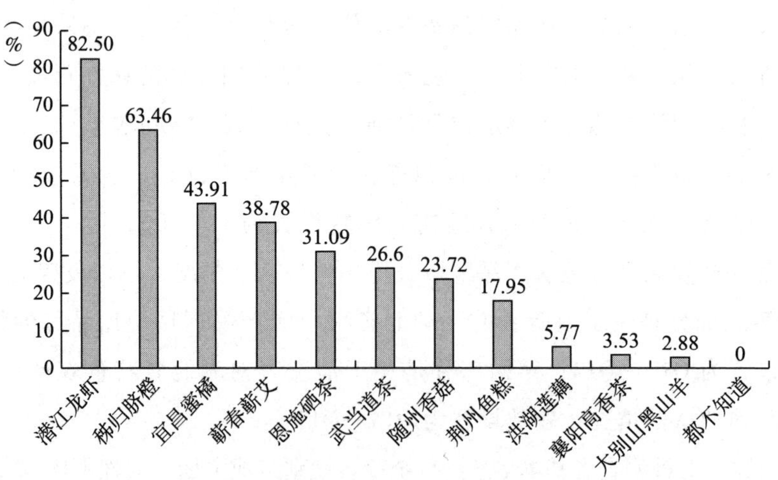

图 3－3　湖北省特色农产品区域公用品牌认知情况统计

根据图 3－4 统计结果，通过互联网平台知晓湖北省特色农产品区域公用品牌的选项选择人数最多，55.13%的被调查者选择了互联网平台选项，互联网宣传的作用较大；其次是口碑传播，52.88%的人选择了亲友推荐选项。此外，广播电视、报刊，户外广告（公交站牌、电梯广告等），超市促销，及农业展会、推介会等方式在宣传上也起到了不小的作用。

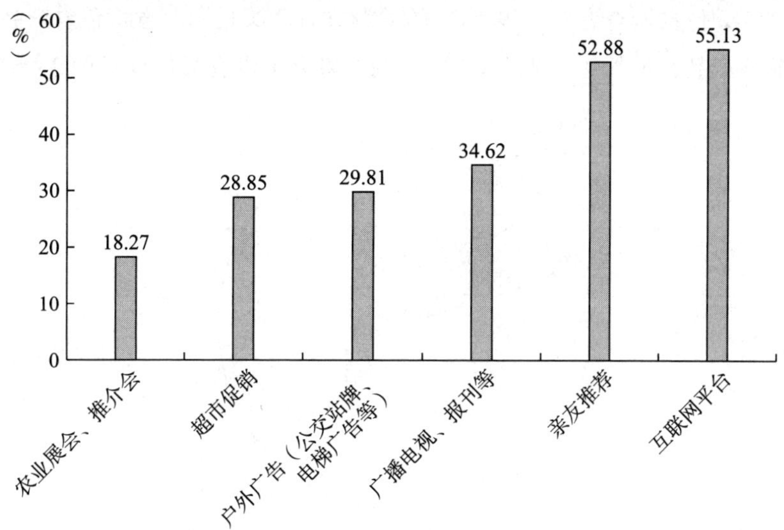

图 3－4　湖北省特色农产品区域公用品牌了解渠道统计

在被调查者中，认为湖北省特色农产品区域公用品牌宣传力度大的仅占 16.35%，60.58%的被调查者认为其宣传力度一般，还有 23.08%的人认为其宣传力度不大（见图 3－5）。

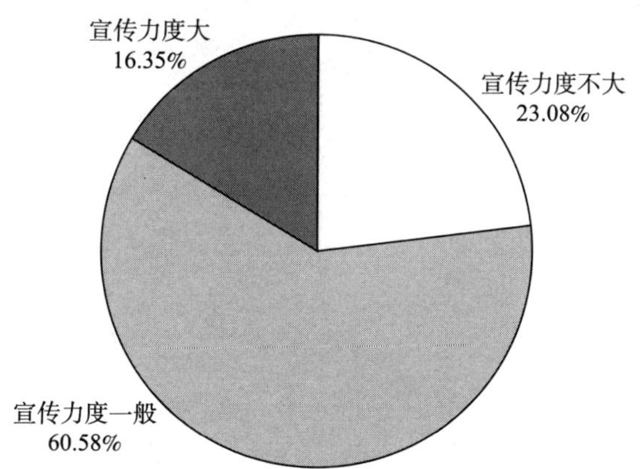

图 3－5　对湖北省特色农产品区域公用品牌宣传力度评价统计

根据该部分调查结果，消费者对湖北省特色农产品区域公用品牌的认知程度不高，且大部分消费者认为湖北省特色农产品区域公用品牌宣传力度一般，说明湖北省特色农产品区域公用品牌知名度较低。

（三）品牌美誉度：消费者购买满意度较高

在 312 位被调查者中，79.81% 的被调查者购买过湖北省特色农产品区域公用品牌产品，另外还有 20.19% 的被调查者表示没有买过（见图 3－6）。

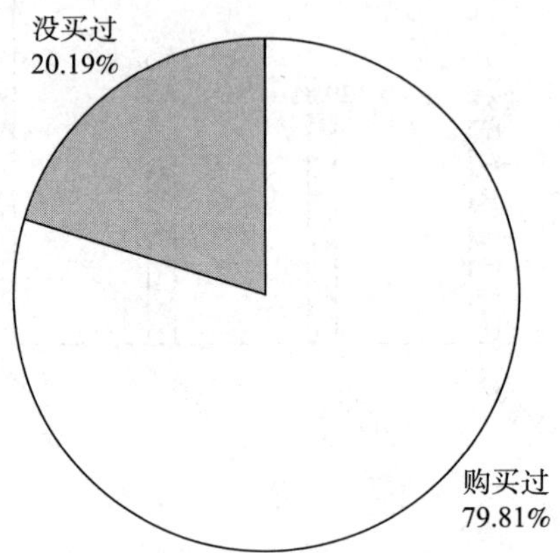

图 3－6　湖北省特色农产品区域公用品牌购买情况统计

在选择购买过湖北省特色农产品区域公用品牌产品的被调查者中，92.77% 的人表示考虑复购（见图 3－7），说明消费者在购买湖北省特色农产品后，满意度较高。

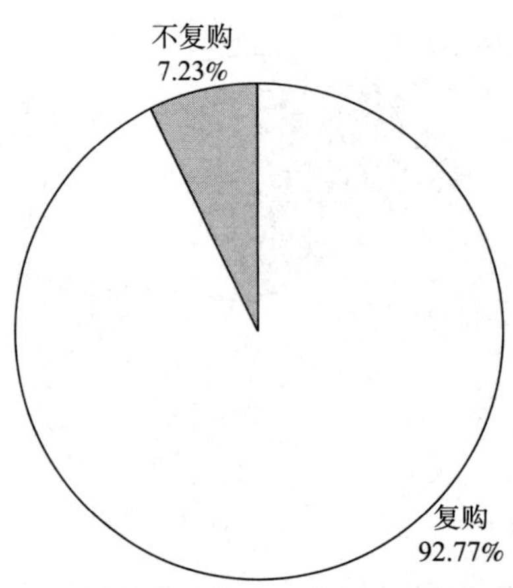

图 3－7　湖北省特色农产品区域公用品牌复购情况统计

关于消费者购买渠道，根据统计结果，大型商超和网络电商渠道是消费者比较青睐的购物渠道，分别有61.45%和60.24%的人选择了对应选项。其次是农贸市场，社区摊点也有较多的被调查者选择（见图3-8），这与被调查者们的购物习惯比较符合。

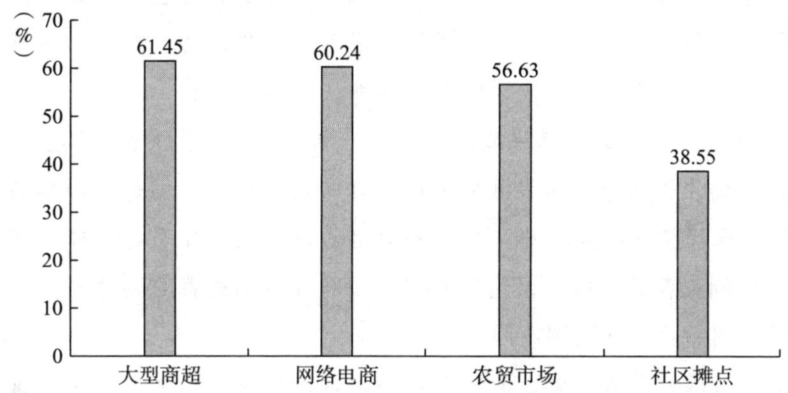

图3-8　湖北省特色农产品区域公用品牌购买渠道统计

如图3-9所示，在消费者购买湖北省区域公用品牌农产品考虑的因素方面，品质、价格、风味是影响购买的主要因素，分别有78.31%、63.86%、61.45%的被调查者选择了对应选项，仅有13.25%的人在购买时会考虑品牌因素。

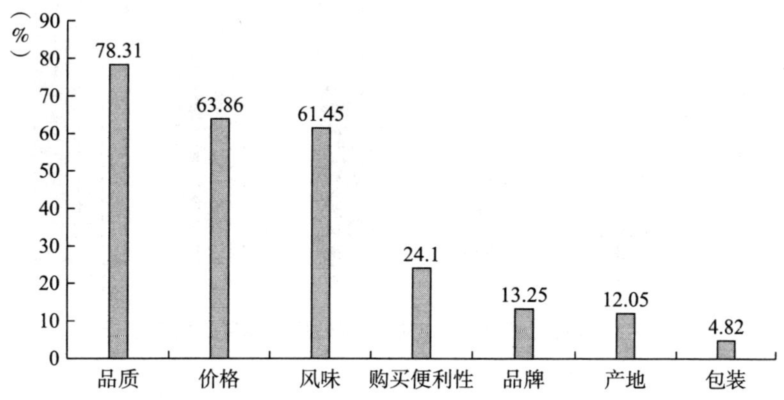

图3-9　湖北省特色农产品区域公用品牌购买影响因素统计

根据该部分调查结果，消费者购买湖北省特色农产品区域公用品牌后，满意度较高，品质是消费者购买时比较关注的因素，因此可推断湖北省区域公用品牌农产品品质较好，湖北省特色农产品区域公用品牌美誉度较高。

（四）品牌忠诚度：消费者品牌认同感不强

该部分一共设置有4道题，从特色农产品特点、特色农产品品质、品牌文化内涵和品牌设计4个方面考察消费者对湖北省特色农产品区域公用品牌的评价，完全同意代表消费者的品牌认同程度最高，完全不同意则反之（见图3－10）。调查结果显示，超过一半的被调查者（包括同意和非常同意）对湖北省特色农产品区域公用品牌持正面态度。但是，根据数据统计结果，选择“不确定”选项的被调查者占比很大，几乎与选择“完全同意”的被调查者数量持平，这证明很大一部分被调查者对湖北省特色农产品区域公用品牌的认同感不强烈。

根据该部分调查结果，消费者对湖北省特色农产品区域公用品牌的认同程度不高，说明品牌忠诚度有待进一步加强。

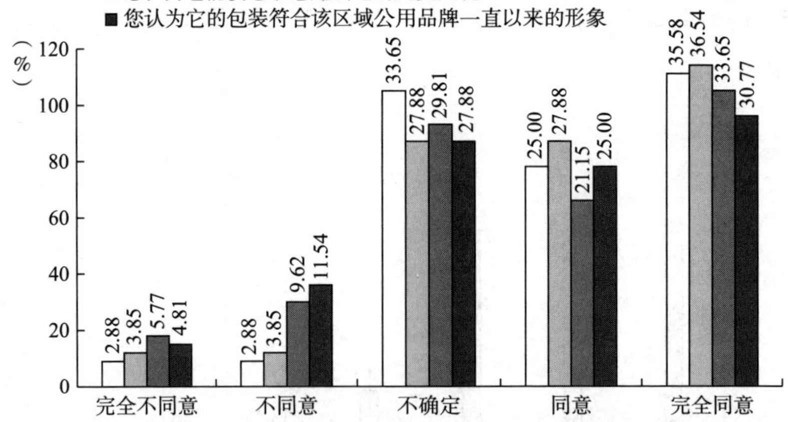

图3－10　湖北省特色农产品区域公用品牌评价状况统计

第四节　湖北省特色农产品区域公用品牌建设的问题呈现

一　品牌构筑：差异化识别不突出

（一）品牌基因缺失：地域特色不足与核心价值缺乏

品牌基因是指品牌的核心价值以及品牌个性，品牌基因是品牌之间形成差异化的原动力。特色农产品区域公用品牌建设不仅要确立一个品牌名称、设计品牌标志，而且要完成从品牌到品牌化的跨越，通过一系列的努力打造区域公用品牌，融合运用丰富的品牌理论，实施品牌战略，使之与其他品牌和产品区别开来，实现差异化，塑造品牌形象，提高知名度。由于农产品对人们日常生活具有必需性，农产品区域公用品牌往往着重强调其实用价值，缺乏对其他属性的挖掘。

目前，湖北省特色农产品区域公用品牌总体发展仍处于创牌阶段，品牌建设流于形式，部分特色农产品区域公用品牌仅仅是一个名称，是区分农产品类别的符号，在进行品牌定位时多强调特色农产品的产品特点，区域公用品牌的内涵没有得到延伸，核心价值缺失。部分地区政府、协会及经营主体只知创牌，不知建牌，在申请农产品地理标志和区域公用品牌后，仅仅通过新闻报道、农业展会等传播方式进行后续的宣传推广，并未结合地域特色深入挖掘品牌的核心价值，区域公用品牌缺乏品牌内核。以房县贡礼区域公用品牌为例，房县贡礼区域公用品牌是中共房县县委、县政府整合了 12 个地理标志农产品打造的，于 2020 年 6 月正式发布，依托房县小花菇、房县中药材等众多唐代贡品的人文历史，强调“大唐御贡、房县贡礼”的品牌认知。但是，房县贡礼区域公用品牌在进行品牌定位、塑造品牌形象的过程中，仅宣扬其作为贡品的历史，局限于农产品本身，没有深入挖掘湖北特色文化或是贡礼文化的理念或价值并与之融合，无法突出房县贡礼区域公用品牌的差异化和文化内涵，品牌核心价值表达不足。

（二）品牌形象模糊：企业品牌多样化与理念传达分散化

品牌形象是品牌识别的结果，是品牌通过一系列的品牌化方式在消费者心目中形成的对品牌的整体认识和评价。基于问卷调查，消费者对湖北省特色农产品区域公用品牌的评价多持不确定的态度，这表明湖北省特色农产品区域公用品牌在消费者心目中的印象较为模糊。

湖北省特色农产品区域公用品牌按照“区域品牌+企业品牌”的模式培育，一个特色农产品区域公用品牌下存在着众多的企业品牌。各企业之间有着明显的竞争关系，为了与其他企业的品牌区分开来，提高自身企业竞争力，各个企业更加注重企业品牌的建设与发展，通过不同的定位、不同的设计、不同的传播方式等手段强调与其他企业品牌的差异性，因此形成了各个企业不同的品牌形象，不利于消费者对区域公用品牌核心价值理念的感知。且湖北省农业品牌化程度低，许多农业企业品牌意识并不强，对于企业自身的定位都处于模糊不清的初级阶段，更加没有思考过如何构建整体的区域公用品牌形象，这对形成一个清晰、稳定的区域公用品牌形象有阻碍作用。

二　传播执行：营销推广力度不够

（一）策略简单：传播专业性与主体局限性的冲突

品牌影响力能够长期保持的重要一点就在于要实施科学合理的传播策略，宣传策略的缺失会影响到品牌的发展。营销策划是专业性工作，需要专业人才的参与。而湖北省特色农产品区域公用品牌一般由协会在政府的指导下运营，品牌宣传推广等工作由协会来制定计划与实施，缺少专门的营销机构的参与，缺乏专业的营销人才。协会及政府工作人员相较而言传播素养偏低，有一定的品牌观念但是不强，对品牌推广的重视程度也低于专业的营销人员，难以制定出科学的宣传推广规划和方案并有效执行，严重制约了湖北省特色农产品区域公用品牌的营销推广。目前，湖北省的部分特色农产品区域公用品牌在宣传上缺乏系统性，传播策略过于简单，对品牌的宣传缺乏正确的认识，认为就是寻找几个平台播放广告，或是仅仅独立地策划单个营销活动或广告投放计划，缺乏长期性传播目标。由于农产品同质化程度高，在进行宣传推广时更要突出个性和差异化，更要进行稳定的、持续的、专业的品牌传播活动，在消费者心目中占据一个有利的位置。例如成都市“天府源”区域公用品牌由成都市天府源品牌营销策划有限公司进行专门的推广宣传，持续提高品牌知名度、美誉度，扩大品牌影响力。另外，协会的规模较小，在品牌推广方面普遍缺乏资金、人员，实施品牌推广的能力不足。

农业企业作为特色农产品区域公用品牌的实际使用者，也应该担负宣传推广的责任和义务。农业企业在强调企业产品的实用价值、传达企业品牌理念的同时，也要挖掘区域公用品牌的地域性特征，结合特色农产品区域公用品牌的独特价值开展企业品牌的宣传，达到区域公用品牌和企业品牌知名度共同提升的效果。湖北省很多农业企业部门架构缺少品牌宣传推广中心，尤其一些小型企业、专业合作社和普通农户，缺乏品牌建设意识，重生产而轻营销，没有加入农产品区域公用品牌宣传推广中来，致其宣传力度不足。

（二）渠道单一：特色农产品接轨互联网营销乏力

随着科技进步，互联网越来越成为特色农产品的宣传和销售渠道。根据消费者问卷调查结果，互联网平台也是目前消费者知晓和购买区域公用品牌农产品最主要的渠道。而根据消费者调查结果，大部分消费者认为湖北省特色农产品区域公用品牌宣传力度一般甚至不足。目前来看，湖北省特色农产品区域公用品牌宣传和销售渠道仍然比较单一匮乏，以农业博览会、展销会等线下农产品交易渠道为主，忽视了互联网传播渠道。一是没有充分利用当下流量时代的抖音、快手等新媒体平台与消费者形成全方位接触，不利于品牌宣传和产品销售。二是对建立品牌官网的重视程度不够。品牌官网相当于品牌的“门面”，起着品牌展示、产品展示、发布权威消息、品牌外宣、品牌营销等重要作用。本书随机抽取了20个湖北省特色农产品区域公用品牌进行调查，其中高达17个区域公用品牌没有搭建官方网站（见图3－11）。其中，仅仅秭归脐橙、武当道茶、赤壁青砖茶搭建了品牌官网，秭归脐橙的官方网站设计过时且于2018年已经停止信息的更新，也无法链接到在线商城，几乎失去了官方网站的作用。三是在直播电商方面表现乏力。直播电商创新了农产品供应链模式，一间热闹的直播间连接了产销两头，给当下特色农产品销售提供了新思路和新平台。然而湖北省大多数特色农产品区域公用品牌仅仅依托省政府开展的三场大型公益助农直播活动进行了品牌推介，并未以提升知名度和影响力为目的独立地有计划地开展直播带货活动，没有抓住直播电商的机遇。

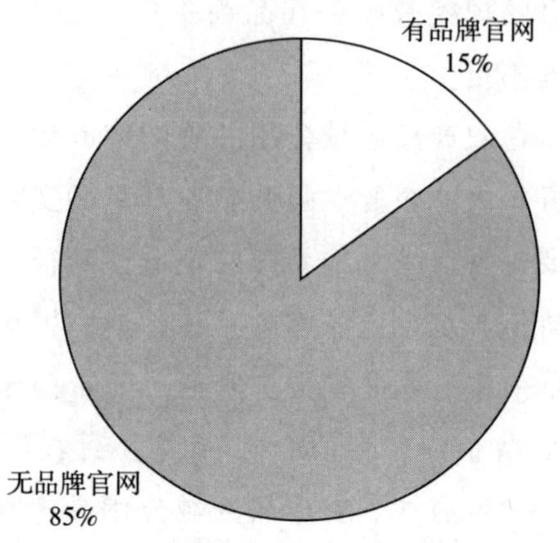

图 3－11　湖北省特色农产品区域公用品牌有无品牌官网统计

三　运作管理：品牌发展机制不完善

（一）无序：品牌目录制度滞后与品牌管理混乱

品牌目录制度对特色农产品区域公用品牌建设至关重要。通过建立完善的区域公用品牌建设管理标准体系，组织区域公用品牌进行申报、评定，制定特色农产品区域公用品牌目录，能形成一批优秀区域公用品牌案例，并可以对品牌实行动态管理，定期开展审核，更新品牌目录，促使品牌权利人不断加强品牌建设，从而建立起一套完整的品牌培育、发展、评价和保护体系。另外，农业品牌目录具有官方权威性，还发挥着推介优秀区域公用品牌、为消费者提供特色农产品消费索引的作用。中国目前已经初步形成了农产品品牌政策体系，建立了品牌目录制度，甘肃也已发布了“甘味”农产品品牌目录，但是湖北省还没有建立完善的农产品品牌目录制度，对农产品区域公用品牌没有实行统一的管理，各个区域公用品牌的发展程度有很大的差异。

（二）缺位：公用品牌的滥用与品牌信誉稀释

特色农产品区域公用品牌建设是一项系统的长期的过程，既要创建品牌，又要进行管理和维护，维持区域公用品牌一致的、良好的品牌形象。由于农产品的自身属性和我国农业发展现状，农产品区域公用品牌的使用者多是中小企业及普通农户，生产经营主体规模普遍偏小，缺乏对区域公用品牌的规范使用和品牌保护意识。随着农村电商的发展，农户可以做到自产自销，这就容易造成区域公用品牌的大肆滥用，部分企业、农户在未经授权的情况下使用区域公用品牌，销售的特色农产品却没有达到区域公用品牌生产及上市的标准，使得市场上同一区域公用品牌下的农产品品质参差不齐，造成对品牌信誉的伤害。秭归脐橙是湖北省特色农产品区域公用品牌建设的优秀案例，但仍有监管不到位之处，产销各行其是、品牌乱用套用、包装和标识不明等问题突出。还有部分商家以经济效益为主要目标，为了抢占市场不择手段，通过打价格战、以次充好，达到增加销量的目的，严重损害了区域公用品牌的形象，严重影响了消费者对品牌的忠诚度，削弱了该品牌在市场上的影响力和竞争力。

第五节　湖北省特色农产品区域公用品牌建设的对策建议

一　情感沟通：以特色文化为中心构筑品牌内核

（一）树立：赋予品牌地域文化内涵

随着对品牌内涵认识的深化，文化因素被推向了品牌竞争的前台。[①] 文化内涵的赋予能够让品牌具有情感属性，引起消费者的关注和共鸣，使消费者认同品牌的个性与形象，令消费者在情感层面形成依赖性，形成品牌忠诚度。这样才能与其他品牌和产品显示出明显的区别，进而提升区域公用品牌农产品的附加值，产生品牌溢价，才不至于陷入同质化的困境。因此，在湖北省特色农产品区域公用品牌建设时，要注重深挖品牌背后的文化内涵，赋予品牌生命力，让品牌和消费者之间产生情感联系。许多品牌之所以能形成强烈的独特性，消费者对品牌原产地的信念和认同是一个很大的影响因素。[②] 熔铸地域特色文化，赋予湖北省特色农产品区域公用

① 陶晓红：《品牌文化是品牌力的重要依托》，《管理现代化》2003 年第 2 期。

② 刘灵：《试论激活品牌的“原产地”基因》，《现代传播（中国传媒大学学报）》2017 年第 3 期。

品牌以独特的文化内涵，突出品牌差异性和优质性，应当成为湖北省特色农产品区域公用品牌建设所关注的重点。

湖北省文化具有多元、广博的特征，有强大的包容性，文化资源丰富，各地区更是有其独特的文化底蕴。打造湖北省特色农产品区域公用品牌，要与传统民俗文化、民间非物质文化遗产相结合，培育具有文化内涵的品牌。以秭归脐橙为例，可以发掘橘颂文化，塑造独特的文化气质和品牌个性，让消费者对品牌产生文化联想与精神寄托。秭归县历史文化源远流长，出现过许多历史人物，例如著名的爱国诗人屈原，要研究秭归脐橙品牌及产品特点，将其与屈原文化、三峡文化、楚辞文化相结合，大力宣扬勤劳勇敢的中国品格、甘于奉献的爱国情怀，讲好品牌故事，树立品牌文化。

文化内涵可以通过打造文化 IP 角色表现出来，例如蜜雪冰城的“雪王”角色，“雪王”的“出圈”给蜜雪冰城带来了不低的曝光率，其“人格化”的形象也在很大程度上提高了消费者的好感度。一个好的 IP 角色是亲切的有温度的，是一个地区文化和情感的体现，通过打造 IP 角色，将其与品牌产地独特的自然生态环境和历史人文等因素相关联，可以将湖北省特色农产品区域公用品牌的形象生动地嵌入消费者心中，提升消费者认同感。同时，还能利用文化 IP 角色策划营销活动，例如打造盲盒等周边产品，实现湖北省特色农产品区域公用品牌核心价值的广泛传达。

（二）整合：统一区域品牌形象标识

农产品区域公用品牌的差异化识别要依托地域特色，并将这种特色呈现在品牌名称、标志及包装等外在要素上，以便和其他品牌产生区分。农产品区域公用品牌的公共性决定了其使用的广泛性，只有传达一致的品牌文化和内涵，才能提高区域公用品牌的知名度，增强其影响力和长久生命力。这就要求对企业品牌进行整合，实行品牌授权使用制度，统一形象标识，对外用一个声音说话。

首先，要立足独特的地理环境和人文历史，创造独特的有吸引力的品牌视觉识别系统，提升品牌识别度，形成深刻的品牌记忆。品牌名称是区分品牌的第一要素，湖北省特色农产品区域公用品牌的名称一般与地理标志一致，例如恩施玉露、宜昌柑橘、公安葡萄等，在此基础上应当更多地与区域文化相融合，探索更加丰富的命名方式。标志是品牌设计的核心符号，要通过差异化的标志设计吸引大众的眼球，标志既要体现农产品的独特之处，又要结合地域特殊的文化符号，设计出能体现品牌核心价值的标志。包装的作用不仅在于保护农产品，还在于能够提升品牌价值。产品包装能够让消费者在琳琅满目的商品中分辨出不同的品牌和商品，创意包装能有效吸引消费者。因此，湖北省特色农产品区域公用品牌的包装设计在注重实用性的前提下，也要美观且具有识别性，要结合湖北省地域文化特色，打造具有文化创意的包装，能够传达品牌的核心价值。政府可以给予企业一定的包装设计方面的指导，还可以设立专项资金，扶持企业进行创意包装设计或是举办包装设计大赛，向全社会征集创意包装。

其次，要制定湖北省特色农产品区域公用品牌商标及包装使用标准，对符合要求的企业授权使用品牌商标，不符合要求的则不予授权，全面加强品牌商标使用管理，针对大部分湖北省特色农产品区域公用品牌还没有建立统一的包装版式设计和使用规范的情况，推动区域公用品牌采用统一的包装，提高其识别度。为了更好地推广秭归脐橙区域公用品牌、推进秭归脐橙品牌战略实施，秭归县已经开始探索进行更科学、更规范、更统一的包装设计，并强调在包装上体现秭归屈原文化、橘颂文化等，以求呈现更加统一的、有地域文化特色的区域品牌形象。

（三）强化：深入推进品牌组合战略

湖北省按照“区域公用品牌＋企业品牌”的母子品牌培育模式开展特色农产品区域公用品牌建设。恩施硒茶区域公用品牌进一步发展了该品牌体系，推进“州域公用品牌＋县市区域公用品牌”的双品牌发展战略，提高了区域公用品牌整体影响力，建设品牌集群的实践效果得到了验证。湖北省特色农产品区域公用品牌数量多，但是知名度高、有影响力的大品牌少，可以深入实施品牌组合战略，增强品牌的影响力。

首先，要协调企业品牌和特色农产品区域公用品牌的关系，使其共同发挥作用，实现品牌效益的最大化。区域公用品牌为区域所共有，更加具有权威性，能够为企业品牌形成强大的“背书效应”；企业品牌是由企业所持有的，企业品牌的发展壮大能够带动区域公用品牌知名度的提升。二者相辅相成，相互促进，对各自的品牌竞争力提高具有积极意义。

其次，要建设特色农产品区域公用品牌集群，如恩施硒茶。全面的品牌体系有利于提升区域公用品牌整体的知名度和增强其影响力。秭归脐橙可以在目前秭归脐橙区域公用品牌的基础上，继续打造秭归夏橙、秭归桃叶橙区域公用品牌，形成秭归脐橙品牌集群，进一步增强秭归脐橙品牌集群的影响力。

最后，要丰富产品品牌。在做好已有的知名产品品牌的基础上，利用科学技术等手段，培育新品种，发展新的产品品牌，力求占据更大的消费者市场。

二　品牌扩散：以创新传播为手段推动营销落地

（一）全方位：制定宣传计划 打造推广体系

要做好品牌营销，就一定要有全面的规划，农产品区域公用品牌的宣传推广应是系统性的、长期性的、一致性的，要制定全面的宣传推广计划，构建湖北省特色农产品区域公用品牌的营销推广体系。通过树立阶段性及长期性宣传目标，并按照方案逐步开展各项宣传工作，对湖北省特色农产品区域公用品牌进行持续打造，提高品牌的知名度，着力建设在省内、全国甚至是国际知名的特色农产品区域公用品牌。品牌营销策划不是某个人灵机一动的“点子”，而是在对品牌、市场和消费者充分调研后，基于量化分析的数据，明确宣传推广的方向和重点。湖北省特色农产品区域公用品牌的所有者通常是政府、行业协会等非营利性单位，这些单位本身并不从事特色农产品的生产和销售，相关知识有限，湖北省应聘请专业的品牌运营团队负责品牌的策划与营销，进行全面的调研和规划。

（二）立体化：扩大宣传渠道 构建宣传矩阵

湖北省特色农产品区域公用品牌营销传播要融合运用各种传播渠道，包括实体渠道、网络渠道等各类渠道以及线上与线下各种方式，开展品牌推介活动，传播品牌相关信息，构建以互联网为中心、涵盖多种媒介和平台的特色农产品区域公用品牌宣传矩阵，使消费者充分认识和了解到湖北省特色农产品区域公用品牌及产品，提高区域公用品牌的知名度，促成其购买行为。

一方面，要重点关注互联网传播。在移动互联网发展的新时代，互联网传播方式更加多元化、速度更快、覆盖面更广。可以考虑借助抖音、快手等新媒体短视频平台来提升特色农产品区域公用品牌的知名度，开设品牌账号，发布创意类、农产品科普类、美食类等品牌相关短视频，吸引消费者的关注。并要积极发展电商，开设和运营网店，拓展电商营销新渠道。直播电商的好处在于可以向消费者直观地展示特色农产品，并可以通过弹幕与其产生互动交流，分享该品牌农产品的使用体验，吸引消费者购买，实现品牌的快速营销。政府与协会搭建起官方的直播电商平台，培养人才，打造直播团队，采用“特色农产品 + 电商平台 + 直播”模式进行推广与营销。除了官方直播带货外，还可以举办直播大赛，邀请“网红”、吸引各地选手参与直播，助力推广，提升湖北省特色农产品区域公用品牌的知名度。

另一方面，坚持线下同步发力，继续发挥传统传播渠道的营销作用。办好湖北农博会、恩施硒博会、潜江龙虾节、随州香菇节等具有影响力的重大农业博览会、推介会，做好线下交易，在省内进一步提升特色农产品区域公用品牌的知名度。并要积极参加全国性的农业展会，在全国甚至是全世界范围内推广湖北省特色农产品区域公用品牌，打响湖北省特色农产品区域公用品牌的名片。

与此同时，湖北省还应当重视开展各类品牌评选活动，组织企业、协会或地区政府等主体踊跃参与，通过多种渠道开展投票评比，提升湖北省特色农产品区域公用品牌的知名度。另外，还可以通过开设线下品牌专卖店，建立品牌体验中心，搭建品牌官网，政府在农业农村部网站开辟特色农产品区域公用品牌专栏等方式，最大限度地增加各类品牌与消费者接触的机会，通过实现线上线下的立体化营销格局，增加特色农产品的销量，开拓更广阔的市场。

（三）多层次：深度跨界融合 助推创新发展

跨界营销可以集合不同领域产品的优势，形成“1 + 1 > 2”的效应，尤其农产品更是“百搭”。湖北省特色农产品区域公用品牌建设可以深度跨界，走出“农业 + ”模式。

第一，打造跨界联名。特色农产品区域公用品牌打造品牌联名的典型案例是丹东草莓和安慕希联名，丹东草莓与安慕希合作推出新品——0 蔗糖“AMX 丹东草莓酸奶”。往前追溯，丹东草莓还曾与全球最大巧克力品牌奇巧联合推出了国内首款产地限定口味“丹东红颜草莓”巧克力。联名的意义在于相互借势、相辅相成，通过联名品牌的影响力提升本品牌的知名度，同时借助联名品牌的品牌形象，来达到提高本品牌的消费者好感度的目的。这里要注意的是，联名的品牌所传达的品牌气质需与特色农产品区域公用品牌定位相符合。

第二，深化农旅融合。农旅融合发展是特色农产品区域公用品牌推广的新方式，旅游赋能特色农产品区域公用品牌营销。近年来，乡村旅游成为流行，[①] 各类生态农庄、采摘果园和农业体验基地等农业新业态如雨后春笋般应运而生。抓住乡村旅游繁荣发展的时机，依托独特的农业资源，围绕区域文化，打造以农产品为特色、以休闲观光旅游为内容的田园综合体，既能促进乡村旅游经济发展，又能有效实现特色农产品区域公用品牌的宣传。农旅融合促进特色农产品区域公用品牌传播的核心在于体验式营销，在游客进行乡村旅游时，引导游客了解、体验特色农产品区域公用品牌产品，或是将特色农产品区域公用品牌及产品本身打造成旅游景观，提高游客对特色农产品区域公用品牌及产品的体验度，提升特色农产品区域公用品牌及产品的知名度与美誉度。在个人旅游观赏体验和特色农产品品尝体验得到满足的基础上，游客们会更倾向于购买特色农产品带回家品尝及送给亲朋好友，这样能够形成口碑效应，进一步提升特色农产品区域公用品牌的知名度，带动特色农产品的销售。推进农旅融合实现的方式有很多：一是建设特色农产品集中种植区景观、采摘园、生态观光园等，如稻田景观、茶叶生态园等，让游客们既能欣赏田园风光，又可以参与到种植、采摘等农事生产活动，还能品尝到自己的劳动成果，增强游客的体验感，提高游客对特色农产品区域公用品牌的好感度。二是可以立足当地的文化底蕴，将当地特色农产品资源与当地特有的传统村落建筑、民俗风情、非物质文化遗产等文化旅游资源相结合，打造特色小镇，吸引游客前来旅游，从而达到特色农产品区域公用品牌传播的目的。三是可以建设街

① 宁夏：《大农业：乡村振兴背景下的农业转型》，《中国农业大学学报》（社会科学版）2019 年第 6 期。

头特色博物馆，博物馆是品牌文化的载体，通过开展关于特色农产品区域公用品牌的品牌历程、农产品知识科普、邀请人们参与品鉴等活动，传播品牌文化。开设街头特色博物馆的好处是不依赖于种植区，人们在城市里也能近距离感受到田园气息，特色农产品区域公用品牌传播覆盖面更广。湖北省应立足当地特色农业资源、文化资源、旅游资源，因地制宜走农旅融合之路。

三　观念强化：以品牌意识为指导加强运营维护

（一）政府：制定发展规划 发挥服务职能

湖北省政府要根据自然资源和文化资源等因素，在专业的品牌孵化团队的指导下，制定具有战略性和前瞻性的品牌发展战略，明确品牌化推进的方向、重点和基本思路。

政府要充分发挥服务职能，具体措施有如下几方面。加大政策宣传力度，引导农产品经营主体建立品牌观念，鼓励农业企业、专业合作社等参与共建特色农产品区域公用品牌，并开展农产品区域公用品牌专题培训，加强品牌人才培养，推动品牌强农战略的实施；设立品牌建设专项扶持资金，采取“以奖代补”的方式，鼓励县市创建特色农产品区域公用品牌，推进湖北省区域公用品牌建设；此外，要加大投入力度加快湖北省特色农产品区域公用品牌评定标准的制定，进行品牌征集、审核推荐、评价认定和培育保护等活动，争取早日建立湖北省特色农产品区域公用品牌目录制度，建立健全品牌评价体系，对湖北省特色农产品区域公用品牌进行标准化管理。

（二）协会：重视品牌管理 规范经营行为

为了促进湖北省特色农产品区域公用品牌的健康可持续发展，行业协会要在政府政策的指引下不断地完善自身，提升运营管理水平，协助政府相关部门申请和创建特色农产品区域公用品牌，制定和实施品牌战略规划和宣传推广策略。

协会要对申请使用特色农产品区域公用品牌的企业进行审核，并对被授权使用区域公用品牌的企业实行管理，监督其使用的情况，规范区域公用品牌使用者的生产和经营行为。品质是提升农产品竞争力的核心要素，但由于电商的快速发展，市场上充斥着许多质量较差的特色农产品，对品牌的形象造成损害。协会需与政府协同制定特色农产品质量标准，并对生产过程进行监督，严格把控特色农产品质量，提升特色农产品质量安全水平。同时，制定特色农产品区域公用品牌商标使用规范、农产品地理标志使用规范及相关标志标识使用规范，防止区域公用品牌被滥用，严厉打击山寨模仿行为，维护区域公用品牌的信誉市场与品牌运行环境。

（三）企业：提升品牌价值 促进共同发展

农业企业是区域公用品牌的实际使用者，尤其是龙头企业，在推进农业产业化、现代化，推进特色农产品区域公用品牌建设的历史进程中承担着重要职责。[①] 因此，企业要树立起品牌建设的意识，寻求区域公用品牌与企业品牌的协调发展。企业要打造安全水平稳定的、标准化程度高的、产业规模大的特色农产品加工和生产基地，强化自主创新，发展特色农产品深加工，扩大特色农产品的产业链，增加区域公用品牌产品附加值。龙头企业可以进一步发掘当地文化，基于特色农产品基地，发展乡村旅游与休闲农业，带动农业特色小镇建设，有效提高区域公用品牌的知名度和美誉度，提升品牌价值。

农业企业还要充分利用自身优势，加强自主创新和品质管理，打造和维护自己的知名产品或品牌，与区域公用品牌形成合力，实现“区域公用品牌 + 企业品牌”双品牌联动发展。

---

① 杨勇：《农业产业化背景下龙头企业的引领作用及实现路径》，《农业经济》2021 年第 8 期。

第四章　武汉城市的气质传承与形象传播

第一节　气质与形象：作为公共品牌的城市的表象与内里

一　城市气质及其历史传承

（一）城市历史——形塑城市气质

在中医学领域，“气质”一词既包括不能改变的遗传定量，如先天禀赋，也包括可随时间潜移的变量，如实践经验等，其形成伴随着一个时间积累、作用于人的过程。美国哈佛大学心理学教授杰罗姆·凯根（Jerome Kagan）认为，“气质”一词在意义上类似于动物的内在特征，是指生物、身体和行为特征的集合。它是生物学基础和个人经验的集合。“气质”由先天生理因素影响，也同时被后天的日常实践所建构，包括外在层面的生理、身体、行为风格，也涵盖内在层面的人格心理特征，如性格、态度、智慧等。

城市并不是凭空诞生的，而是当地理空间场域发展到一定条件时自然形成的。如果用一个临界点来表示城市的“生长”过程，那么在城市诞生前所具备的一切条件则是城市的“先天生理因素”，城市历史则是城市自诞生以来所延续的城市“日常实践”。城市气质由其诞生前的“先天生理因素”影响，同时也被其诞生后的城市历史所形塑。历史纵横长度不一、历史发展过程中的变化也有着自己的内在联系，因而城市历史各具特色，这特色下所隐匿的则是城市随历史而演化的城市气质，城市历史形塑城市气质。

（二）城市气质——传递城市特征，传承城市历史

从人伦范畴来看，气质是一个看不到、摸不着的感官体验，然而却是实实在在存在的，它传递着一个人的显性和隐性特征。城市气质将气质从人伦范畴延伸至城市研究范畴，将城市人格化，代表着一座城市给人的第一印象，是人们到达一座城市所产生的思绪波动。气质的生成源于城市的历史沿革，其所表征的正是城市的历史进程。对一座城市气质的追溯，同时也是对一座城市的历史和文化的挖掘，而二者皆为城市之根基，因而城市气质是城市的历史文化底蕴的体现，是城市的内核，传递着城市特征。对城市气质的挖掘与提炼，一方面可以帮助人们了解城市是如何成为现在的模样的，同时对城市历史的再回顾和追溯过程也是对城市历史的传承。人们透过一座城市的气质，了解城市的发展演变和历史渊源，这些都是城市历史的传承体现。

（三）城市气质构成要素：审美取向、“行为”风格、“性格”特质、价值观念

“气质”是城市风貌、“内在”品质的体现。“城市气质”是“城市”与“气质”的结晶，是城市的灵魂。正如世界上没有两片相同的树叶，纵使千城一面，也不可能有由复制粘贴而来的两座相同城市。中华五千年文化，源远流长。国内大中小型城市从历史中走来，带着各自不同的印记，诉说着各自与众不同的故事。每个人都有自己的独特气质，城市亦如此。每座城市都有自身的故事，弥漫在故事中的就是城市气质。①

伴随着城市的不断发展，城市气质也在不断地演进。城市处于动态发展变化中，城市气质随着城市历史变迁而不断地演进。城市气质演进过程不是一个静态不变的过程，而是一个动态发展的过程。城市气质具有鲜明的表达功能，它能清晰地展现地方特色，表达城市精神，保护城市历史文

① 吴军：《城市气质的理论与实践研究》，《中国名城》2015 年第 9 期。

化文脉，强化城市街区特色……这一切最终将产生市民关于城市的共同记忆。[①] 城市气质是从城市的物质文化和精神文化遗存中抽绎出来的价值观念、思维方式、审美取向、格调气韵和"抽象氛围"的融合。[②]

审美取向，也即审美观，是审美主体对于美的总体看法。审美观是人类在社会实践中形成的意识形态。不同的时代、不同的文化、不同的城市有不同的审美标准。而处于同一个城市中的人们，由于受到历史文化的熏陶，其审美取向总是有着一定的相似性，这些共同构成了城市的审美取向。于物质文化层面而言，各大城市建筑风格、街区特质不一，地理环境本身是一方面考虑到的因素，城市审美取向同样也是重要影响因素。除此之外，城市审美取向同样建构城市人文视域中的非物质文化，其情感的选择、情感表达的喻体等都蕴含着审美取向。一座城市由物质文化、精神文化所勾勒的整体审美触感，是人们对一座城市气质的第一接触点。

思维方式，是人们怎样认识和评价事物、怎样形成思想和观点、怎样构想计划和方案的方式，它对人们的言行起决定性作用。不同城市和文化背景的人看待事物有不同的视角和方式，这意味着思维方式的不同。思维方式决定一个城市的价值观念，而一个城市的价值观念影响着城市的思维方式。不同的思维方式，是人们采取不同行为的依据。城市中不同思维方式的人，其言行举止是城市的外在表现，它们共同决定着人们对城市的第一印象。从逆时态坐标轴来看，不同的历史行为塑造城市不同的文化性格和城市精神。文化性格与城市精神正是城市气质的表达内容之一。思维方式是城市的内涵，城市"行为"风格则是城市内涵的彰显，城市的"行为"风格即为城市气质的体现。

格调，指的是风貌景象，在文学中，指文章的风格。气韵在文学或艺术上，意指独特的风格或文章的意境韵味，也指人的神采和风度。将格调气韵置于城市研究的宏观视野下，则指的是城市所展现出来的"性格"特质，其中包含城市市民层面的仪态风格以及整体景象。各大城市皆有其

---

① 吴军、焦永利：《新型城镇化过程中城市气质的保护与塑造研究》，《中国名城》2014 年第 10 期。

② 陈慧琳：《人文地理学》，科学出版社，2007。

“性格”，所营造出的城市意境韵味也千差万别。一座充满人间烟火气的城市，同一座现代化高科技城市相比，前者更让人有生活体验之感，后者则更具现代风格。各城市的“性格”特质，受到城市发展进程中政治、经济、历史、文化等因素的影响，所形成的城市气质也不尽相同。

价值观念，同时也可简称为价值观，是人们对价值的判断标准。价值观念是指人们对各种事物和现象的价值的理解和评价，是价值关系在人们意识中的表达，[①] 是人们对各种事物的价值的不同看法，是在此基础上形成对这些事物的具有价值的信念。城市的价值观念体现的是城市意识形态中的城市思想。城市价值观念受到城市历史中物质文化和精神文化的影响，从而表现出不同的价值观念。不同的价值观念指引着人们对事物的不同态度，进而影响人们对事物的评判标准。相对于高强度快节奏的生活，当一个城市的人们更倾向于追求舒适慢节奏的生活时，其所呈现出的生活面貌和城市气质也是迥然不同的。

审美取向指引城市的景观塑造，思维方式决定城市的“行为”风格，格调气韵彰显城市“性格”特质，价值观念代表城市态度。气质一词本是人伦范畴的表述，审美、行为、性格、观念也同样为人伦范畴的表述，如果将城市看作一个“大写的人”，将城市人格化，从更为具象的角度对城市气质的具体表征内容加以表述，本书认为城市气质由城市物质文化和精神文化遗存中抽绎出来的审美取向、“行为”风格、“性格”特质、价值观念构成。

二　品牌学视野中的城市形象

（一）城市形象——表征城市感知与评价

“形象”一词在《尚书》中最早出现，词源学强调其是具象物体可视的外在属性。在《现代汉语词典》中，“形象”被定义为一种能引起人们思想或情感活动的特定形式或姿态。[②] 在现代社会中，“形象”是指人们对他人或事物的外在表现的整体感知和评价，而这种感知和评价是由其内在特征所决定的。城市形象是指受众对于城市的整体认识和评价，

---

① 林斌：《思维方式与价值观念》，《江西社会科学》1992 年第 6 期。

② 《现代汉语词典》（第 7 版），商务印书馆，2019，第 1468 页。

因而是形象城市的表象。这种表象内容表征的依据则是城市的内在特征。

城市形象是一座城市的整体精神风貌，是一座城市的综合立体形象。城市形象是城市内在历史背景和外在特征的综合表现，是城市整体特色和风格的体现。城市形象是在城市的经济和贸易水平、自然地理环境、社会安全形势、景观结构、公共设施的完善程度、历史文化传统、政府管理模式、法律体系、市民价值观念、生活质量和社会公众行为等因素的作用下，社会公众所形成的城市认知印象。由此可知，城市形象并不是城市本身，而是人们对于城市的感知和评价。不同的个体，受到主观因素的影响，其对于城市形象的认知也不尽相同。城市形象在塑造和传播过程中，不仅要关注到城市本身，还必须了解其受众。

（二）城市品牌——城市所能提供的核心概念和利益

所谓“品牌”，指市场环境中，消费者对某一产品以及与产品所有相关的集合的认知程度。品牌，从本质上来看，是品牌所属者拥有的产品或服务，同其竞争对手相比，更具独特价值，从而在消费者心中占据一个独一无二的位置。其价值既包括功能性利益，也包括情感性利益。品牌核心内涵，即品牌能为消费者带来的核心利益。营销学专家菲利普·科特勒认为，“品牌”是卖方向买方长期提供的一套特定的特征、利益及服务。城市，是对某一地理空间地域的集合。城市由无数或有形或无形的资源组成。如果将城市视作商品，置于品牌学视角下，那么城市即该地理空间场域长期提供给场域内外的消费者的一种相关的核心利益。城市品牌是品牌学下的次级学科，是某一座城市在城市形象对外推广的过程中，向社会大众提供的核心概念，也即城市究竟能为人们提供什么。

（三）城市形象品牌——地理场域空间形成的认知符号或概念

广告大师大卫·奥格威（David Ogilvy）在其著作《一个广告人的自白》中提出了品牌形象理论。他认为，品牌不是产品与生俱来的，而是外在干预后形成的认知形象。品牌是消费者区分同类产品的认知符号，品牌的形成过程就是知识概念的形成过程。[①] 在城市形象传播的过程中引入“品牌”的概念，将城市形象传播的受众看作城市形象品牌的消费者，城

---

① 〔美〕大卫·奥格威：《一个广告人的自白》，林桦译，中信出版社，2008。

市形象品牌的形成过程即为地理场域空间认知符号或概念形成的过程。

城市化进程导致“千城一面”问题愈发严重。一个城市要想在激烈的竞争中获得优势，就必须像企业一样打造个性化的城市形象品牌，以差异化为核心，将城市形象进行品牌化包装，以商业发展模式挖掘城市现有资源，提升城市整体竞争力。城市形象品牌是一座城市最宝贵的精神财富，是一座城市核心竞争力的制高点。大力推进城市形象和品牌建设，可以彰显城市核心价值和独特魅力。

三　以城市气质为品牌 DNA 的城市形象传播

（一）品牌 DNA 理论：核心价值观、个性特征、品牌差异点

基因，也即 DNA，是决定生物遗传性状的基本单位。品牌 DNA 理论，是品牌学在细胞生物学理论的视域下，所创立的独特理论。品牌 DNA，是品牌资产的主要组成部分，它能让顾客清晰地记住和识别品牌的利益点和个性，是促使顾客识别、喜欢甚至爱上一个品牌的主要力量。品牌 DNA 的不同，是品牌差异化的根本原因。品牌 DNA，又称品牌的多维核心资产，是品牌的核心特征和独特的竞争优势。

品牌 DNA 理论，是美国品牌推广集团创始人卡罗·柴普曼（Carol Chapman）和苏珊·图力恩（Suzanne Tulien）在卓有成效的品牌实践和研究中总结出来的品牌构建方法论。他们认为，品牌特征包括：核心价值观和个性特征、品牌差异点。

核心价值观反映品牌内涵，作为意识形态的指导原则，是品牌能被识别的最重要价值观念。品牌个性特征，也可以称为品牌风格，是一种独特的展示和提供产品与服务的方式。品牌个性特征告诉我们如何表达一个品牌。如同品牌的个性，一个品牌的风格可以是随意的、精致的或低调的。这些皆为一个品牌内涵的独特表达。品牌差异点是指一个品牌所拥有的优秀特征和独特技能，任何一个品牌都可以运用。它展示了行业特点和品牌在行业中的地位。品牌差异点是一个品牌在市场上脱颖而出的巨大竞争优势。①

---

① 张昊：《品牌 DNA 理论下的阿尔山旅游品牌形象设计研究》，硕士学位论文，内蒙古大学，2020。

（二）以城市气质作为品牌 DNA——塑造强势品牌

各大城市气质随着城市的发展而处于不断地变化中，是对城市内在核心的提炼。研究第一印象的科学家伯特伦·加夫尤斯基（Bertrand Gavyski）的研究表明，当你对某人有第一印象，即使你的大脑日后接收到一个负面印象，它也会破例坚持第一印象。[①] 这就是为什么一个强势品牌形式决定了内容，一个好的形象、一个好的名字和一个独特的观点，决定了一个品牌的命运之轮。形象满足我们的眼睛，名字唤醒我们的耳朵，想法植入我们的头脑。更重要的是，通过吸引力法则，不断地积累优势，它们在命运之轮上持续前行，形成强大的品牌正能量。

城市气质是城市给人们的第一印象，能够让受众清晰地辨认出城市的特质。当人们对城市的气质、城市的第一印象有了良好的感知时，城市便拥有了自己的强势品牌形式。此外，城市气质作为城市形象传播的内容，主要由审美取向、“行为”方式、“性格”特质、价值观念四个要素构成，而品牌 DNA 特质包括核心价值观、个性特征、品牌差异点，两者不谋而合。由此，城市气质中的价值观念可作为城市品牌 DNA 的核心价值观、城市气质中的“性格”特质可作为城市品牌 DNA 的个性特征，城市审美取向、“行为”方式可作为城市品牌 DNA 的品牌差异点。

以城市气质作为城市品牌 DNA 内涵，将从根本意义上，延伸现有城市形象品牌的组成部分，它能够让受众清晰地记住城市品牌的个性特征以及相关利益点，是激发受众认识、喜欢甚至爱上一个城市的决定性力量。城市气质是从城市精神文化、物质文化中所追溯和挖掘出的城市内涵，基于城市气质，作为品牌 DNA 的城市形象传播，将城市的核心概念以及城市所能提供给社会大众的核心利益，进行内外传播，使城市形象品牌具有独特的竞争优势。以城市气质作为城市形象品牌 DNA，将城市形象传播上升到战略高度，其所创造的城市形象品牌体验，使城市形象品牌焕发新的活力，并实现可持续传播。

---

① 师曙光：《“第一印象效应”浅析》，《太原大学学报》2005 年第 3 期。

第二节　武汉城市形象传播现状

一　描述性数据分析

通过调查统计包括本地市民在内的全国各地受众对武汉城市形象的总体评价，以及对武汉各个方面的评价来把握武汉的城市形象传播现状。剔除部分无效问卷，最终总计回收405份有效问卷。

第一模块可以看出调查对象的基本信息（见图4－1、图4－2、图4－3、

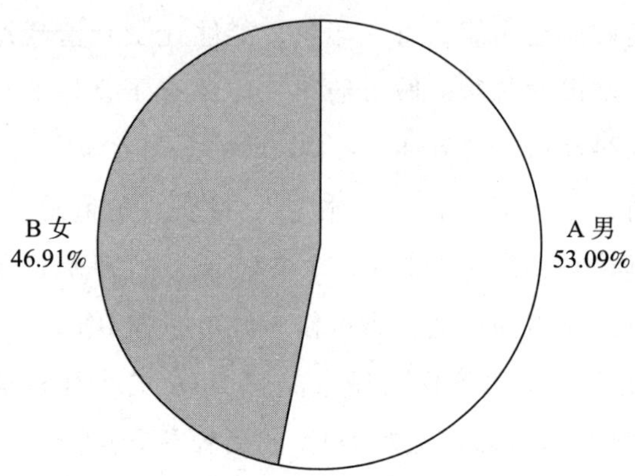

图4－1　参与调查受众的性别分布情况

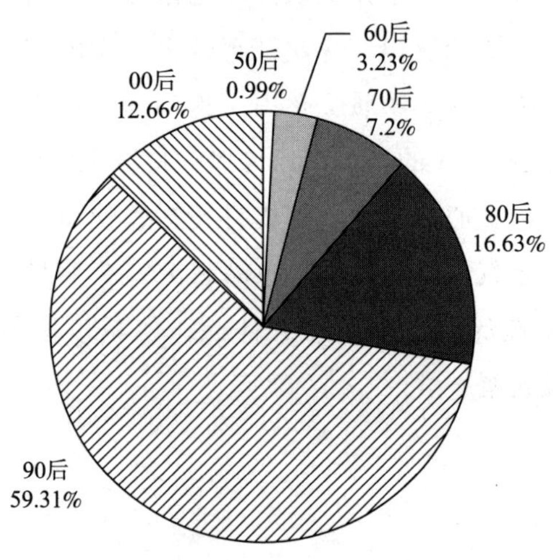

图4－2　参与调查受众的年龄分布情况

图 4－4)，其中男性有 215 人，占比为 53.09%，女性有 190 人，占比为 46.91%，男女性别比例相当。在年龄构成中，90 后所占比例最大，为 59.31%，其次分别为 80 后占比 16.63%，50 后、60 后占比较少，约为 4.22%。在学历构成中，受过高等教育的占大多数，本科及以上人数占比 82.38%。在调查对象中，本地市民占比为 38.77%，而在武汉居住过 3 个月以上的调查对象占比为 35.56%，游客身份的调查对象占比为 25.68%。调查对象中男女比例相当，总体受教育程度较高，且以青年为主，本地市民和在武汉居住过 3 个月以上的调查对象多于游客。

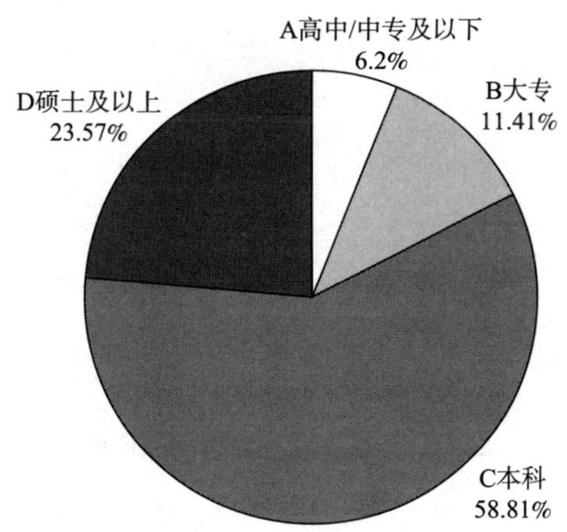

图 4－3　参与调查受众的学历分布情况

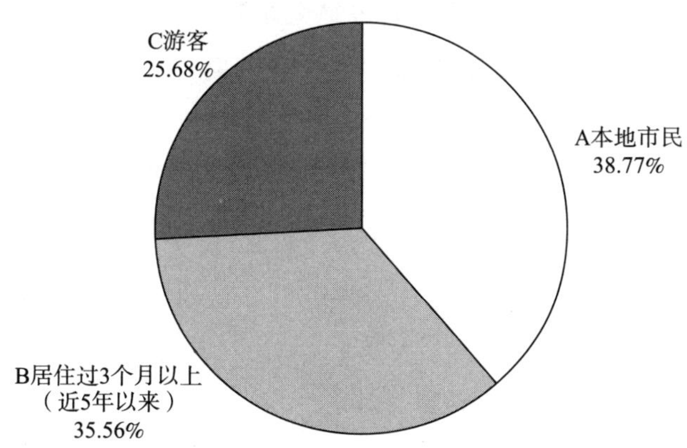

图 4－4　参与调查受众的人员构成分布情况

二　影响要素分析

（一）要素评价

经济发展状况是城市对外形象之根基。对一个城市发展水平的评价，反映的是人们对该城市经济形象的认可与否。数据表明，对武汉市经济发展状况评价为“满意”和“非常满意”的调查对象占比高，约为68.4%（见图4－5），这也得益于武汉经济的高速发展，其经济总量位居全国前十。

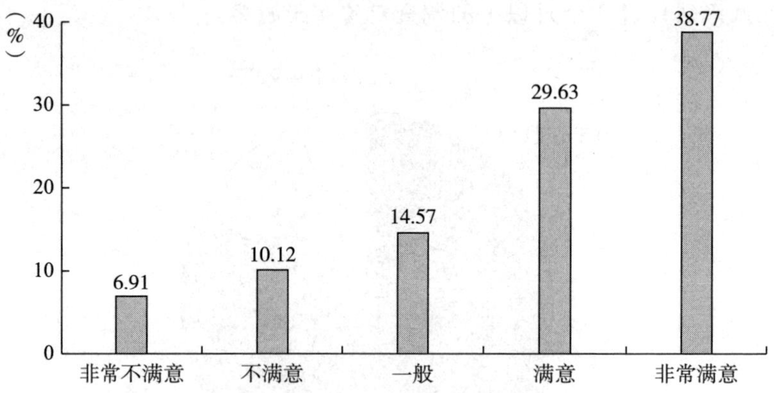

图4－5　武汉经济发展状况评价

科技发展状况反映城市科研实力。对城市科技发展状况的评价是人们对一座城市科技形象的认知。图4－6数据显示，调查对象中认为武汉科技发展状况“满意”“非常满意”的占绝大多数，达到70.37%。武汉作为一所大学生之城，高校云集，汇聚中部科研力量。

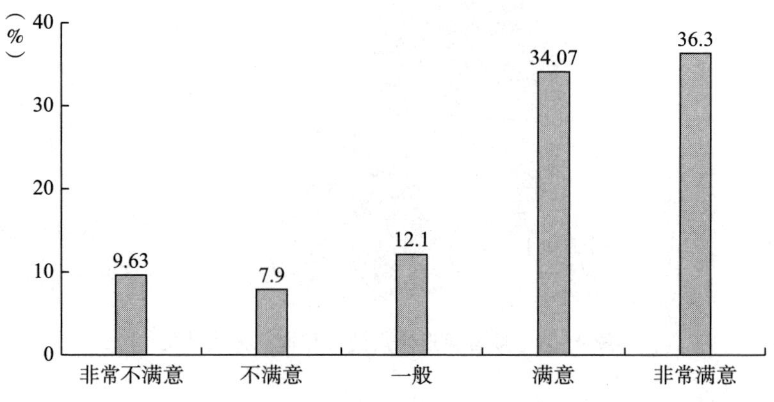

图4－6　武汉科技发展状况评价

武汉旅游基础设施反映城市旅游形象。图4－7数据显示，武汉城市旅游形象的总体评价较高，但值得注意的是，仍有77人对武汉旅游基础设施表示“不满意”以及“非常不满意”。

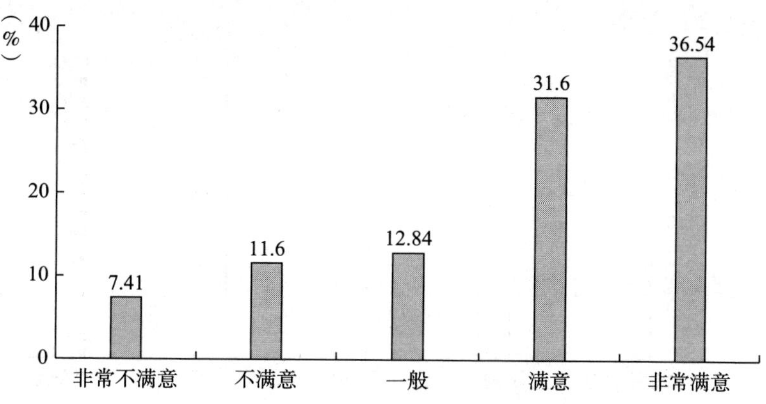

图4－7　武汉旅游基础设施评价

城市文化的宣传度越高，说明该城市的文化形象越深入人心。图4－8数据显示，调查对象对武汉市文化宣传度评价较高，认为“满意”的调查对象有132人，占比为32.59%；认为“非常满意”的调查对象有158人，占比为39.01%。而仍有70人表示“不满意”“非常不满意”，这说明作为城市形象输出层面的武汉城市文化宣传仍有待加强。

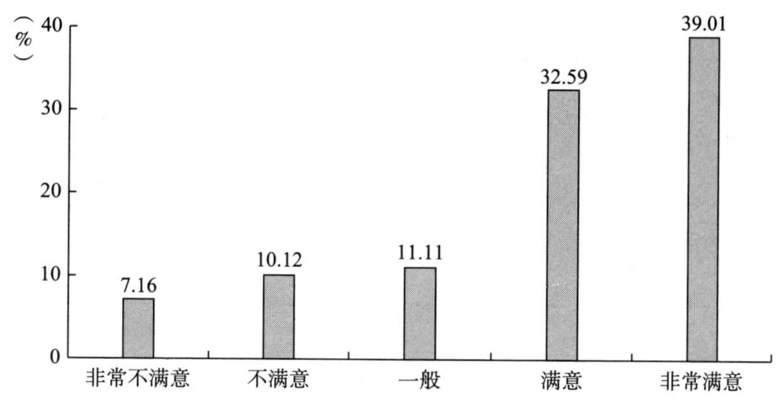

图4－8　武汉文化宣传度评价

对一座城市建筑风貌的评价，反映其独特观赏价值。图4－9数据显示，调查对象对于武汉建筑风貌的好评度颇高，达到70.86%。其一缘于武汉市区建筑风貌特色鲜明，有以租界风格为主的江汉关，有以现代风格为主的城市广场；其二则得益于武汉市所启动的文化街区改造项目，在保护历史建筑的基础上对其加以修缮。

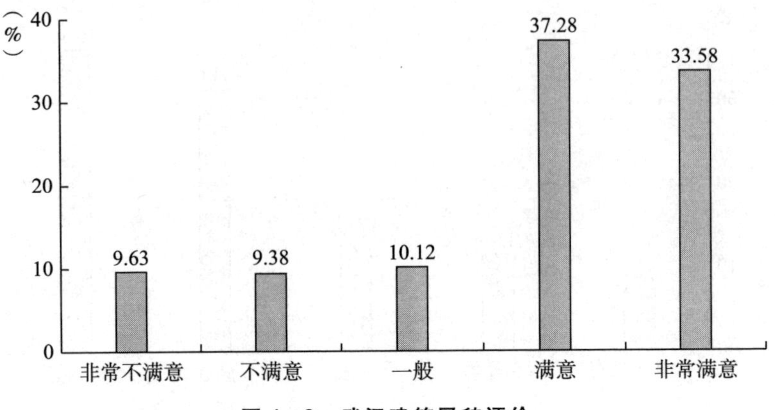

图 4－9　武汉建筑风貌评价

对本地特色饮食的评价，反映的是人们对该城市烟火气息的评价。图 4－10 数据显示，调查对象对于武汉当地特色饮食的评价口碑极佳，达到 68.64%。武汉地处中部，既融合了川西口味的麻辣，也吸收了南方饮食的甜糯，因而能够照顾到绝大多数前来武汉的人群的饮食习惯。

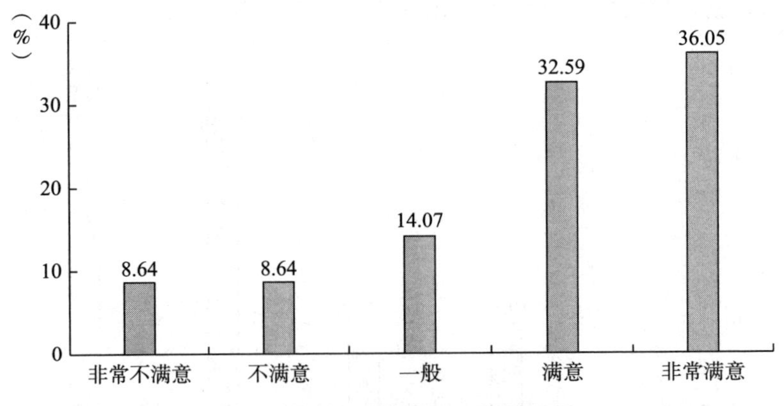

图 4－10　武汉当地特色饮食评价

对民俗风情的评价，是人们对一座城市地域形象最直观的评价。图 4－11 数据显示，71.11% 的调查对象认为满意，然而仍有 74 位调查对象表示不满意，占比约 18.27%。由此可以看出，武汉城市形象中的市民素质仍待提高。

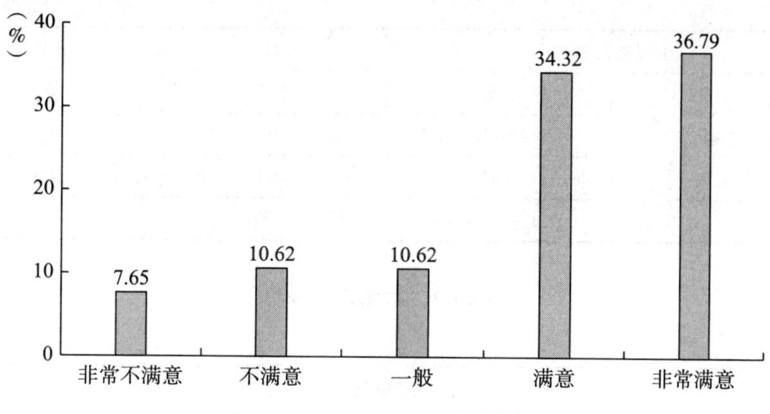

图 4-11　武汉民俗风情评价

本模块主要用于了解调查对象对武汉城市品牌形象的总体评价以及对武汉市各方面的评价。综上，可以归纳为以下几点：①被调查对象对武汉市的城市形象主要集中在历史文化名城、江城、九省通衢的标签上，这也与武汉市情相吻合。②武汉的城市宣传还有待加强，城市宣传片和城市宣传语言的传播效力还有待提高。③在调查对象对武汉市各方面的评价中，总体评价乐观，但值得警醒的是，各方面的评价中仍有30%以上的被调查对象对武汉的评价不太乐观。由于本书的触及范围有限，调查对象基数小，由此可知，武汉仍需多方发力，加强宣传，从而提升武汉城市形象与品牌价值。

（二）信度分析

信度是指测验结果的稳定性、可靠性和一致性。信度系数越高，表明测验结果越稳定、可靠、一致。克隆巴赫 α 系数是指该量表中所有可能的项目划分法所得到的折半信度系数的平均值，是最常用的信度测量方法。通常 α 系数的值在 0 和 1 之间。α 系数小于 0.6，则表明内部一致信度不足；α 系数的值为 0.7—0.8，说明量表具有相当的信度；α 系数的值为 0.8—0.9 说明量表信度非常好。本次问卷的 α 系数达到 0.959，因此本次问卷调查的可信度较高。

表 4－1　样本汇总结果

单位：个，%

个案处理摘要		个案数	占比
个案	有效	405	100
	排除 a	0	0
	总计	405	100
a 基于过程中所有变量的成列删除			

表 4－2　样本信度分析

单位：项

可靠性统计		
克隆巴赫 α	基于标准化项的克隆巴赫 α	项数
0.966	0.959	15

（三）效度分析

效度，即有效性，是指测量工具或手段能够准确测量被测事物的程度。效度是指测量结果在多大程度上反映了要检测的内容。测量结果与待测内容越一致，效度越高。效度一般分为内容效度、结构效度。内容效度主要检验问卷内容是否符合研究目的和要求。结构效度是指测量项目与测量维度之间的对应关系。探索性因素分析是目前应用最广泛的结构效度测量方法。

研究目的主要是探索各类人群对武汉城市形象与经济状况、科技发展、文化宣传、旅游设施、街景建筑、特色饮食、民俗民风等维度对应关系研究，因此本节采用结构效度分析——探索性因子分析。首先看 KMO 值，当 KMO 值高于 0.8 时，说明效度高，且适合进行探索性因子分析；其次看显著性水平，p 值小于 0.05 时，表明各自变量之间关联性高。本次问卷调查 KMO 值达到 0.949，显著性水平为 0.000，解释总方差累计率达到 62.61%。一般而言，解释总方差累计率大于 70%，则说明适合进行探索性因子分析。在旋转后的成分矩阵中，15 项中有 9 项都只有某一个主成分的载荷大于 0.60。综上分析，本次问卷调查数据通过了效度检验，且适用于探索性因子分析。

表 4－3　KMO 和巴特利特特球形检验

KMO 和巴特利特特球形检验		
KMO 取样适切性量数		0.949
巴特利特特球形度检验	近似卡方	2755.374
	自由度	105
	显著性	0.000

表 4－4　总方差解释

单位：%

初始特征值				提取载荷平方和			旋转载荷平方和		
成分	总计	方差占比	累计占比	总计	方差占比	累计占比	总计	方差占比	累计占比
1	5.918	39.456	39.456	5.918	39.456	39.456	5.915	39.431	39.431
2	1.317	8.778	48.234	1.317	8.778	48.234	1.224	8.162	47.593
3	1.097	7.312	55.545	1.097	7.312	55.545	1.186	7.907	55.5
4	1.06	7.065	62.61	1.06	7.065	62.61	1.067	7.11	62.61
5	0.955	6.368	68.978						
6	0.913	6.084	75.062						
7	0.895	5.964	81.026						
8	0.801	5.34	86.366						
9	0.337	2.249	88.615						
10	0.318	2.12	90.736						
11	0.314	2.094	92.83						
12	0.292	1.944	94.774						
13	0.281	1.875	96.649						
14	0.256	1.708	98.356						
15	0.247	1.644	100						
提取方法：主成分分析法									

表 4－5　旋转后的成分矩阵 α

	成分			
	1	2	3	4
1. 您的性别：	0.001	－0.621	0.11	－0.074
2. 您的年龄：	0.042	0.567	0.309	－0.189

续表

	成分			
	1	2	3	4
3. 您的最高学历：	-0.04	0.026	-0.004	0.847
4. 您对武汉的了解，属于以下哪种情况：	0.05	0.483	0.021	0.376
5. 您对武汉市品牌形象的总体评价是？	-0.009	-0.17	0.693	0.284
6. 您听说过“武汉，每天不一样”的城市宣传语吗？	0.026	-0.126	-0.662	0.277
7. 您看过武汉城市形象宣传片吗？	-0.027	0.476	-0.392	-0.066
8. 您对武汉经济发展状况如何评价？	0.842	0.033	0.041	-0.008
9. 您对武汉科技发展状况如何评价？	0.863	-0.014	-0.025	-0.014
10. 您对武汉城市文化宣传程度如何评价？	0.864	-0.013	0.013	0.007
11. 您对武汉城市旅游基础设施如何评价？	0.853	0.012	0.011	-0.029
12. 您对武汉市建筑风貌如何评价？	0.872	-0.048	-0.01	0.003
13. 您对武汉当地特色饮食如何评价？	0.855	0.04	0.013	0.029
14. 您对武汉本土民俗风情如何评价？	0.863	0.008	-0.009	-0.051
15. 您对武汉整体形象评价是？	0.863	0.087	-0.056	0.022
提取方法：主成分分析法				
旋转方法：凯撒正态化最大方差法				
a 旋转在 9 次迭代后已收敛				

（四）相关性分析

通过以上效度分析和探索性因子分析，得出本次问卷调查适合进行探索性因子分析，各因子之间存在较高的相关性，因而继续进行相关分析。本次研究将探索武汉经济发展状况、武汉科技发展状况、武汉旅游基础设施、武汉城市文化宣传程度、武汉建筑风貌街景、武汉当地特色饮食、武汉民俗风情七个方面内容与被调查对象对武汉市品牌形象的总体评价之间的关系，旨在了解经济、科技、旅游、文化、建筑、饮食、市民素质对武汉城市品牌形象的影响。

本书采用了皮尔逊相关系数法，其值在 -1 和 1 之间，其值为 0—1 且越接近于 1，则表明二者呈正相关，其值为 -1—0 且越接近于 -1，则表明二者呈负相关。具体而言，其值为 0.6—0.8，说明二者高度相关；其值为 0.4—0.6，说明二者呈中度相关；其值为 0.2—0.4，说明二者呈弱相关。

p 值越接近于0，表明二者显著性水平越高（见表4－6）。

表4－6　变量相关性分析

		您对武汉整体形象评价是？
您对武汉经济发展状况如何评价？	皮尔逊相关性	.696**
	显著性（双尾）	.000
	个案数	405
您对武汉科技发展状况如何评价？	皮尔逊相关性	.697**
	显著性（双尾）	.000
	个案数	405
您对武汉城市文化宣传程度如何评价？	皮尔逊相关性	.704**
	显著性（双尾）	.000
	个案数	405
您对武汉城市旅游基础设施如何评价？	皮尔逊相关性	.711**
	显著性（双尾）	.000
	个案数	405
您对武汉市建筑风貌如何评价？	皮尔逊相关性	.706**
	显著性（双尾）	.000
	个案数	405
您对武汉当地特色饮食如何评价？	皮尔逊相关性	.703**
	显著性（双尾）	.000
	个案数	405
您对武汉本土民俗风情如何评价？	皮尔逊相关性	.719**
	显著性（双尾）	.000
	个案数	405

注：** 代表 $P<0.01$，即差异性极显著。

通过表4－6，我们可以得出武汉经济发展状况、武汉科技发展状况、武汉城市文化宣传程度、武汉旅游基础设施、武汉建筑风貌、武汉当地特色饮食、武汉本土民俗风情七个因素的评价程度都与对武汉城市形象的总体评价之间具有不同程度的正相关关系。

（五）回归分析

上述论证证明了武汉经济发展状况、武汉科技发展状况、武汉城市文化宣传程度、武汉旅游基础设施、武汉建筑风貌、武汉当地特色饮食、武汉本土民俗风情七个方面都与对武汉城市形象的总体评价之间具有不同程度的正相关关系。

紧接着，本书将采用线性回归分析方法，分析七个因素对武汉市城市形象综合评价得分的影响（见表4－7、表4－8）。在线性回归分析中，R方表示线性回归方程与数据的拟合优度，调整R方表示线性回归方程对真实数据的反映程度。R方值越大，说明样本点的拟合效果越好。如果方差分析中的p值小于0.05，说明至少有一个自变量对因变量有显著影响。显著性p值反映了自变量对因变量的影响程度。当p值小于0.05时，说明自变量对因变量有显著影响；当p值大于0.05时，说明自变量对因变量的影响不显著。

表4－7　模型摘要

模型	R	R方	调整后R方	标准估算的错误
1	0.819[a]	0.671	0.666	0.749

a. 预测变量：（常量）14. 您对武汉本土民俗风情如何评价？8. 您对武汉经济发展状况如何评价？11. 您对武汉城市旅游基础设施如何评价？13. 您对武汉当地特色饮食如何评价？10. 您对武汉城市文化宣传程度如何评价？9. 您对武汉科技发展状况如何评价？12. 您对武汉市建筑风貌如何评价？

图4－8　ANOVA[a] 分析结果

模型		平方和	自由度	均方	F	显著性
1	回归	455.384	7	65.055	115.920	<.000[b]
	残差	222.799	397	.561		
	总计	678.183	404			

a. 因变量：15. 您对武汉整体形象评价是？

b. 预测变量：（常量）14. 您对武汉本土民俗风情如何评价？8. 您对武汉经济发展状况如何评价？11. 您对武汉城市旅游基础设施如何评价？13. 您对武汉当地特色饮食如何评价？10. 您对武汉城市文化宣传程度如何评价？9. 您对武汉科技发展状况如何评价？12. 您对武汉市建筑风貌如何评价？

本次研究的R值为0.819，R方为0.671，说明本研究的回归方程较好地反映了真实数据。p值小于0.001，说明至少有一个自变量对因变量有显著影响。其中，武汉经济发展状况、武汉城市文化宣传程度、武汉旅游基础设施、武汉建筑风貌、武汉当地特色饮食、武汉本土民俗风情的显著性水平 p 值均小于 0.05，说明以上六个方面对于武汉市城市整体形象评价有显著性影响。而武汉科技发展状况 p 值小于 0.05，说明武汉科技发展状况对于武汉市整体形象评价的影响不显著。

表 4－9　系数分析

系数ᵃ						
模型		未标准化系数		标准化系数	t	显著性
		B	标准错误	Beta		
1	（常量）	0.021	0.137		0.154	0.877
	8. 您对武汉经济发展状况如何评价？	0.154	0.049	0.148	3.159	0.002
	9. 您对武汉科技发展状况如何评价？	0.092	0.051	0.091	1.816	0.070
	10. 您对武汉城市文化宣传程度如何评价？	0.124	0.051	0.121	2.425	0.016
	11. 您对武汉城市旅游基础设施如何评价？	0.185	0.050	0.177	3.683	0.000
	12. 您对武汉市建筑风貌如何评价？	0.109	0.052	0.106	2.090	0.037
	13. 您对武汉当地特色饮食如何评价？	0.141	0.050	0.137	2.821	0.005
	14. 您对武汉本土民俗风情如何评价？	0.188	0.051	0.181	3.659	0.000

a. 因变量：15. 您对武汉整体形象评价是？

武汉经济发展状况代表着武汉的经济形象，武汉旅游基础设施代表着武汉的旅游形象，武汉城市文化宣传程度、武汉建筑风貌代表着武汉的人文形象，武汉当地特色饮食、武汉本土民俗风情则可以概括为武汉的地域形象。由此说明，武汉经济形象、武汉人文形象、武汉旅游形象、武汉地域形象对武汉的城市形象影响效果显著，为后文的武汉城市形象构建提供了实践依据。

三　传播内容分析

（一）认知定位边界模糊

关于武汉城市形象传播内容涉及方面众多，受众对武汉城市形象的总体评价可以反映受众对武汉城市形象信息的接收情况。首先是城市形象传播内容中对城市自身形象整体感知，图 4－12 结果显示，认为武汉是“历史文化名城”的对象最多，达到 105 人，占比高于 1/4；将武汉评价为“江城”的调查对象位列第二，占比为 23.46%；其次是“九省通衢”“大学生之城”；“重工业城市”位于最后。由此可以看出，武汉历史文化悠久，得到了武汉市民以及在武汉居住过 3 个月以上的调查对象的认可，而“江城”以及“九省通衢”的称号也深入人心。此外，人们对武汉城市经济的构成似乎并不是很了解，“重工业城市”形象仅在本地市民中占据着一定的位置。

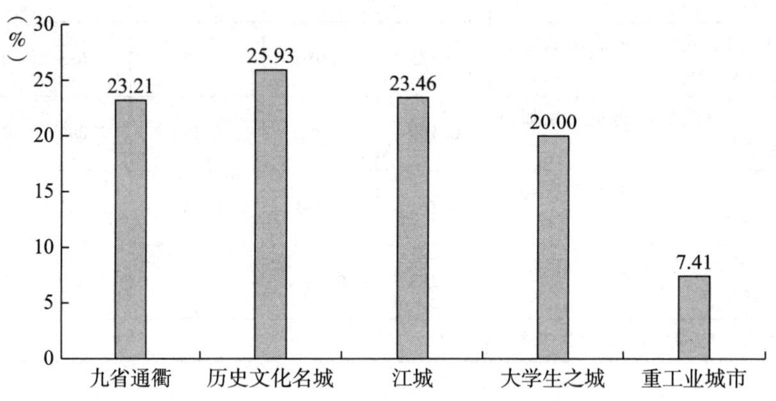

图 4－12　对武汉市形象的总体评价

（二）城市宣传内容关注度低

城市宣传语，作为城市形象传播的内容，是城市形象理念识别系统的重要组成部分。图 4－13 调查结果显示，仅有 179 人听说过“武汉，每天不一样”的城市宣传语，而有 55.80% 的调查对象并没有听说过武汉的宣传语。由此可以看出，武汉 2014 年推出的宣传语“武汉，每天不一样”，并没有取得一个很好的传播效果。

城市品牌形象传播最常用的方式即城市宣传片，城市宣传片通过视

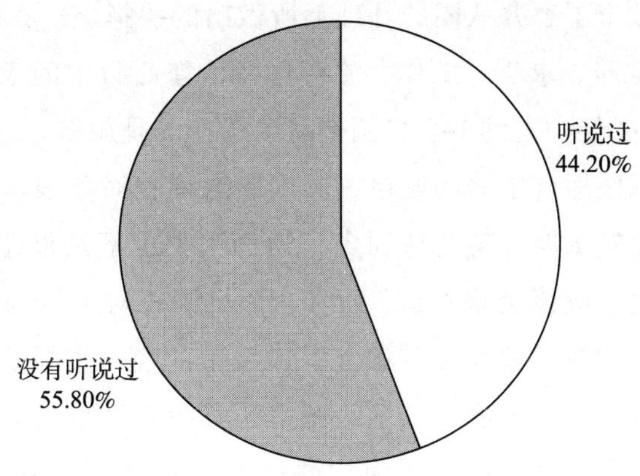

图 4－13　是否听说过城市宣传语

频、画面、声音的方式将城市景观、人文因素、城市特色等加以展现。图 4－14 统计结果表明，仅有 57.28% 的调查对象看过武汉城市宣传片，而有 173 人表示并未看过武汉城市形象宣传片，说明武汉城市形象宣传片的传播力度仍亟待提升。

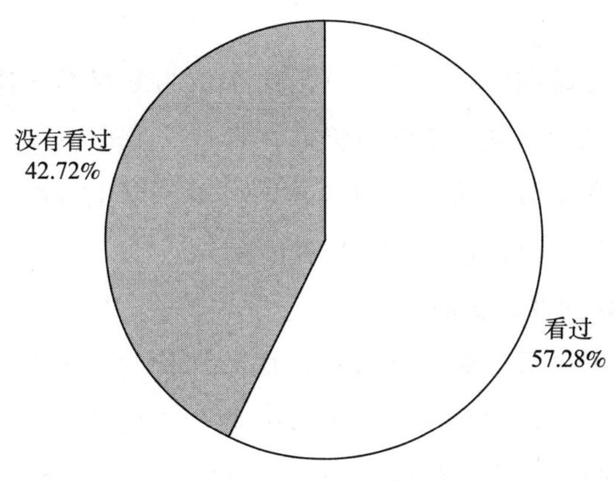

图 4－14　是否看过城市宣传片

四　传播效果分析

（一）城市属性认知差异显著

对一座城市的清晰评价能够反映该城市在人们心中的标签属性，从而可以看出城市当前形象传播的效果。如今，各大城市都在不遗余力地对外宣传城市“宜游宜居”的形象。旅游是受众了解一个城市的第一步，而定居则是基于对城市了解并认同的基础上所做出的抉择。

在“对于定居、求学、工作、旅游选择，您心目中的武汉更适合哪一类呢?”的文字描绘中，约140名调查对象选择的是旅游，近150名调查对象认为武汉是一座适合定居的城市，其中一名调查对象表示“定居，感觉武汉生活气息比较浓厚，美食特别多，物价水平也不是很高，城市交通状况也比较好，生活应该会很舒服”。约115名调查对象认为武汉是一座适合工作的城市，则在某种程度上肯定了武汉市的经济发展状况。约283位调查对象认为武汉是一座适合求学的城市，其中一名调查对象进行了详尽的解释：“武汉更适宜求学，作为旅游达人，去过大大小小二十个城市，但要论教育水平和教育质量，武汉绝对是培养高校学生的一片沃土。它拥有2所‘985’院校和5所‘211’院校，16所重点本科院校，所以作为教育大都，武汉整个学习氛围非常浓厚。求学除了相匹配的教育资源以外，武汉的交通、美食和独特的汉文化也是别具一格的风景，让武汉大学生能真真切切喜欢这座英雄城市。”这也吻合了前文对武汉“大学生之城”的评价。

然而相对于旅游和定居，人们更倾向于认为武汉是一座适合求学的城市，求学意味着漂泊，说明武汉市仍需在打造“宜游宜居”的城市形象上发力，才能提升受众对武汉城市的认同感。基于以上分析可以看出，受众对武汉城市属性的认知存在着不同程度的差异。

（二）城市认同评价度高

图4-15数据显示，对武汉市整体形象评价为“好”“很好”的调查对象占比超过了一半，约68%，达到276人。与此同时，也有129人对武汉城市的总体形象评价不太乐观，说明武汉城市发展以及城市形象宣传方面仍有较大上升空间。

五　传播现状分析

辅助性访谈问卷需要调查对象以文字的叙述进行描述，由于题目问题具有一定的专业性和难度，本次问卷将其设置为选填项辅助问卷，因此在此部分得到的内容反馈并不是特别理想，但仍能从部分调查对象的文字描述中得到武汉城市形象传播的些许现状反馈。

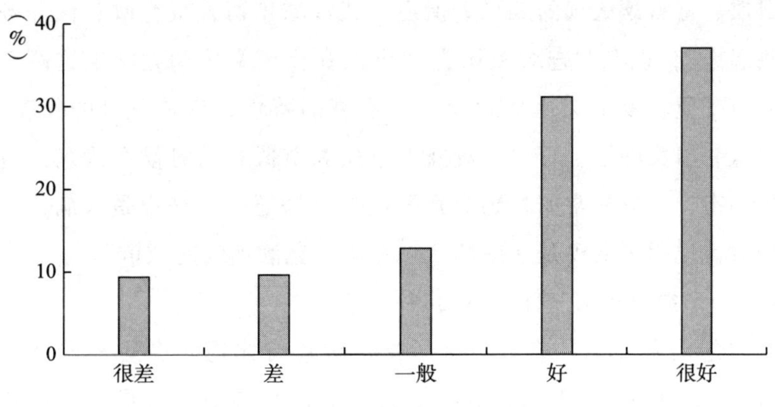

图 4-15　对武汉市整体形象评价

在“您能准确地把握一座城市的气质吗?”的文字回答中，仅有 27 位调查对象回答为“能”“能吧”等描绘性词句，而更多的调查对象的描述类似于“不一定”“稍微勉强”“不确定”“不太能准确描述或者理解城市气质这个概念”等。城市气质将城市人格化表征，是一个新兴的研究领域。而气质一词本是人伦范畴的描绘，即使一座城市在人们心中留下了难以磨灭的印记，人们也并不一定能够从城市气质的角度对此间缘由进行思考。由此无疑印证，城市气质是一个新兴仍待学界加以研究的领域。

对“哪一座城市的气质让您觉得印象深刻呢？具体原因是什么呢?”问题加以文字描述的调查对象仅有 26 位，其中回答篇幅较长的文字性描述有“印象最深刻的是北京，整体感觉人文气息很浓厚，历史底蕴厚重。因为北京是行政中心，有许多历史人文景点，比如故宫、颐和园和圆明园遗址等。北京也有让人感到前卫发达和科技感的一面，因为它有完善的市政建设，随处可见的知名高校和高新技术企业”“杭州，车辆礼让行人全市推广度很高，体现良好市民素质，给人留下文明的城市印象”“重庆很有自己的特色文化，比如穿楼而过的地铁，一日三餐都可以用火锅解决的火锅文化，横跨长江的索道，提起重庆人就自动与直爽、热情挂钩等等”。

在“您认为武汉城市形象在传播过程，还有哪些层面可以融入城市气质?”的文字回答中，有调查对象表示“我认为武汉人民有着不折不挠的精神，热情好客、包容性强，政府需要引进优秀人才，在这些层面可以再加强宣传。很多人对武汉有一些不好的刻板印象”“武汉市民‘过早’的生活习惯、富有烟火气的武汉老街道、武汉城市留言板行政利民服务的宣传这些层面”，也有调查对象认为“可以在夜市文化和大学生这两个层面融入城市气质。夜市文化是武汉经久不衰的特色，它是武汉的代表之一。大学生这一层面的话，可以去直播大学生在节假日的时候在武汉出行或者游玩的动态，可以非常明显感受到无论是地铁还是公交都是人满为患，但是这恰恰也说明了武汉是一座鲜活、热闹、充满朝气的城市”。

（一）形象宣传与气质低耦合性

在“您认为武汉目前的城市形象宣传片有体现武汉这座城市的气质吗?”的文字回答中，有调查对象认为“武汉目前的城市形象宣传片展现的多为武汉城市的景点，缺乏人文视角”“有一定的体现，但是还不够全面”“基本可以体现，很多宣传片都将武汉大江大河的气势体现出来了”。

针对武汉城市宣传语“武汉，每天不一样”和武汉城市口号“敢为人先，追求卓越”，与武汉城市气质的特质是否联系紧密这一问题，部分调查对象表示“联系没有很紧密，因为这两个口号，可能更多的是想体现武汉这些年的发展变化和追逐向上的精神。但是武汉这个城市整体内在的气质和内涵，我认为还没有概括出来”“口号和宣传语感觉只能反映出武汉城市发展的冲劲或者是憧憬，并不能体现武汉气质或者和武汉城市气质联系上”“武汉的宣传语和口号和武汉特有的气质挂钩不是很密切，但是武汉的确每天不一样，武汉的地铁交通和公交系统位居全国前列，武汉的移动支付仅次于杭州，武汉的发展速度真的是令人诧异”。

在“您认为武汉的市容市貌是否有体现武汉城市气质呢?”的文字回答中，部分调查对象表示“市容市貌方面，近几年变化挺大的，但是要分区域，武昌整体规划更大气，市容市貌也更好，汉口老城区，很多老破小脏乱差的地方没有解决”“市容市貌很能反映城市气质，可以说是城市气质的直接体现，武汉既有高端大气现代化的城市写字楼群，也有古朴狭窄具有年代感的传统街巷，很能体现武汉包容多样的城市气质”“武汉的市容市貌非常能体现武汉城市气质。市容这一块，武汉人性格耿直、热情，说话不拐弯抹角、真诚。市貌的话，在夏天，武汉的烟火气息达到顶峰，路口旁，夜市区，各个有灯的地方，你就会看到小桌子、酒瓶、小龙虾和烧烤，好一番热闹的场景，十分解压，令人心驰神往”。

对武汉城市形象宣传片、武汉城市宣传语、武汉城市口号的问卷调查发现，人们普遍认为以上三项皆与武汉城市气质的联系不够紧密，呈现低耦合性。在武汉城市形象宣传片《大城崛起》中对武汉人性格特质的描述仅用解说词“他们热情善良、豪爽豁达、重信守义、坚忍执着”，显得生硬缺乏说服力。部分调查对象认为武汉市容市貌存在一定的问题，但现有的市容市貌仍能在一定程度上表现出武汉的烟火气息和城市的包容特质。

（二）城市气质识别度低，描述模糊

在“您能够准确识别武汉城市的气质吗?”的文字回答中，有调查对象表示“我认为武汉有自己的特色，但是我没法用一个概括性的词语描述”“英雄气质”“武汉有烟火气息，喜欢武汉的美食”“大江大河大武汉，武汉有一种大气，武汉太大了”“不能准确识别气质，但是有几个比较深刻的印象，英雄的城市、豪爽的武汉市民、每天不一样的城市口号、越来越整洁美丽的市容市貌”“码头文化、九省通衢交通枢纽、市井文化、高校资源众多、科技创新”等。其中一名调查对象表示：“武汉的气质，在我脑海里根深蒂固的就是烟火气息和粗犷，这是有别于很多城市的风格。在武汉生活和求学的这七年间，无论是光着膀子和朋友在地摊上吃烧烤小龙虾，又或者是特地去买早上热气腾腾的热干面小笼包，抑或是坐上‘会飞’的武汉的公交车，这些都是极致的体验，它粗犷、接地气，它能让所有来到武汉的人感受到一股扑面而来的亲切感，它会让我们放下矜持和端庄，毫无顾忌地去融入武汉人随心、随性的生活中去。”在大多数调查对象的文字叙述中，并没有一个对武汉城市气质的凝练概括描述，多为抽象回答。但从调查对象的反映来看，大多数做出回答的调查对象仍认为武汉颇具城市特色和风格，武汉的城市特色和城市风格也是他们认为武汉城市气质之所在。

（三）整体呈积极态势，缺乏城市气质的观照

综上，武汉市的城市形象在人们心中的评价指数乐观，约有76%的调查对象对武汉城市形象的评价持正面态度，充分肯定了武汉多年来在城市形象传播上所做的努力。然而，调查对象对于武汉城市总体评价为“历史文化名城”“九省通衢”“江城”“大学生之城”的比例差别不大，说明武汉城市形象的定位还不够清晰。武汉城市宣传语、武汉城市宣传片的推广

程度均徘徊于50%左右的受众中。

不同利益相关体对武汉的评价也存在一定的偏差，评价一个城市是否适宜工作、旅游、定居，某种程度上分别代表着城市的经济形象、旅游形象、地域形象。近70%的调查对象认为武汉是适合求学的城市，明显高于认为适合工作、旅游、定居的受众，说明目前武汉城市的经济形象、旅游形象、地域形象所展示的面貌并不足以吸引不同的受众、相关利益者追随。一个城市形象宣传的最终目的则是吸引人、留住人，武汉在构建“宜游宜居”的城市形象方面仍有较大的上升空间。

深圳的现代化、上海的时尚摩登、杭州的人性化、成都的悠闲从容，都在不同程度地建构城市形象，吸引不同追求的受众旅游或定居。而武汉目前的城市形象传播缺乏城市气质的观照，并没有基于城市气质的独特核心点来建构城市形象，导致与不同的受众、利益相关者对武汉固有城市形象之间存在偏差，进而影响武汉城市对外形象。多数调查对象并不能准确识别武汉城市的气质，有一种如鲠在喉的感觉，却无法进行更形象化的表达。此外，武汉经济形象、武汉人文形象、武汉旅游形象、武汉地域形象对武汉的城市形象影响效果显著，但武汉经济形象、武汉旅游形象、武汉地域形象在建构过程中皆缺乏城市气质的观照与融入。

第三节　武汉城市气质的挖掘与提炼

城市气质是城市物质文化和精神文化遗存中提取出来的审美取向、“行为”风格、“性格”特质、价值观念。

一　审美取向：崇“高”尚“远”、多元并存

（一）自然文化景观升腾而出的“感受”

一座城市的审美取向从铸就城市记忆的文化景观可见一斑。在文化地理学中有这样一种观点：城市文化景观通常给人一种感受，伴随着这种感受的是一种难以述说的氛围，而这种抽象感受正是其文化特征的综合表征，需要人们仔细领悟才能体味。文化景观给人的感受和“氛围 ”，正是源于其无法言状的“本质特征和深层内涵”。城市历史纵横，千百年来斗

转星移，然而某些承载着历史文化的地理景观却因为历史积淀而历久弥新。后世的人们，回过头来，凝望它们，总是有一种难以描述的“抽象氛围”集结心头，帮助人们感受景观，感受历史，同样也感受着城市的气质。

地方感，顾名思义，即人们对某个地方的感受，作为人文地理学的研究范畴，意指自然对人们的审美和心理所产生的影响，由此在人们心中形成“烙印”，影响人们对地方文化的景观构图和空间布局。地方感考察不同文化如何同时使用不同程度的空间来安排他们的活动，它是文化、环境和心理共同作用，形成了当地混合而丰富的文化结构，直接塑造了一个地方的特殊气质。① 文化景观代表着城市的审美取向，当人们凝视城市文化景观的时候，对文化景观升腾而出的“感受”正是城市气质的构成部分。景观不可与人言语，其拥有的“生命长度”与“生命宽度”所延伸出来的物化特征即其表达方式。

一座城市的文化景观建筑既包括自然文化景观建筑，也包括现代人为景观建筑。黄鹤楼是武汉最著名的城市标志性建筑之一，也是武汉城市形象宣传片中出现最多的景观建筑之一。三国时期，黄鹤楼仅作为瞭望守成的“军事楼”。盛唐时期，黄鹤楼成为江夏城池的标志，作为文学景观频繁出现在诗人笔端。北宋时期，黄鹤楼仍作为江南形胜，频频作为背景意象出现在文人官员登高、送别的画面中。据可考证的文献资料，黄鹤楼的第一次被毁大约在绍兴十年（1140 年）之后。随着时间的流逝，黄鹤楼被毁已久，到了南宋后期，曾是“荆吴形胜之最”的黄鹤楼似乎逐渐被人们遗忘。元代黄鹤楼一直坚挺到元末，最终在元明之交的战火中被毁。黄鹤楼入明以后被频繁重建，经过明代的经营，作为治乱象征的黄鹤楼在清代更受重视，康熙朝就大小修建过四次。太平天国中，楼遭兵燹后，又在同治年间（1862—1874 年）彻底重建，这就是著名的“同治楼”，也是黄鹤楼历史上最后一座古楼。② 在 1800 多年的历史中，黄鹤楼被重建了 27 次，

---

① 程建虎：《文化地理学视域中的长安气质——以唐长安应制诗中的“地方感”和“秩序感”为考察视角》，《求是学刊》2013 年第 6 期。

② 邵大为：《替代与补偿：黄鹤楼与蛇山南楼关系考》，《江汉论坛》2020 年第 8 期。

历经坎坷。

黄鹤楼坐落于武汉的中心，历史上，鲜有建筑能如黄鹤楼般，历经千年仍“屹立不倒”，黄鹤楼早已与武汉融为一体，成为武汉人的共同记忆。通过对黄鹤楼景观建筑特点的追溯与考察，可以了解武汉这座城市的审美取向。

历史上，无数诗人曾为黄鹤楼题写名篇名作，景观建筑文学既能描绘景观之貌和周遭景色，为后世留下可考证的历史面貌，又能提炼景观精神气质。本书从宏观角度粗略汇总了从南北朝至清朝历代，有关黄鹤楼诗词41 首，进行微观分析。其中描述黄鹤楼形象以及登黄鹤楼所观之景的诗词有 24 首，“飞栋临黄鹤”“高楼千载倚江城”“高楼黄鹤慰平生”“黄鹤楼高人不见”“黄鹤楼高倚半天”“鹤楼千尺倚晴阑”“青山高栋自崔嵬”等诗词中频用“高”来描述黄鹤楼之“千尺”形象，将黄鹤楼的高大、巍峨展现得淋漓尽致。后人读诗，如临楼。地方感主要从“水平空间向度和中心概念”“垂直空间向度”两个维度体现。巍峨雄壮的黄鹤楼体建筑，地处蛇山之巅，濒临万里长江。登黄鹤楼，俯瞰两江三镇，极目楚天，“垂直空间向度”，黄鹤楼尽显“高阔”之感。

将黄鹤楼作为游宴玩赏胜地的诗词有 4 首，作为送别地点，表达离别之情的有 10 首，“送君黄鹤楼”“故人西辞黄鹤楼”“朝别黄鹤楼”“昔别黄鹤楼”诗词中“送”“辞”“别”地点均位于黄鹤楼。究其原因，一是缘于武汉处于特殊的地理位置，是中国的心脏，是人们南来北往所必经之地，而黄鹤楼地处武汉，自然成为人们寄托离别之情的内心栖息地。二是因为黄鹤楼得天独厚的地理位置，地处两江合流处，放眼望去，尽是“江水映悠悠”“唯见长江天际流”“槛外长江空自流”。山水之地，历朝历代总是能让人们产生更多的人生感叹和家国愁思，恰如岳飞的希冀“却归来、再续汉阳游，骑黄鹤”。“水平空间维度”，黄鹤楼既在武汉地理位置“中心”，也在人们心中的“中心”。黄鹤楼景观建筑“高阔居中”，从历史长河中武汉对黄鹤楼千年来的不断修葺，可以看出武汉对高阔居中建筑之重视，同时间接反映了武汉这座城市的审美取向——崇“高”尚“远”。黄鹤楼文化景观即代表着武汉这座城市崇“高”尚“远”的审美取向，而黄鹤楼文化景观千百年来所独具的景观特质，所升腾而出的“感受”，同时也在建构着地方的审美取向。这一点，在武汉城市形象宣传片中的拍摄手法中即有某种程度的体现。武汉的城市宣传片的拍摄，多以高空镜头进行城市整体的诠释。在《大城崛起》宣传片中，前1分16秒采用了16个高空镜头对武汉城市的景观加以展现。

（二）近现代人文景观呈现出的建筑特点

武汉的近现代人文景观建筑特点呈现出一种兼收并蓄、多元并存的审美取向。这种审美取向，不仅体现在建筑风格的多元并存上，同时也体现在文化的兼收并蓄上。武汉地处荆楚文化的发源地，建筑风格多受楚文化的影响。湖北出版文化城，两边双塔对称呈H形，似楚望台，其建筑顶端两片曲线弧形造型，寓意展翅高飞的“九头鸟”。湖北省博物馆在建造过程中，则融入了更多的楚文化，干栏式墙面、绿顶直坡屋顶，展馆区域的整体布局高度体现了楚式建筑的轴对称，一台一殿、多台一组、多组成群的高平台建筑布局格式。①

此外，中西文化的交融也在武汉这座城市展现得淋漓尽致。武汉博物馆建筑顶端采用埃及金字塔造型，以一种隐喻和概括的方式体现了中西文化的交融。武汉图书馆不仅体现了建筑本身的象征意义，而且似巴黎的万神殿，用穹顶覆盖共享采光空间，整个建筑比例匀称，功能合理，丰富了景观。江汉关大楼作为汉口城市的标志，融合了英国钟楼建筑形式、欧洲文艺复兴时期风格。黎黄陂路建筑旧址集英、法、俄、德、日五国建筑风格。宗教文化也将武汉城市的建筑塑造得更加多元立体，古德寺运用古罗马建筑的结构，混合欧亚宗教建筑特色，堪称“汉传佛寺第一奇观”，具有极高的历史、文化、建筑研究价值。

武汉建筑风格审美取向的多元并存，也正是武汉各种文化的多元并存。武汉的人文建筑景观特色鲜明，不仅拥有历史厚度，同时也是各种文化的表达载体。武汉的人文建筑景观原始且各具风格，楚汉文化的熏陶、中西文化的交融，将武汉这座城市打造得更加多元立体。如果将城市比拟为人，那么建筑即为城市的“服饰”，体现着城市的审美取向，而这审美取向正是城市气质的体现。多元文化熏陶下的城市，其建筑特

---

① 王毅：《武汉建筑文化浅析》，《华中建筑》2005年第4期。

点必然呈现出多元并存的特征，城市的审美取向也由此更加多元立体。

二　“行为”风格：敢作敢为、重信守诺

（一）历史重大事件中的“在场”武汉人行为

一座城市的行为风格可从其历史纵横间的事件和人物的行为方式中探寻。武汉的城市精神口号为“敢为人先，追求卓越”，从某种程度上来看，源自辛亥革命史。武汉是辛亥革命的爆发地。1911 年（农历辛亥年）10 月 10 日晚，湖北地区新军工程第八营的革命党人组成敢死队，打响了辛亥革命的第一枪。

次日，革命军在武昌红楼建立了中国第一个共和政府——鄂军都督府，选举黎元洪为都督，并宣布废除宣统称号，建立中华民国。义声初起，举国响应。仅仅几个月，清王朝统治土崩瓦解，结束了长达 2000 多年的皇权专制制度，打开了民主共和的大门。武昌因而被誉为“首义之区”。辛亥革命传播了民主共和思想，极大地促进了中华民族的思想解放，产生了巨大的冲击和影响，推动了中国的社会改革。

打响辛亥革命第一枪的熊秉坤正是武汉江夏人，也是辛亥革命的代表人物。面对严峻的革命形势，危险丛生，熊秉坤并没有坐以待毙，毅然决然地与身边的战士们首先起义，为其他各营起义供应武器弹药。正是熊秉坤的大义凛然，为之后的各地起义营造了良好的时机；也正是与熊秉坤一同抗争的无数武汉烈士的敢作敢为、敢为人先、不怕牺牲的精神，才有了那段觉醒中国人民的辛亥革命史。

行为风格与文化的熏陶有着密不可分的联系。武汉地处长江中下游，是战国时期楚国的领地之一，与荆楚文化一脉相承。荆楚文化得名于楚国和楚人，时间跨度从周代至春秋战国时期，是兴起于江汉流域的一种地域文化，以如今的湖北地区作为主要辐射地。

荆楚文化的精神特质，可概括为“抚夷属夏”的开放精神、“筚路蓝缕”的创业精神、“深固难徙”的爱国精神、“一鸣惊人”的创新精神、“止戈化武”的和合精神。[①] 如果说，楚国先民是以其禀赋和特质于蛮荒中

① 徐凯希等：《试论辛亥首义精神与时代精神》，《湖北社会科学》2009 年第 11 期。

开疆拓土，从而成就了“楚地千里，饮马黄河，问鼎中原”的霸业，那么，辛亥年间的首义志士也是以这些基因熔铸了他们的人格，从而创造了划时代的壮举。辛亥首义文化是荆楚历史文化的延伸的传承。荆楚历史文化中敢为人先的开拓精神在辛亥首义中得到了充分的体现。

每个地方有每个地方的历史与文化，一方水土滋养一方人，辛亥起义中的革命党人敢为人先、敢作敢为的精神，正是武汉人所具有的精气神。这座由继承荆楚文化而打响近代革命的城市，其所铸就的精神气质也是永垂不朽的。一次开天辟地的革命，沿革出一座勇敢无畏的城市。敢作敢为，是这座城市的魅力所在，同时也是这座城市的气质之根。

（二）践行武汉城市精神的近现代武汉人

武汉人重商，同时也重信义，注重知行合一。民国时期，汉口商人沈祝三破产助学的佳话流传至今，体现了武汉商人信守承诺的品质。沈祝三创办的汉协胜营造厂负责承包武汉大学校园工程，前后总计 26 幢建筑，面积达 78 万平方米，造价约 400 万银元。然而，在中标完成后，世界经济危机爆发，材料价格疯涨，加之 1931 年长江大水，汉协胜营造厂遭受巨额亏损。沈祝三本可以申请破产，但他认为作为商人，应该重信守诺，毅然选择将自己的私宅和建材公司向银行抵押贷款，保证工程如期进行，同时坚持百年以上品质标准。八年后，他用他的坚持和守诺，向世人展现了一组近代最大、最美的高校建筑群。为此。沈祝三不惜背上 100 万元的本利债务。

在现代，武汉人依然用自己的行为践行着武汉城市精神，信义兄弟即为其中之一，他们用他们的担当与大义感动着武汉，也感动着全国。2010 年的农历新年，哥哥孙水林为赶在过年前，将工资发到农民工的手上，在从天津赶回武汉的路上，遭遇车祸，全家五口不幸遇难。弟弟孙东林，为完成哥哥的遗愿，强忍悲伤，再次踏上回武汉的路途，“我们家这个年是过不成了，但不能让跟着哥辛苦一年的工友们也过不好年”。就这样，在农历新年到来前，60 多名农民工都如愿领到工资。当年的感动中国颁奖词写道：“言忠信，行笃敬，古老相传的信条，演绎出现代传奇。他们为尊严承诺，为良心奔波，大地上一场悲情接力。雪夜里的好兄弟，只剩下孤独一个。雪落无声，但情义打在地上铿锵有力。”

沈祝三、信义兄弟将重信守诺视为自己的人生信条，即使面临生命所给予的磨难，他们仍坚持自己的初心。沈祝三、信义兄弟是千千万万个武汉人的缩影。他们所代表的正是武汉人的精神面貌。当年的武汉市市长曾这样评价道："孙氏兄弟事迹感人。这就是典型的武汉人，信义、守诺、豪气，我为这样的武汉人而自豪。"一个城市多数人的行为风格，即代表着整座城市的"行为"风格。当一个城市的人处理事情都拥有着类似的行为风格，那么这种行为风格随着时间的流逝，将篆刻入城市的血液中，成为城市的"行为"风格。沈祝三、信义兄弟的行为具有偶发性，同时也具有必然性，他们正是司马迁名句"楚人重然诺"的完美写照，也是武汉城市"行为"风格的典范。

三 "性格"特质：率真大气、乐活讲究

（一）"爱恨交织"的武汉方言

城市的"性格"特质，可以从地方方言、特色饮食表达中体会。武汉方言，是普通话声调的变换版本。初来乍到的外地人，通常粗略识得武汉方言的意思，却也容易被武汉方言的外表所欺骗，武汉方言呈现出一种"爱恨交织"的尴尬局面。然而这尴尬局面的背后，则是对武汉城市气质的忽略。武汉方言从某种程度上来看，正是武汉城市风格的体现。武汉人将武汉人的率真大气与武汉方言融为一体，造就了武汉城市率真大气的格调风韵。而恰恰是这份率真大气，太过平铺直叙，太过直接，往往造成人们对武汉的"误解"。

真正了解武汉城市的"性格"特质，需从武汉的地方方言着手。武汉方言大气直白，在历史的长河中，受到地方文化的熏陶，表现出独特的汉腔，如"玩么事呢？总要玩点么事啊？"① 江湖气，往往给人一种大气的印象。武汉的方言中有着许许多多的江湖词语，如"讲胃口"指讲面子、讲信义、兑现承诺，"到堂"指说话做事周到，"梗脑壳"指亲密的朋友。

类似的还有"拐子"，武汉人习惯用拐子与人熟络，用普通话解释，"拐子"与"哥们"相近。"卵子"与"不"的意思相近，但比"不"更

① 池莉：《冷也好热也好活着就好》，江苏凤凰文艺出版社，2014，第14页。

有个性色彩也更为生动，可以说是当代年轻市民含着自嘲意味的否定专用词，相当于英语中的“NO”。[①] 各地都有不同的方言，代表着各地人们不同的说话方式。方言一方面是人们的日常生活用语，同时也从另一方面反映了当地人们的人际交往模式。透过各地不同的说话方式，人们可以感受出各地不同的城市性格，也即城市的格调气韵。从这个意义上来看，武汉人在人际交往中更率真、坦诚，而武汉城市性格中的率直也可从武汉方言中窥见一斑。正如池莉书中所描述的：“‘敞——的！’这就是武汉大城市气派，许多城市都是没有这份气派的。”

（二）讲究搭配的特色饮食

“过早”是武汉独有的特色。在武汉这座四通八达的江城，“过早”文化成了武汉的饮食文化。汉口码头的兴起，吸引了大量码头工人、商人。一大清早，商人们出门揽客跑生意，工人们江边码头卸载货物。人们为了赶时间，通常都会边赶路边食用早餐。[②] 早餐是一天中最重要的一餐。而武汉人对早餐的重视可以通过各色各样的早餐食物来体现：老通城的豆皮、一品香的一品大包、蔡林记的热干面、谈炎季的水饺、田恒启的糊汤米粉、厚生里的什锦豆腐脑、老谦记的牛肉炒豆丝、民生食堂的小小汤圆、五芳斋的麻蓉汤圆、同兴里的油香、顺香居的重油烧卖、民生甜食的伏汁酒、福庆和的牛肉米粉。[③] 武汉对“过早”，不仅讲究种类，还讲究相互之间的搭配。热干面配鸡蛋米酒，热干面配清米酒，热干面加一只面窝配鸡蛋米酒，热干面加一根油条再配清米酒：这是武汉人围绕热干面的种种绝配。[④]

外地人都不理解的武汉路边“过早”，却是武汉人最习以为常的饮食方式。武汉人的“过早”讲究选择，讲究搭配，讲究口味。武汉人对“过早”的精致要求，也侧面反映出武汉人对饮食、对生活的追求。其中也可以看出武汉人的独特个性以及武汉这座城市乐活的独特气质。此外，武汉还有著名的消夜文化。一年四季，无论什么季节，武汉人都会风雨无阻地

---

① 池莉：《你以为你是谁》，江苏凤凰文艺出版社，2014，第 98 页。

② 马晨希：《武汉方言修辞造词现象》，硕士学位论文，华中师范大学，2020。

③ 池莉：《冷也好热也好活着就好》，江苏凤凰文艺出版社，2014，第 16 页。

④ 池莉：《生活秀》，江苏凤凰文艺出版社，2014，第 215 页。

完成消夜这一狂欢仪式。“过早”户部巷，消夜吉庆街。一早一晚，武汉人将对生活、对食物的讲究融于日常的每一处细节中。通过对武汉特色饮食的描述，一个乐活讲究、充满市井烟火气息的武汉城市形象油然而生。

四 价值观念：开放包容、求新嬗变

（一）码头林立的方位格局

现代科学文明高速发展前，人们从事经济贸易主要依靠水路。武汉地处中国腹地、长江汉水的交汇处，南来北往的商人往往会选择将武汉作为交易中转地。随着商业规模的扩大，作为商品流通中心的码头应运而生。码头的功能是集散和流通，城市也是配送和集散的产物。

武汉市的发展与变迁与武汉码头的兴衰息息相关。1736 年建成的汉口天宝巷码头是武汉最早的码头。在此之前，由于长江东西贯通，汉江连接南北。武汉逐渐成为重要的交通枢纽和战略要地。随着商品经济的发展，到明末清初，汉口已成为中部地区著名的集散商品的枢纽。19 世纪 60 年代，汉口开埠。随着租界的建立和近代航运在长江上的不断发展，长江两岸陆续建起了一批现代化的航运码头。1863 年，英国宝顺洋行在汉口港建立了第一个船舶码头。繁荣的港口码头使武汉成为中国近代最重要的对外贸易港口之一。武汉被外国人誉为“东方芝加哥”。

武汉作为商埠城市，商业云集、工厂林立、学校遍布，人口密集，素有“大武汉”之称。100 多年前，武汉便是一个对外开放的港口城市，开放性和外向度均高于其他内陆城市。武汉是一个大商埠，当然也是一个大码头，所以时下有论者认为武汉文化就是大码头文化。相较于狭义的码头文化，大码头文化具有更强的概括力。① 大码头文化不仅仅是狭义上的码头文化，还是更具包容性的商埠文化。码头是商品的集散和流通之地，同时也是南来北往之人的聚散之地。汉口也一度成为移民之地，国内如浙商纷纷来到武汉，不少外国人也相继来到汉口。汉口街道宽敞平整，当年铺的全是磐石，来自四面八方的人在这里交汇，旅客居多，“瓦屋竹楼千万

---

① 皮明庥：《论武汉商埠文化——大码头文化》，《湖北大学学报》（哲学社会科学版）2011 年第 5 期。

户，本乡人少异乡多”。[①]

百年前就有此般盛况，现如今则尤甚之。改革开放后，汉正街本地人的比例越来越小，而来自其他地区的人占大多数。汉口六渡桥部分市场几乎全部由浙商经营管理。与移民问题有关的是，汉口口岸开放后外国商人的涌入。外来移民带来了各自不同的地域文化，使汉口文化逐渐从单一的地域文化演变为复杂开放的城市文化。

各地文化在这里碰撞、交融，使武汉升腾出一种开放包容的气质形象。早在汉口兴起之初，就是“五方杂寓，家自为俗”。[②] 随着商业活动的繁盛以及各地文化与风俗不断传入汉口，武汉呈现出商贾辐辏，杂有吴越川广风的气质。[③] 清代文人范锴曾这样描绘：“路衢四达，市廛栉化，舳舻衔接，烟云相连，商贾所集，难觏之货列隧，无价之宝罗肆，适口则味擅错珍，娱耳则音兼秦赵。”[④] 在《汉口竹枝词》作者叶调元的笔下，汉口有蜀锦吴绫、西馔苏肴、吴讴楚调、秦俗赵风，[⑤] 汉口文化更是百态纷呈。

开放的环境造就大气的气质和乐观的性格。回顾码头变迁、商埠文化，此时的武汉更像是一位包容开放的母亲，她广纳万千气象，永远以包容开放的心态接纳周遭的一切。

（二）大江大湖的地理环境

武汉城市的价值观念可以从武汉的地形地貌中一探究竟。水是地理元素中对人影响最大的元素。水环境作为自然地理环境的重要组成部分，其变迁影响着人类社会和文化的演变，对区域文化的形成和发展起着重要作用。[⑥]武汉江河湖泊繁多，长江汉水从武汉三镇穿流而过，长江在武汉段市内总长达 145 公里，汉江在武汉段市内总长达 112 公里。除了两大河流外，武汉还有不少分支河流，如东荆河、汉北河、天门河、府河、通顺河、怀水、滠水、举水、尽水、倒水等。武汉大小湖泊也有 200 多个，全市湖泊

---

① 江浦等校释《汉口丛谈校释》卷二，湖北人民出版社，1999，第 132 页。

② （明）李贤等：《大明一统志》卷五九《武昌府 · 风俗》，方志远等点校，巴蜀书社，2017，第 2532 页。

③ 汉阳县志编纂委员会主编《汉阳县志》，武汉出版社，1989。

④ 江浦等校释《汉口丛谈校释》卷六，湖北人民出版社，1999，第 367 页。

⑤ （清）叶调元：《汉口竹枝词校注》，徐明庭、马昌松校注，湖北人民出版社，1999。

⑥ （明）王士性：《广志绎》卷四，吕景琳点校，中华书局，1997。

水面积达867平方公里。

《老子》云："上善若水，水善利万物而不争，处众人之所恶，故几于道。"老子把水提升到德性的高度，他认为水是柔软的、谦卑的，滋润着一切，却不与之抗衡争利。水的这种特性是接近道的。上善之人也应该利于万物，甘于卑下，不与人争，心胸开阔。武汉，江穿湖绕，众水云集，水对武汉人的性格和精神气质产生了重要的影响，从而塑造了武汉城市的价值观念。水的流性气质，为武汉带来了人流、物流、资金流、信息流。武汉永远以一种敞开的心态欢迎四面八方来客。

刘晓彦曾说："武汉是中国最具流动感的城市。"① "动"使事物处于不断地发展和演变状态。水系的庞杂，使武汉具有先天的流动性，正是这流动性给武汉带来了机遇。水常流，物常新。武汉随着水的流动，永远以一种求新嬗变的价值观念向前发展。

第四节　城市气质传承视角下形象传播的提升路径

一　基于城市气质的核心特质，重构武汉城市形象品牌

综上，城市气质已从虚拟场景进入现实场景。至此，本书认为武汉的城市气质可以概括归纳为以下几点：崇"高"尚"远"、多元并存的审美取向，敢作敢为、重信守诺的"行为"风格，率真大气、乐活讲究的"性格"特质，开放包容、求新嬗变的价值观念。城市气质中的价值观念可作为城市品牌DNA的核心价值观，城市气质中的"性格"特质可作为城市品牌DNA的个性特征，城市"行为"风格、审美取向可作为城市品牌DNA的品牌差异点。通过第三章对城市形象影响因素的分析，本章发现武汉城市经济形象、武汉城市人文形象、武汉城市旅游形象、武汉城市地域形象对武汉的城市形象影响效果显著。由此，本章认为可以针对武汉城市气质特质，结合以上几个重要影响因素，重构武汉城市形象。通过调查研究发现，武汉城市的烟火气息和英雄气质是调查对象所提及最多的，也是

① 刘晓彦：《中国城市性格》，中国物资出版社，2005，第45页。

武汉给人们印象最深刻和最令人满意的核心点。烟火气息同样也反映了一个城市的乐活态度和地域特征。作为群居动物的人，离不开人间烟火，而人间烟火也最能抚慰凡人心。因此，本书认为武汉在城市形象重构的过程中，应以打造极具烟火气息、“率真大气、乐活讲究”的地域形象，具有英雄气质、“敢作敢为、重信守诺”的人文形象为主，辅以“开放包容、求新嬗变”的经济形象和“崇‘高’尚‘远’、多元并存”的旅游形象。具体措施如下。

（一）理念识别：植入“开放包容，求新嬗变”的核心价值观念

当下武汉正处于发展的关键时期，将包容开放、求新嬗变的武汉城市气质植入城市形象品牌核心价值观念，作为城市形象的理念定位，一方面将有利于改善城市的招商引资环境，另一方面将极大促进武汉城市发展。在对比研究的过程中，我们发现以“开放包容”作为城市价值观念的城市不在少数，其中深圳、上海、杭州、成都均在一定程度上展现了其开放包容的理念。那么，武汉所拥有的“开放包容、求新嬗变”价值观念该如何在重重竞争中脱颖而出呢？本书认为应将武汉城市气质中的“开放包容、求新嬗变”作为武汉城市品牌 DNA 的核心价值观，打造武汉城市理念形象，使“开放包容、求新嬗变”的价值理念成为武汉城市形象品牌的发展定位。武汉城市形象所传达出的“开放包容、求新嬗变”并不是简单的城市宣传口号，而是武汉城市气质的特征呈现，其具有更广泛的时间和空间累积效应。

武汉城市经济形象对武汉的城市形象影响效果显著。具体而言，可以将“开放包容、求新嬗变”的价值观念贯穿于武汉城市经济形象的发展定位。各大城市都在不遗余力地打造“开放包容”的城市经济形象，然而武汉城市的“开放包容”却有着一种与生俱来的天然优势。武汉城市经济形象在宣传的过程中，应将武汉得天独厚的地理位置和资源条件加以强调，将“开放包容”的武汉气质以一种可视化的形式，带给受众直观的感受，同时着重突出“开放包容、求新嬗变”的城市经济发展定位 。

（二）视觉识别：突出“率真大气、乐活讲究”的个性特征

“率真大气”是武汉城市气质的特质，然而在问卷调查访谈中，也有调查对象认为重庆同样具有“率真大气”的特征。“乐活讲究”传达出武汉这座城市的生活态度。论及城市“讲究”的特质，武汉恐怕也不及上海这座城市的“讲究”。20 世纪的上海，在无数文人墨客的笔下，尽显格调，他们讲究风情万种，讲究唯美，讲究时髦，讲究物质，讲究细节。[①] 然而武汉却是唯一将二者融于一体，却又不失协调的城市。城市视觉形象是城市给人的视觉外在呈现，主要表现为城市标志、城市基础设施、城市规划等方面。本书认为应将武汉城市气质中“率真大气、乐活讲究”的性格特质作为武汉城市品牌 DNA 的个性特征，打造武汉城市视觉形象，使“率真大气、乐活讲究”的个性特征成为武汉城市形象品牌的标志性表达。

武汉城市地域形象对武汉城市形象影响显著。具体而言，可以从武汉城市地域形象建构着手，将“率真大气、乐活讲究”的个性特征内化于武汉城市地域形象建构。城市地域形象影响着人们对一个城市的整体感知。良好的地域形象，是所有城市形象传播的终极目标。武汉人重吃、善吃，以乐活讲究的态度面对生活，使武汉升腾出浓郁的烟火气息，而这也正是武汉这座城市的魅力所在。然而，目前看来，相对于成都、重庆这两座城市人间烟火气息的传播，武汉仍逊色不少。烟火气，是人们对一座城市归属感的开始。有生活，才有城市。“过早”户部巷，消夜吉庆街。户部巷、吉庆街都是充满特色的武汉小吃街，也是武汉饮食文化的代表性地标。本书认为在地域形象的重塑过程中，应充分结合武汉城市气质中的“率真大气、乐活讲究”，将“率真大气、乐活讲究”的个性特征融入城市的标志呈现中，突出武汉充满烟火气息的个性特征，打造一座极具辨识度和归属感的城市地域形象。

（三）行为识别：强调“重信守诺”“多元并存”的城市形象品牌差异点

“敢作敢为、重信守诺”体现的是城市气质中的“行为”风格。城市行为识别系统包含城市中个体或群体的行为模式，将“敢作敢为、重信守诺”的城市“行为”风格作为武汉城市形象品牌差异点，将加深人们对城市行为形象的识别。2020 年，对于武汉来说是极不平凡的一年，武汉人民用自己的坚韧与顽强与病毒做斗争。武汉疫情结束时，武汉通过一系列的

---

① 李黎：《论九十年代以来上海城市书写的女性气质》，硕士学位论文，山东大学，2008。

免费湖北游、医护人员武大樱花游等方式，表达对全国人民的感恩之情。在访谈性问卷调查中，多数调查对象均提及武汉的英雄气质。敢作敢为、重信守诺，皆可表示对英雄人物的赞许。将武汉城市气质中“敢作敢为、重信守诺”的“行为”风格作为武汉城市品牌 DNA 的品牌差异点，打造武汉城市行为形象，使“敢作敢为、重信守诺”的“行为”风格成为武汉城市形象品牌的行为规范内容表征。

武汉城市人文形象对武汉城市形象影响显著。具体而言，可以从武汉城市人文形象建构着手，将“敢作敢为、重信守诺”的“行为”风格融入武汉城市形象的行为规范宣传。敢作敢为、重信守诺是一直被中国人推崇的美好品格和个人特质，打造英雄气概的武汉城市形象，将有效提升武汉的人文形象，吸引更多的人前来。

崇“高”尚“远”、多元并存的城市气质同样可以作为城市形象行为识别系统中的品牌差异点。武汉城市旅游形象对武汉城市形象影响显著。城市旅游形象对城市的发展起着至关重要的作用。旅游是人们踏进一座城市的第一步，而吸引人们前往的则是城市的旅游形象。对比同为竞争城市的杭州、西安，武汉旅游形象略逊一筹。崇“高”尚“远”尽辽阔，与“大武汉”的“大”相得益彰。多元并存显智慧，白云黄鹤处，静待少年来，将“多元并存”的审美取向作为武汉旅游城市形象品牌的差异点，强调武汉对各色文化、各类人群、各种风格的诠释与融合，以及武汉所具有的城市大智慧：一座能容下每一个不同的你的城市。

二　多方联动，创新城市形象传播路径

（一）政府机构：把握城市气质，定位宣传主题，塑造气质表达载体

政府作为城市管理者，是城市形象传播的引领者。武汉市政府相关机构承担着城市形象的对外传播职责，应把握武汉城市形象品牌发展定位，充分协调城市的整体资源，从宏观角度统筹协调，在城市经济形象宣传片的制作过程中，以彰显“开放包容、求新嬗变”的城市气质作为评定标准。武汉城市经济形象宣传片，可以从武汉城市气质的特质出发，围绕“开放包容、求新嬗变”城市气质的突出，将其作为宣传片主题，举行大型学术研讨会、邀请武汉本地学者以及武汉当地的文人作家积极建言，同

时与国际有名的城市品牌形象传播机构进行全方位合作，聚合与该特质相关的城市气质表征内容，对武汉自身所拥有的地理资源以及资源背后的历史人文进行深入挖掘和提取，侧重宣传武汉“包容开放、求新嬗变”的城市形象。

政府机构同时也是城市市容市貌的管理者，武汉市政府相关机构应挖掘和塑造突出“率真大气、乐活讲究”城市地域形象品牌表达载体，将其充分融于市容市貌的规划和建设中，加强武汉城市地域形象的建设。政府相关机构进行城市内部市容市貌的规划管理时，在街景市貌以及游客众多的景点，侧重于对“率真大气、乐活讲究”的武汉城市气质的内容推广，帮助人们更好地理解武汉人的性格特征。比如，政府相关机构可以在城市的旅游景点，以普通话和武汉方言两个版本进行文化景观介绍或用可视化视频对武汉方言进行详尽的介绍。沉浸式的武汉方言体验，将拉近游客与武汉城市的距离，而避免产生不明缘由的误解。

（二）媒介层面：聚合城市气质，高频输出表征内容，传承式引导

媒介机构作为城市形象传播的传播者，是城市形象传播的引领者。武汉市相关媒介应将“率真大气、乐活讲究”的个性特征塑造为武汉地域城市形象品牌的标志表达，将“率真大气、乐活讲究”的核心概念植入受众内心，围绕武汉城市地域形象的塑造，具体可以在日常新闻的宣发中，寻找最能体现“率真大气、乐活讲究”气质的新闻亮点，将城市形象宣传于潜移默化中融入新闻宣传。城市本土新闻在传播的过程中，将展现“率真大气、乐活讲究”城市气质的人物故事，重点挖掘，长期滚动输出。这一点，可学习借鉴杭州的经验做法，杭州如今的人性化特质早已深入全国人民的心中，得益于其有关城市人性化新闻的高频输出。武汉的城市气质为“率真大气、乐活讲究”，体现在武汉的每一个角落，新闻媒体应以小见大，给予充分的挖掘和提取，并加以传播。

媒介机构同时也是城市行为规范的引导者，武汉市相关媒介机构应在城市行为规范的引导过程中，将“敢作敢为、重信守诺”作为引导主旨，充分展现武汉人文形象。媒介机构在对武汉城市行为规范的引导过程中，应从武汉历史人文中挖掘体现“敢作敢为、重信守诺”的历史人物故事，同时也应从现代社会中挖掘，体现出武汉气质传承、历史传承之态。

（三）受众层面：洞悉城市气质，注重个人涵养，化传播于无形

个人作为城市形象传播的受众层面，是城市形象传播的助力者。作为受众层面的武汉市民，应充分认识到“敢作敢为、重信守诺”的“行为”风格是武汉人文城市形象品牌的行为规范内容表征，了解武汉城市气质特质以及武汉城市气质传承的历史渊源，明白自己的城市为何是今天的模样，从而也更加明白自我性格与城市的关系。一个人只有透彻地了解自己，才能更加接纳自己。对城市亦如此，了解城市气质特征与自我的关系，从而增强自我归属感和城市凝聚力，在个人的人际交往中，也能更加客观地看待世界，于无形中成为城市形象传播者。

个人作为城市形象传播的受众，同时也是城市形象的传播者。政府管理者、媒介机构建立的城市形象传播官方账号是传播渠道之一，武汉本土市民的账号也是城市形象展示的重要渠道。个人不仅应自觉地在日常生活中规范自身行为，同时也应在网络人际交往中加强自身修养。

（四）内容层面：紧贴城市气质，捕捉生活画面，融合城市影视和文学书写

在访谈性问卷调查过程中，其中不少调查对象皆对武汉的烟火气息、特色风格建筑加以称赞。“乐活讲究”的气质下所呈现出来的正是武汉这座城市的烟火气息，城市形象传播内容可以从展现武汉的烟火气息出发，将武汉的“过早”文化、消夜文化、日常生活画面作为内容题材背景，对“乐活讲究”的武汉地域形象加以宣传。对此，可以参考重庆。武汉与重庆在某种程度上有着相似的特征，然而不同于重庆对麻辣口味的追求，武汉既有南方饮食风格的甜糯，也综合了重庆、成都饮食风格的麻辣，这一点，既源于武汉城市“乐活讲究”的气质，同时也将“多元并存”的城市气质体现得淋漓尽致。“多元并存”从表面看，体现的是建筑风格的多元；从深层次看，则为文化的多元与交融。

网络热播剧《风犬少年的天空》以重庆为拍摄背景地，受众在观看的过程中，除了感受故事情节，同时也进入心灵场，回味重庆这座城市的气质风韵，感受重庆的人间烟火。然而，将武汉作为拍摄背景地的影视剧作屈指可数。池莉的小说《来来往往》虽然曾以20世纪武汉的故事为拍摄背景，制作出影视剧，然而距今已20余年，除了中老年人熟知，年轻人鲜

少了解。对此，本书认为武汉可以首先引导本土文人进行城市文学书写，同时与影视团队合作，将武汉城市气质的“崇‘高’尚‘远’、多元并存”“敢作敢为、重信守诺”“率真大气、乐活讲究”“开放包容、求新嬗变”充分融入人物形象和景观选取中。

第五章　城市形象视角下武汉政务新媒体传播策略

第一节　现状分析：基于城市形象视角对武汉政务新媒体传播的量化观察

蓬勃发展的新媒体影响到各级政府及相关部门，“两微一端”俨然成为其发布信息的标配，而短视频平台的加入带来了新活力和能量。宣传旅游资源，为本土发声，提升城市好感度，不乏优秀的政务新媒体为武汉市带来了新光彩，武汉成为名副其实的“网红城市”，赢得了民众的追捧。

一　城市特性维度：城市内核的窗口展示

（一）政务微信公众号账号数据对比

为了更客观地观察各城市政务微信公众号的账号数据及情况，本章选取了2021年11月1日至11月30日一个月数据进行研究分析，如表5－1所示。

表5－1　政务微信公众号数据对比

单位：条，次

微信公众号	城市级别	地理位置	发文数	总阅读数	头条阅读数	平均阅读数	总在看数	总点赞数	WIC*
上海发布 上海发布 Shanghaifabu	直辖市	东部	565	3125W＋	1457W＋	55313	10W＋	19W＋	1888.87

续表

微信公众号	城市级别	地理位置	发文数	总阅读数	头条阅读数	平均阅读数	总在看数	总点赞数	WIC *
成都发布 cdfb-szfxwb	省会	西南部	426	1323W +	852W +	31065	38811	73993	1675.68
南京发布 nanjingfabu	省会	东部	198	627W +	473W +	31680	12507	22695	1517.23
苏州发布 suzhoufabu	地级市	东部	102	645W +	612W +	63272	22411	39407	1591.50

注：* WIS 为微信传播指数，通过公式将整体传播力（60%）、篇均传播力（20%）、头条传播力（10%）和峰值传播力（10%）加以权重来评估微信影响力，指数越高说明账号影响力越大。

1. 信息密度

如表 5 - 1 所示，四个城市的政务微信公众号总阅读量以及头条阅读量都能破百万次，说明其微信公众号有极广的传播受众，文章对受众吸引力强。其中“上海发布”和“成都发布”发文较多，平均一天分别发布 19 条、14 条，信息发布十分密集。但数据显示其关注度仍很高，平均每条都达到了 3 万—5 万次的阅读量，因此只要文章内容符合受众需求，民众对高频次、多信息传达并不反感，这反而能增强公众号存在感。

2. 互动指数

另外从总体来看，“上海发布”的各项指标都遥遥领先，尤其是“在看数”“点赞数”这类互动指标与其他城市拉开了较大差距，“点赞”和“在看”属于更深一层的互动，其数量越多，受众对文章内容越认可，这无形中会提升受众对政府的信任度和好感度，可见“上海发布”公众号整体很受民众欢迎，其内容深受认同。

3. 城市行政属性

一般来说省会城市受众更广、关注度更高，但从“苏州发布”和“南京发布”对比来看，“苏州发布”各项指标高于“南京发布”，可见政务新媒体所属城市级别对其影响不大。此外同为省会城市，从地处更发达的东部地区“南京发布”与相对偏闭塞的“成都发布”数据来看，“成都发布”各类数据表现更好，因此经济因素、地理位置未成为影响政务新媒体账号运营的重要因素。

综合以上可见，城市本身属性对各类指标数据变化的核心影响并不明显。政务新媒体账号影响力的大小的确与城市各类资源息息相关，但更关键的是运营主体的运营能力，如何打造、宣传出城市“新形象”，吸引民众关注、旅游是政务新媒体小编的重要课题。尤其是在新媒体时代，信息传播快速到达每一个终端，极大地打破了空间限制，城市之间各自平等，酒香不怕巷子深，即使是小城市或偏远地区，通过良好的运作也能起到很好的传播效果。2020 年 11 月四川甘孜藏族少年丁真凭借一段 30 秒抖音视频走红，走红后丁真受到当地旅游局邀请成为家乡理塘的宣传大使，为家乡旅游拍摄了宣传片。丁真的人气给这个小县城带来了巨大的流量，2019 年理塘每天接待散客不足 50 人次，2020 年的“十一”长假期间，理塘县接待游客 13.8 万人次，旅游总收入 1.52 亿元。[①]

（二）政务微信公众号账号设置对比

微信公众号被关注时的欢迎语和底部菜单栏构成了民众对该账号的第一印象，欢迎语能体现政府部门对受众的态度以及第一时间想呈现给民众何种内容，也可理解为“初次的议程设置”。底部菜单栏是微信公众号最具功能性的设定，用户可以通过点击菜单栏链接到各类其他内容，菜单栏能随时调整、改变和折叠不同内容，达到“二次议程设置”的目的，并具有极强的灵活性（见表 5－2）。

① 林婧璇：《丁真走红一年后，“流量为王”时代依然需要真诚》，https://mp.weixin.qq.com/s/2Nf94MzKKajSsrOIfYcqNA，访问时间：2022 年 6 月。

表 5－2　政务微信公众号账号设置对比

账号	关注图示	欢迎语	底部菜单栏	定位
上海发布	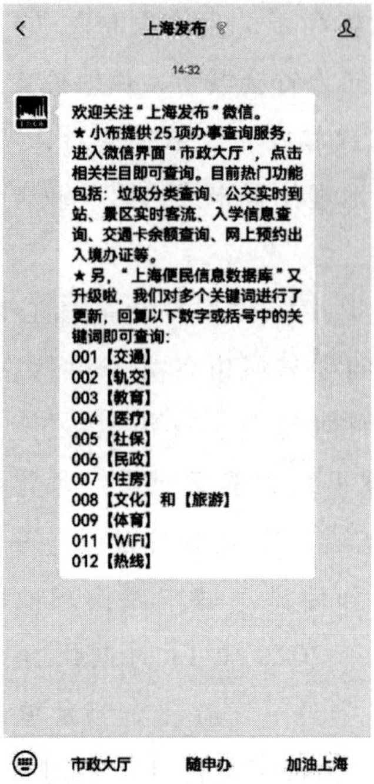 上海发布 14:32 欢迎关注"上海发布"微信。 ★小布提供25项办事查询服务，进入微信界面"市政大厅"，点击相关栏目即可查询。目前热门功能包括：垃圾分类查询、公交实时到站、景区实时客流、入学信息查询、交通卡余额查询、网上预约出入境办证等。 ★另，"上海便民信息数据库"又升级啦，我们对多个关键词进行了更新，回复以下数字或括号中的关键词即可查询： 001【交通】 002【轨交】 003【教育】 004【医疗】 005【社保】 006【民政】 007【住房】 008【文化】和【旅游】 009【体育】 011【WiFi】 012【热线】 市政大厅　随申办　加油上海	①政务内容展示清晰 ②服务功能指引性强	①城市政务服务 ②热门事务办理和咨询 ③时事热点（疫情信息）	侧重于政务服务，软消息共建凝聚力
成都发布	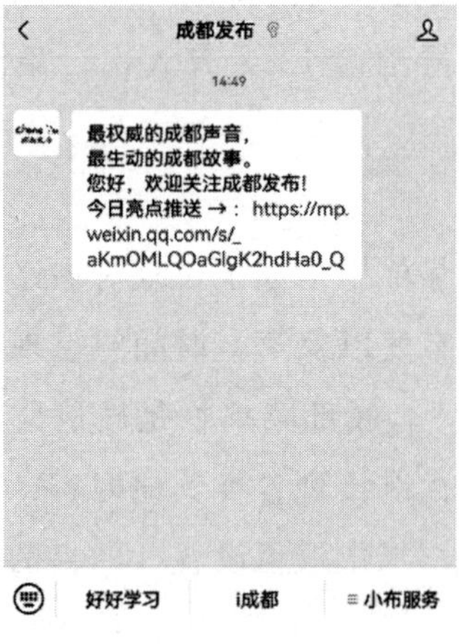 成都发布 14:49 最权威的成都声音， 最生动的成都故事。 您好，欢迎关注成都发布！ 今日亮点推送→：https://mp.weixin.qq.com/s/_aKmOMLQOaGlgK2hdHa0_Q 好好学习　i成都　≡小布服务	①传达城市口号 ②传送当日推送	①党政思想宣传 ②城市生活展示 ③城市政务服务	强调官方党政背景，侧重于城市形象宣传

续表

账号	关注图示	欢迎语	底部菜单栏	定位
南京发布	南京发布 14:49 你来啦，小布等你很久咯！ 这里是南京市委市政府新媒体平台。 权威发布　疫情防控　礼赞百年	①说明官方性质 ②语气亲切	①政策信息传达 ②时事热点（疫情） ③政务服务与城市娱乐活动	侧重于时事、政策发布与解读
苏州发布	苏州发布 14:50 您好，欢迎关注苏州市政府新闻办公室官方微信“苏州发布”。您可通过屏幕下方的菜单栏获取您关心的资讯信息。如有意见建议，一定要及时和小鱼说哦。 江南文化　随手拍　疫情防控	①说明官方性质 ②语气亲切 ③指引向菜单栏	①文旅信息传达 ②城市居民互动 ③时事热点（疫情）	侧重于城市居民休闲生活展示和提供娱乐信息

1. 定位

四个城市的政务新媒体展示的侧重点不同，但各有千秋，不乏设计上的亮点和想传递的城市属性信息。比如“上海发布”将政务服务放于最重要的位置，从欢迎语到菜单栏，都以便民服务为先，能够最大化为当地居民提供生活便利，提升城市居民幸福度，并通过主动告知政务服务包含的内容和引导回复“数字”得到相关讯息，再次简化用户寻找政务服务的流程，体现出高度的以民为本的核心思想。“上海发布”添加了“随申办”板块涵盖了民生答疑、政策解读、资讯传播等政务服务，提供了更多元的便民需求。“加油上海”这一栏目的内容为疫情实时通报，极大地增强受众凝聚力，构建“我们”的共同体形象。

2. 欢迎语

“成都发布”的欢迎语有为当日推送引流的作用，能第一时间引起受众关注和兴趣。“南京发布”和“苏州发布”的欢迎语更为亲切柔和，以“小布”“小鱼”这类可爱昵称自称，拉近与受众的关系，提升其好感度。“上海发布”更体现出上海政府为民办实事的特性，欢迎语全部用来做“便民”关键词指引。

3. 底部菜单栏

从底部菜单栏来说，各个公众号的侧重点不一致，在城市形象传播视角下，以“便民服务”、“文旅宣传”和“城市生活”为主的菜单设置更能激起城市好感度。前者主要受众为当地民众，后者受众多为城外人员。其中“苏州发布”的“江南文化”栏目放置了文旅类展览、节日信息和文旅惠民活动。“成都发布”在中部菜单栏中加入“城市地标摄影展”、“成都故事”和成都文旅信息，能够让人较深切地感受到成都追求舒适安逸的城市个性。“上海发布”在一栏里面的二级栏目“我爱上海”中也放置了《上海概览》，通过大数据总结了城市各色特点，如上海的一天“国际入境旅游人数3524人次”“市内公共交通客运量1160.27万人次”等并展示了作为“中国最大经济中心”“国际重要金融中心”等不同标签的上海。这些内容的设置都能极大地引起市外民众的兴趣和提高当地居民的归属感和自豪感。

（三）政务微信公众号账号内容对比

为分析各政务微信公众号文章内容方面的情况，本节选取2021年11月28日至12月4日（一个星期）作为参考时间，对四个政务微信公众号文章的发布数量、相关城市内容等方面进行深入分析。

表5-3　政务微信公众号文章内容对比

单位：条，次

	上海发布	成都发布	南京发布	苏州发布
总发文数	142	95	66	32
城市内容发文数	82	26	14	5
总阅读量	821W+	178W+	184W+	202W+

续表

	上海发布	成都发布	南京发布	苏州发布
城市内容阅读量	258W +	56.8W +	57.2W +	20.7W +
平均阅读量	57857	18741	27986	63351
城市内容平均阅读量	68980	21860	40857	41400
城市文章标题	①中心城区沿江两岸河流名字的由来，你都知道吗？ ②普陀健身场地上新了，有你家附近的吗？	①藏于山隐于水，成都书店新玩法来了 ②成都都市圈里的这些新词，你 get 了吗？ ③千亿项目进成都，深意何在？ ④明年 6 月，建成投用！就在四川大学……	①【极美南京】建邺，正青春！ ②未来五年，南京这样描绘美丽乡村新画卷！ ③极美南京，音乐有宁！	①好消息！苏州新添一条城际铁路！ ②苏州这片小森林，好“红”！我好爱啊！
城市文章侧重类型	城市记忆、便民、建筑修建提示	城市便民政策、城市公共文化服务、城市基础设施建设	城市经济发展、城市文旅活动	城市经济建设、产业发展

1. 上海发布

“上海发布”的内容结构排布十分成熟，首先头条多发布受众最关心的“政策改革”“新冠医疗”等问题，将重大民生问题放在头条引起关注。另外头条之下划分了记忆、提示、便民、监管、探索、滋味、乐游等板块，用中括号着重标出让受众一眼明晰推文的主要内容。非头条的内容主要与民众生活相关，标题多采用问句的形式，较好地提升了受众的兴趣度。文章的顶部贴片和底部贴片均使用固定模板，顶部为“引导关注”，底部为“点赞留言互动引导”，两个模块均出现了活泼灵动的小兔子，是“上海发布”的吉祥物“兔小布”。“兔小布”在 2016 年“上海发布”成立 5 周年时首次亮相，创作灵感来自“上海发布”创立当年为兔年，而像大白兔奶糖这类兔子的动物形象在上海民众中也很受欢迎。设计师便将这一形象融入设计中，并加入了上海市民喜爱的特色小吃“小笼包”元素，打造了一只可爱的小兔子。[①]

① 《“上海发布”吉祥物“兔小布”亮相 五年发展影响力始终位居全国政务微博微信前列》，《青年报》2016 年 11 月 28 日，第 10 版。

民生是“上海发布”的第一大内容，涉及城市生活的方方面面，十分有针对性和接地气。“上海发布”也十分注重塑造“幸福生活”的居民状态展示，如11月29日发布“上海26户家庭入围全国最美家庭”，12月2日发布“沪文明实践志愿服务系列活动公布！百项活动等你参加”等传递出城市幸福和城市文明，增强市民的认同感和自豪感。从“上海发布”内容的筛选和市民的回复当中，能够看出上海人民有更广阔的胸襟与视野，讨论的问题不仅仅是日常生活之便利，也包含城市文明和空间环境与历史风貌等。11月30日发布的“百年老建筑再立潮头”阅读量10W+次，讲述了对上海老建筑改造修缮的成果，该篇推文引发了民众的热烈讨论，如网友评论“像善待老人一样保护老建筑，体现这个城市的温度、厚度、深度”“既保护了历史文脉，又充满现代气息”，推文的留言多为正面评价，体现了市民将城市当作“自己的大家”共同维护的心理，也展现了城市的精神文明，不仅关注自身，也关注城市的环境风貌。

从反馈来说，“上海发布”的小编几乎不回复留言，没有刻意通过俏皮或卖萌的方式拉近与民众的距离，而受众也并没有因小编不回复减少互动。可见，只要文章内容切实符合民众的需求，轻松互动并非必需之举，民众还是更重内涵而轻形式的。

2. 成都发布

“成都发布”的运营状态更贴近于市场中的自媒体，设置了许多固定板块。比如文章有记者署名，而非统一归属于官方平台，将寻找城市美景的系列文章的署名归为“成都极美小分队”，具有极强的个人标签和性格色彩，和受众更有交流感。另外“成都发布”的留言较多，网友就像拉家常般与小编互动，如有网友对一篇景色介绍的文章评论“快点出大太阳”，小编回复“已经出太阳了，暖暖的阳光好舒服呀”，十分亲切自然，拉近了官方和民众的距离。还有不少网友留言自己的疑问，小编则化身为“百科全书”和“热心市民”解答，又全面又专业，比如网友问“成都植物园有银杏树吗?”小编回复：“有的，但不算很多。园内现保存植物2000余种。这里也是科普教育的好地方哦。距离市区10公里，可以算得上离家最近的天然氧吧啦~详细情况，你可以电话咨询：028－83583439。”不仅针对问题进行了专业的回答，还就此进行了科普，提供了更多了解的方式，很好地解决了受众疑问。“成都发布”还巧用自己的影响力，通过置顶民众关注的问题体现政府态度，如在一篇新闻报道中有网友请求“在武侯大道双新路口公交站安一个座椅”，虽然其评论与文章没有关系，留言点赞数量也非前几，但小编通过置顶将其诉求让更多人或者官方看到，体现了城市为民的思想，让受众感觉温暖。

从发布内容来看，“成都发布”对城市形象方方面面都有推动宣传作用，比如发布成都传媒集团的招聘、抗疫晚会宣传、发起为成都投票活动、发布成都时事热点、宣传各类便民新政策，让当地居民有较强的归属感，内容选择和编排上接地气，与民众的生活联系紧密，构建出贴近生活、贴近群众的城市政府形象。

标题上“成都发布”善于使用疑问句和设置悬念吸引受众关注，而非采用新闻标题将内容概括出来，这种留有悬念的标题能让受众带着疑问和兴趣点开文章，增加文章阅读量和提升民众兴趣度。

3. 南京发布

“南京发布”的内容有比较清晰的布局，比如“新闻早知道”作为栏目固定播报城市近期天气，11 月底时值寒冬，气候多变，“南京发布”的温馨提醒送来了一片温暖。“极美南京”也是固定栏目，以专属的题头做标题，内容主要为介绍南京城市发展布局以及市民文娱活动。文娱活动方面比如 11 月 28 日“南京发布”推送了“紫金文化艺术节”，介绍了南京近期各类剧场的演出，12 月 3 日发布“2021 年最后一个月南京的演出节目单”，可见南京政府比较重视为民众提供喜闻乐见的文娱活动信息，能够给外地人员留下南京重视文化的整体印象，能够较大地增强居民幸福感和提升外地人员对城市文化的好感度。城市发展方面 11 月 29 日发布建邺区的城市介绍，着重强调现期设施和建设，增强市民自豪感，正如网友评论“很幸运我住在建邺”。11 月 30 日“南京发布”解读了南京的“十四五”规划，给民众描绘了南京城市的产业规划、布局和城市建设举措。总的来说，“南京发布”比较重视城市形象的建设和宣传，对软硬实力的宣推均有涉及。

从标题上来看，“南京发布”比较善于使用谐音，以“宁”作为南京简称来组词组句，12 月 2 日发布“宁来，圳好”的文章，表达内容为南京参加深圳举办的投资推介会，这种方式会让当地人比较有亲切感，也展现出官方账号的俏皮感。

4. 苏州发布

"苏州发布"每天早晨8点通报截至前一日24点的城市疫情采样结果，这一类文章平均每条阅读量在5W次左右，民众认同度高，多次得到"苏州真乃福地""大苏州真棒"的正面反馈。标题上"苏州发布"生动形象，如常用即时动词"看"，让受众仿佛与发布者处于同一时空之中，无形间拉近了二者的距离。另外各类语气词以及感叹号的运用提升了标题的感染力，让人更有兴趣点进去阅读。

"苏州发布"的文章对城市多关注于城市建设和发展，如11月29日介绍了苏南地区"现代田园之乡"的生活方式和随之而来的新业态。12月2日宣告了苏州在《中国城市基本现代化监测报告》中高居第三位，并着重介绍了苏州2020年生产总值，展现城市经济实力。即使是在主要介绍城市风景的文章中，"苏州发布"最终也将其指引为城市发展质量等，如12月3日发布"太湖变身'天鹅湖'"从候鸟引申到苏州"良好的生态环境，丰富的湿地水域"，展开宣传了苏州太湖岛以及岛上新科技。

二　媒体类型维度：城市塑造的多种手段

表5-4　武汉发布各媒介平台数据对比

2021年11月1日至11月30日			
武汉发布			
	微信公众号	微博	抖音
粉丝总量（人次）	21.2W	377.44W	35.2W
总发布量（条）	255	1596	20
日均发布量（条）	8.5	53.2	0.67
总阅读量（次）	159W+	3063.55W+	-
平均阅读量（次）	6259	3.22W+	-
头条阅读量（次）	98W+	-	-
总在看/转发数（条）	3055	5245	23
平均在看/转发数（条）	12	6	1
总点赞数（次）	7593	1.25W	220
平均点赞数（次）	30	13	11
总评论数（条）	2805	2707	21
平均评论数（条）	11	3	1

（一）主体布局：失先机占先机再失先机

“武汉发布”的主体为武汉市人民政府新闻办公室，现已布局了“三微”各平台，微博2012年创建，最早成为武汉政务新媒体的官方渠道；微信公众号创建于2014年。这两类平台距离国内最早一批进驻的政务媒体晚了2—3年，可见早期武汉政务新媒体缺乏开拓性，也未有足够的宣传敏锐度，总跟着“大部队”走，该种平台爆发之后才匆匆进驻，着手于粉丝积累，失了先机。

但视频时代武汉开设政务账号比最为人熟知的官方媒体要足足早一年，抖音成立于2016年9月，2018年3月才开始全网爆火，“武汉发布”的抖音账号却在2017年5月就开设了，第一条发布了“武汉宣传片”，仅一个点赞。“武汉发布”抖音虽开设早，但后续内容乏力，第二条视频时隔7个月，第三条和第四条之间更是相距一年。而至今“武汉发布”的抖音更新频率仍然不高，粉丝增长乏力、互动低用户黏性弱。粉丝数和互动量与城市形象传播的效果未必成正比，但一定是其先决条件，只有城市“被看见”才能够进行形象的塑造与传播。

（二）数据洞察：强者愈强马太效应明显

“武汉发布”微博运营已有10年，粉丝数量累计多达377.44万人次，在其他同类政务微博中数据排前列。从阅读量对比来看是微信公众号的约20倍，微博的开放性使其信息也将被大量非粉丝人群看见，因而政务微博的内容传播范围更广、触达率更高。但从深度互动指标来看，推送内容的平均点赞数、转发数和评论数微信公众号表现好于微博，互动更频繁。可见“武汉发布”的政务微信公众号粉丝黏性更高、互动意愿更强烈，应主动制造互动话题或活动提升内容传播的深度。

“武汉发布”的抖音和微信公众号粉丝量相近，但两者的互动指标相差较大。造成这样的原因一方面是抖音可能存在大量“僵尸粉”，另一方面其发布内容不符合抖音传播规律。抖音的传播机制依靠算法，本身并不十分依赖于粉丝量，质量越高的内容获得的流量越多，所引来的流量与视频进行互动将带来更多推荐流量，形成马太效应。因此抖音的传播规律要求发布更高质、更符合大众审美的内容，零粉丝账号也有可能成为“爆款”。

（三）内容分工：各司其职承载不同功能

“武汉发布”在三个平台都积累了较多粉丝，具有较强的影响力和竞争力。但三者所承载的责任和服务并不相同，各自有内容侧重点。“武汉发布”微信公众号更偏重便民服务，与民众生活息息相关。2021 年 11 月 14 日发布的“暂停医保服务”通知，阅读量达 61673 次，为近一月最高。11 月 25 日的“地铁 3 号新线通车”的推文“在看数”和“点赞数”近一月最高。因而“武汉发布”的微信公众号受众群体更关注城市内对自身生活影响更大的信息，适合政策发布与解读等相对严肃、具有深度的内容。

微博里的博文分为“直发”和“转发”，前者重原创后者重联动。“武汉发布”微博偏好“直发”，11 月共发布 1542 条自创内容，占全部发文的 96.62%。“武汉发布”直发的内容多为本市内的各种事件或本市的发展，如 11 月 30 日发布《明年来武汉的湿地大会是个什么会》、11 月 29 日发布《网友拍武汉：前所未有的视角看这座城市》等，所发布内容都紧紧关联武汉，与城市形象的塑造关系较为紧密，发布“短平快”的信息更为适宜，频率需求高。

“武汉发布”的抖音目前较为滞缓，粉丝增量难以提升，未产出符合民众审美的“爆款”，有“自说自话”的倾向，内容多为自上而下的“宣传”“通知”，较少参与“热门话题”和“挑战”。视频内容集中于城市变化和对外展示，如 12 月 26 日发布的“东湖畔的金汤勺”展示了武汉美景，12 月 21 日发布了“湖北省博物馆新建后对外开放”的信息。视频内容相比图文更能直观鲜明地展示城市风貌，在塑造城市形象上有得天独厚的优势。因此“武汉发布”抖音需要进一步学习视频传播规律，用视频来生动展示城市形象。

三　内容定位维度：城市形象的多个侧面

表 5－5　不同内容定位政务微博对比分析

2021 年 11 月 1 日至 11 月 30 日			
政务微博			
	武汉发布	武汉文化和旅游局	平安武汉
影响力	464.81	389.46	392.87

续表

2021年11月1日至11月30日			
政务微博			
	武汉发布	武汉文化和旅游局	平安武汉
文章总数量（条）	1596	504	804
粉丝总数量（人次）	377.44W	207.91W	225.12W
阅读总数（次）	3063.55W +	1063.62W +	8382.68W +
平均阅读数（次）	3.22W +	2.11W +	10.43W +
转发总数（条）	5245	13900	2083
平均转发数（条）	6	28	3
评论总数（条）	2707	9295	3074
平均评论数（条）	3	18	4
点赞数量（次）	1.25W +	2.74W +	1.58W +
平均点赞量（次）	13	54	20
主动转发数（次）	54	7	279
原创（条）	1542	497	525
含图片（条）	810	346	232
含视频（条）	786	158	572

（一）“发布类”账号：市民个性与“城市剧”

“武汉发布”微博的传播范式以相关内容的直接发布为主，主要进行一手内容的原创性生产与传播，较少转发其他账号内容。在内容形态上，图文和视频比例相当。这在某种程度上说明，其互联网“后厨”的生产样态和流程，已基本匹配全媒体信息生产的要求。在内容主题类型方面，其发布内容以武汉市内新闻事件为主，在地性显著，其表达结合互联网语境，相对传统媒体端，更具网感，对城市形象有较明显的建构作用。

大江大河大武汉，从近代历史的开端到新时代的“网红”城市，武汉始终是国内众多城市话题的中心之一。政务新媒体的布局从不同侧面展现了这座蓬勃发展的城市。“武汉发布”是新闻办代言人，包揽城市内的大小细碎事件，也得到民众较多关注。其中既可展示城市性格，也投射了市民个性，多侧面形成接地气、具有烟火气的城市符号。

（二）“公安类”账号：城市安全治理符号

“平安武汉”的微博直发和转发比例为7∶3，视频和图文的比例也接近7∶3，其发布博文多与时事挂钩，通过转发评论非武汉的社会事件、各地的警情吸引了较多关注，内容通常比较有噱头，如11月30日发布的《男子6次带虫吃霸王餐被刑拘》、11月27日发布的《男子起诉前妻返还3万彩礼被驳回》等均为外省事件，因此“平安武汉”并非只关注本土事件，有关武汉的内容反而较少，账号主要是通过大量转发社会事件增强影响力和提升关注度，但此举对武汉的城市形象建设帮助不大，导致受众群体与城市宣传信息目标受众达不成一致。比如11月29日“平安武汉”发布“大美武汉”图文，阅读量仅8413次，不到平均阅读数的1/10，互动量也较低。可见武汉“公安类”的政务微博对当地城市的形象塑造关注较少。

“平安武汉”作为“公安类”政务新媒体，有守一方水土的保卫者角色形象。通常来说微博作为“公共广场”易引发舆论，事关市内安全治理事件较少主动传播通报。日常“公安类”政务新媒体的宣传更多偏向社会“娱乐性”事件，引发网友讨论，且事件不局限于武汉本市。因此“公安类”政务新媒体对城市的塑造多体现在“紧急公共事件”或“重大影响社会事件”的调查陈述和通报上，在展示城市治安情况和治理能力上影响较大。

（三）“文旅类”账号：都市风情与风景

作为武汉官方的旅游专号“武汉文化和旅游局”（以下简称“武汉文旅”）整体数据并不亮眼，但相比其他类型公众号受众的互动性更强，平均点赞量、平均转发数和平均评论数为其他两类公众号的4—6倍，可见其“铁粉”更多，受众对其发布的内容理解和关注更深入。从内容上来说，“武汉文旅”比较有规划性，根据不同的主题设置了专属标签，如“#博主拍武汉#”转发“素人”博主的作品，提升关注度；“#舌尖上的武汉#”固定标签发布武汉美食，11月29日带标签发布《武汉大学城美食攻略！200元大吃光谷步行街》；“#打卡大美武汉#”主要发布武汉美景或景观建设，如11月24日发布《汉阳树将迎建新观景平台》；“#武汉文旅资讯#”则多为武汉近期天气，提醒出行注意事项。2021年11月最热的一条博文为《中国（武汉）文旅会预热》的图文，阅读量 18.16 万次，点赞 1887 次，转发 1153 条，评论 423 条。该条博文为“武汉文旅”主动营销宣传与各地文旅账号联合互动，“四川文旅”“诗画浙江文旅资讯”“文旅天津”“石家庄文旅之声”等“蓝 V”账号均评论加转发。可见除简单发布图文外，主动运用微博联合互动营销更利于“文旅类”政务微博提升关注度。

“文旅类”的政务新媒体是城市形象最直观的展示窗口，美食美景、都市风情尽收眼底。“文旅类”账号多展现城市内“正面”形象，几乎不涉及负面事件或内容，更易使受众对城市产生美好想象，有利于展示城市人文和流行文化，通过软性表达的方式提升城市形象。

第二节　调研结论：城市形象视角下武汉政务新媒体传播的共性问题

加快、加大重视政务传播是国家政策指引的重点方向，但许多政务部门仅做到了表面上的“创建”和“发布”，在运营当中存在许多问题，也因此影响政务新媒体对武汉城市形象的塑造。因此本节将通过分析前文并结合实际案例，探讨武汉城市形象塑造中政务新媒体存在的问题和原因所在。

一　内容生产：定位、表达与风格之争

（一）定位同质化：创新表达与个性展现缺乏

城市形象的本土化特征是各个城市独有的、提升辨识度的重要资源，其个性化是公众认同和认知的重要基础。政务新媒体作为宣传城市形象的“一号旗手”，在传播过程中将直接影响受众对城市的认知。目前武汉市开设了多个政务新媒体账号，但相较于全国大多数城市，城市形象宣传同质化，不仅定位雷同，表达方式也接近，使武汉城市形象的传播效果和本土化特色难以凸显。例如近年来“美食之都”成为受追捧的“城市标签”，武汉政务新媒体便大力宣传自家美食，但实际上未能突出武汉美食的本地特色，因此与真正拥有美食文化的广州、成都相比缺乏竞争力。此外武汉

即使拥有可以挖掘的资源，表达方式也十分单一，比如武汉曾发生“武昌起义”“八七会议”等多个历史事件，但仅仅在政务微信公众号上讲述历史故事、在抖音上发布几段历史人物雕塑就自称为“历史名城”，根本不注重受众的认同与感受。同质化的城市形象定位和相差无几的宣传方式，使得政务新媒体在武汉城市形象传播中不仅没起到推动作用，还降低了自身的传播力和影响力。

（二）表达刻板化：互动积极性与认同度减弱

对于武汉许多政务媒体来说，开设官方账号多为国家战略指引，并未真正意识到其中的重要意义。因此不少政务新媒体仍旧只是发布信息的渠道，将各类政策以不同形式转发到各个平台，虽发布在新媒体平台，但表达刻板，仍在一本正经地宣读政令，十分影响受众的互动积极性。政务新媒体的确承担着信息传达准确的职责，但不意味着不需要创新表达，不需要接受受众检验，有句话叫“中国不是没有好故事，而是没有好好讲故事”，这句话就说明了在新时代武汉政务部门若想得到认可，树立良好的政府形象，则需要思考如何提升内容质量，利用新媒体技术创新表达方式。而且武汉政务新媒体发布的任何一条内容，包括选题、形式、互动、标签等都会影响受众对其账号的认知，从而进一步影响受众对武汉的城市印象。通常来说，受众关注度高、互动量大的政务新媒体能为城市带来更为积极的正反馈，反之则会给受众留下负面印象。

（三）风格混乱化：严肃性与娱乐性角色冲突

严肃性话语风格是政务媒体强调政治权威的一种手段，是代表政务威严的一种形式，能够有效树立自身统治形象，便于政治管理和权威提升。但同时长期严肃的风格使得政务机构习惯性地将自身置于高高在上的位置，不关注受众地位从而陷入自说自话的境地。城市形象的传播效果依赖于政务新媒体强大影响力和广泛受众群体，无法获取受众注意和认同也将无法实现政务新媒体对武汉城市形象的推动。另一方面，有政务新媒体出现了与之相反的极端情况，为了实现内容可见性，秉承流量至上的原则，一味追求10万+、热门，出现过度迎合受众口味、表达娱乐化倾向。政务新媒体从本质上与新闻媒体、社会自媒体有天然区别，有专属角色职能和服务功能，需要在严肃和娱乐的风格中寻求平衡，既要保持政治话题严肃性，也需满足公众娱乐性。城市形象传播，包含内容复杂、涉及范围广，严肃和娱乐并行也充满对抗。

二　媒体运营：政务主体布局之过

（一）发展与搭建：传播矩阵失衡

融媒体时代媒介端口层出不穷，但各个平台有自身特征、传播需求和目标受众。因此在武汉城市形象的传播中，打造均衡、有影响力的全媒体矩阵十分有必要，仅靠单一端口容易陷入画地为牢之势。武汉市政府新闻办公室的传播矩阵布局滞后，对抖音重视程度低。以“武汉发布”为例，其政务微信影响力长期位列湖北前五，政务微博截至2022年9月23日粉丝量378.4万人次，视频累计播放量达1.08亿次，但抖音号粉丝量截至同一时间仅38.4万人次，各平台间差距明显，发展不协调。“武汉发布”在微信公众号、微博和抖音上均开通了账户，但各账户发展明显不平衡。这体现了武汉政务部门对新生事物的开展动力不足，未有平衡传播矩阵预见性，没有以发展眼光看待新媒体布局，很容易陷入被动，被时代需求推着走。

（二）竞争与合作：联动传播缺失

传播矩阵的建立并非在各自端口发挥效能，各个媒介既存在竞争关系，也存在合作关系。竞争关系大多来自相同类型的账号争夺粉丝注意力，存在同质竞争；另外，同一账号主体在不同平台也进行目标群众偏好争夺，属于内部竞争。在武汉城市传播中，很多政务新媒体只看到竞争关系忽视合作关系，同质账号多进行比较、博弈；而相同主体账号往往也形成割裂状态——“各说各话”，内容之间毫无关联。这其实没有将政务新媒体合力发挥出来，未能合理利用各平台联动推广信息、扩大影响力。2021年武汉举办首届“文旅博览会”，官方账号“武汉文旅”微博就邀请其他城市“文旅类”账号与之互动，在微博上转发、评论，组成一个其乐融融大家庭，为“文旅博览会”导流也吸引了省外民众关注，形成共赢局面。

三　传播环境：城市形象建构之难

（一）形象割裂：城市整体性与传播碎片化

城市形象具备整体性和丰富性，一个完整的城市形象涵盖自然、人文、建设、治安诸多元素，每一种元素都会对城市形象产生重要、直接的影响，引导受众对城市形成整体印象和感受。但新媒体时代“碎片化”传播使城市形象割裂，一个视频片段、一个城市话题讨论组成城市印象。虽然能让受众了解城市的多个侧面，但同时也会造成缺点被放大、以偏概全的情况，使受众对城市缺乏整体认知。比如2020年武汉疫情暴发，一时舆论四起，尤其关于“武汉百步亭万家宴”的谴责铺天盖地，连带武汉城市形象受损严重。但在此之前，“武汉百步亭”一直作为团结互助社区的正面示范，是武汉城市重点宣传的对象，通过突出展示武汉城市的友好社区氛围，提升了受众对城市认可度和认同感。

（二）构建困境：形象塑造长期性与受众注意力稀缺性

城市形象的塑造需要长期经营和维护，并非传播一个口号就能得到受众认同，相反城市形象想要在受众心中“落地生根”扎扎实实生长需要长时间积淀和有规律强化。但如今社会生活节奏快，焦虑之下人心浮躁、注意力稀缺，民众往往没有足够耐心完整阅读一条推文、观看一个视频，甚至有时候看起来更专注的“深度互动”也不过是表面形式。在武汉政务微信公众号推文里，受众留言中常常有“沙发”二字，意思是第一条留言，互动也在争夺时间，人们并不关注文章内容本身，反而在意是否作为“第一阅读者”。在微博中，一些评论戾气较重，有不少是因为受众仅通过标题就发表观点，并未完整阅读内容，形成片面认知。此外短视频的出现加剧了注意力分散问题，视频内容繁多、切换便捷，从一个议题瞬间划走进入下一个议题，内容与内容之间既没有关联性也许多内容本身不具备深度，人们往往在应接不暇中无视掉内容的主旨表达。

第三节　发展建议：城市形象视角下武汉政务新媒体传播的优化对策

一　传播理念：突出政务动能透视城市底蕴

（一）能动性：政务官微拓展城市新领域

城市形象会受接触媒介、个人视野与社会环境等共同因素的影响，目前新媒体已经成为民众习惯和偏好的信息获取渠道。武汉市新媒体当中有民众自发的自媒体，往往内容鱼龙混杂、缺乏确定性和公信力，因而代表官方的武汉政务新媒体具有引领性和权威性，需要带有规划意识和整体把握在网络时代发出不同声音。政务新媒体与自媒体最大区别在于政府背书，具有强大公信力，因而能在塑造和宣传武汉城市形象上拓展新的领域，提升民众的信服度，更利于成为城市代言人。善用政务新媒体，充分利用自身优势和特点，发挥主观能动性，紧扣社会时事、热点话题，能够利用高关注度来为城市引流。另外政务新媒体是与大众沟通的重要桥梁，善用政务新媒体能够在与大众沟通过程中讲述武汉发展轨迹，展现武汉文化特色，树立鲜明而独特的武汉市形象。因此城市运营者应该重视和利用好政务新媒体来进行武汉城市形象宣传，探索行之有效的方式提升城市美誉度。

（二）公信力：政府形象提升宣传可信度

武汉政务新媒体作为官方在互联网的发声工具，代表着武汉市政府的言行和态度，因此提高武汉政务新媒体可信度也是增强政府公信力，这也关系到民众对武汉城市形象的看法和态度。当政务新媒体受到较高的关注度和好感度时，民众会随之对城市产生“光辉泛化”作用。如“上海发布”微信公众号关注度较高得益于受众对其发布内容有较强的认同感和信任感，这也推动城市形象的传播工作。那么提高可信度首先要保证发布信息准确真实；其次发布频次稳定、时间具有规律，让受众有稳定感；最后要关注受众讨论度高、互动率大的议题，及时回应受众疑问与需求，建立起可信的、“为民服务”的政府形象。在新媒体时代，舆论的反馈时间已由之前的三天缩为短短的24小时。刘泾认为政务信息不透明、信息更新缓慢与服务功能不健全等问题意味着丧失对事件叙述、解释、评论的主导权，一旦舆情高涨，即使事后公布事实、解释真相，公众对政府的说辞也已经失去信任。①而政府行为无一例外将映射到民众对城市的印象上。

（三）服务性：政务服务带动文旅宣传

政务新媒体的首要属性仍然是政务，在职权范围内为民众谋福利、提

① 刘泾：《新媒体时代政府网络舆情治理模式创新研究》，《情报科学》2018年第12期。

升民众生活便利性才是政务新媒体积极履职的重要表现。城市形象的塑造与宣传更是建立在政务新媒体拥有广泛群众基础之上，这样其传播的内容才得以获得受众认同与接受，触达更广的传播范围。如“上海发布”政务微信的菜单栏里加入了“我爱上海”板块，包含上海市的吃喝玩乐指南、园林艺术、沪语童谣、上海闲话等独具城市特色的内容，使得受众在使用政务服务的同时也关注到城市本身。尤其对城市外来人员来说，政务服务更是窥探城市的重要渠道，也是带给用户第一感知力的信息源，便民的政务服务将能最大限度地带动城市文旅宣传，吸引外来人员的关注。因此不同于一般社交媒体，武汉政务新媒体首先需要梳理政务服务线上办理条件，可软性植入文化旅游的功能，为武汉市宣传提供更大的发展空间。

二　传播内容：发挥政府主体展示城市面貌

（一）反映城市实力的重大事件

重大事件具有很强的全民性与参与性，通常能够起到展示软硬实力的作用，并会被受众当作当地形象的浓缩和标签。2020年“上海发布”政务微信报道S10英雄联盟全球总决赛成功吸引了年轻受众，并通过该活动凸显上海城市在基础设施等方面的实力，提升城市关注度与好感度。2019年武汉军运会各政务新媒体多维度报道，“武汉发布”着重展示了武汉的城市办会实力和人文特色，较大提升了城市关注度。2022年北京冬奥会是国际赛事盛典，北京作为“双奥城”吸引了来自世界各地的目光，也通过赛事前期的预热、开幕式等多种宣传提升了城市竞争力和影响力。因此，武汉政务新媒体可以通过报道重大事件切入武汉市形象传播，对正面积极的内容多渠道宣传，一方面吸引特定受众对事件的关注，提升政务新媒体曝光度和增加城市关注量；另一方面通过重大事件的举办提升城市美誉度，将其当作绝佳的展示舞台。

（二）凸显城市温度的官方性格

作为城市的重要主体，政府与居民一直都是城市形象重要影响因素。当地政府能唤起民众对城市建设理念的想象，代表了城市正统官方态度。“武汉交警”公众号一改严肃正统的形象，将交警日常执法行为通过“随警实录”的方式展现出来，直观地再现交警如何参与到道路交通的管理中，如何有人情味地执法，引发受众共鸣，凸显城市温度。而当地居民更是城市性格的细致描摹，一个个市民形象都蕴含着最根本的城市特质，也是他人了解城市的重要渠道，使其形成重要的初印象。如“成都发布”发布两位成都市民撞车后以猜拳决定赔偿，使其他受众感受到成都市包容开放的调性，对成都市惬意随性的标签更加上了一层美好滤镜。另外2020年疫情防控期间抖音平台发布各类“河南硬核防疫”，引起受众爆笑的同时也逐渐打破个别民众对河南的负面印象，给河南城市贴上了新的朴实淳朴的城市性格标签。因此武汉政务新媒体可以使传播内容更贴近民众角度，通过展现武汉市政务服务的“人情味”宣传武汉市形象。

（三）展示城市风采的大气景观

城市景观向来是城市形象的重要组成资源，是城市形象区别于其他的直观表达，如“魔幻3D”城市重庆。现有技术下，城市景观可以通过视频的方式展现得更为壮观、更具临场感。用户能够在短期内形成对城市立体、宏观的印象，从而更倾向于引导受众产生正面评价。抖音“上海发布”经常发布城市景观，并带上热门话题“#dou爱申活#”，以谐音和上海简称相结合的方式让受众更有代入感。视频内容大多通过航拍鸟瞰上海，剪辑俯冲画面带来视觉冲击力，高频次的画面切换短时间内展示了充满活力的全景上海，引起超高讨论量，扩大作品传播范围，从而为上海引来流量提高认知度，进一步贴合其“世界级”大型城市的形象。因此武汉政务新媒体可以将城市建筑、自然景观和人文风貌相结合，通过视频、卡点音乐、有节奏的运镜加强民众认知记忆，建立起武汉市的专属传播符号。

三　传播方式：灵活运维政务折射城市个性

（一）联动：发挥官微最大传播力

伴随互联网技术的进一步升级，各类传播平台层出不穷，不同平台有自身不同的优势和定位，随着媒体融合的不断加深，政务新媒体融合多方力量、打造新媒体矩阵显得十分重要。首先武汉政务机构可以在不同媒介平台上创建账号，如在政务微信公众号、微博、抖音、快手、今日头条等平台上发布不同素材的内容，主要根据平台所聚集的受众的喜好来调整发布的内容，形成完整的新媒体矩阵。其次武汉各政务新媒体平台应多方联动、互相引流，尤其遇到重大传播事件应联合互动、打破平台间的壁垒。2021 年 11 月武汉举办中国文旅博览会，“武汉发布”微信公众号从预热到开幕通过图文方式讲解活动现场，其微博则和其他官方文旅号共同转发博览会内容，抖音也适时推出现场视频和嘉宾的见面视频，如此通过多平台联动，增加政务信息传播触达的人群，发挥了最大传播力。此外除了官方账号“自嗨”，也应该跨平台和民间自媒体有所合作连接，以便形成多层次、多方位传播。2019 年武汉市公安局在斗鱼直播平台的“正能量”板块开设了捣毁传销窝点的直播专场，使受众获得了网络“云执法”的特殊体验，从而形成了政策影响力增强与民众使用体验感提升的双赢局面。

（二）凝聚：带来城市高度认同感

新媒体和传统媒体的主要区别在于传受双方可以双向互动，因为在新媒体时代互动是传受双方表达和增进感情的一种方式。因此城市运营者通过与受众的良性互动能够提高用户黏性，将情感投射到城市本身。根据丹尼斯·麦奎尔（Denis McQuai）的受众动机理论及相关研究，在使用社交媒体的过程中，情感需求动机是新媒体用户转发相关内容的主要动机，是高频用户转发相关内容的主要动机，是高频次转发者的常见心理驱动力，受众凭借它建立自我认同并满足社交需求。[①] 因此武汉政务新媒体应该投其所好，更多传递能够为受众建立起情感认同的内容，扮演与受众分享生活事物的角色。通过这样的内容调整，一方面可以为受众提供资讯价值以外的情感价值，并可以在受众得到自我认同和社交需求得到满足时提升其对武汉市形象的好感度；另一方面可以更好地与民众沟通，了解受众心理，为其提供更精准、更贴心的政务服务，从而提升居民乃至游客的幸福度，再形成对武汉市正面形象的良性循环。

武汉政务新媒体的互动可以主要从语言文本、话题设置以及活动策划来提升。比如运用更亲切的语言来沟通能拉近与民众间的距离，使民众产生亲切感，“上海发布”的微信推文里常用拟人化的形象“小布”和受众

---

① 转引自程滢颖《政务新媒体“上海发布”传播上海城市形象的研究》，硕士学位论文，上海外国语大学，2021。

沟通，对话也十分俏皮。另外议题选择上也要能凸显武汉政务新媒体的定位和个性，选取受众喜闻乐见的内容能够拉近政民距离、增加受众的互动兴趣，从而增加受众对相关议题的讨论、提升其对城市形象的认知度。此外，武汉政务新媒体账号可以进行“社群化”互动，通过建群、举办线上线下的活动凝聚“我们”的共同体意识，可以利用共同关系鼓励市民在武汉市发展方面建言献策，激发其主人翁意识、提升城市凝聚力。

（三）精准：增强城市个性与受众黏性

武汉市形象的塑造离不开精准的定位、宣传内容的特色、武汉个性与风采的展示。持续稳定精准地输出高质量内容，才能精准地触达用户、提升黏性。正如电视时代的晚上黄金 8 点，属于家庭休闲时间，因此电视台通常播出适合居家观看的电视剧，而周末观众有更多娱乐需求则多播放综艺节目。延伸到新媒体时代亦如是，《人民日报》微信公众号通常上午 7 时许编辑“新闻早班车”，发布国内外新闻时事，逐渐培养出受众在该时间段浏览其公众号的习惯，争取了受众宝贵的早上空闲时间。因而虽然现在武汉大部分政务新媒体有一定的标签、词条意识，但对受众偏好的分析较为薄弱，不了解受众画像，不清楚其阅读习惯与偏好，在发布内容上更多地进行大众化投放，没有进行精准运营。相反，若是将自身群体的特征分析清楚，反哺到内容创作中仍大有裨益，并可根据人群特征发起相关话题，进一步拓展受众，提升用户参与感和忠诚度。

政务新媒体精准分析用户最主要还是为宣传内容服务，武汉政务新媒体在了解受众偏好后形成的特定表达将最大化地突出武汉市特色，展现出城市个性。比如广东人在过年时喜爱逛花市、买盆栽，“广州发布”就在过年前发布了“广州春节买花攻略”，告诉受众在哪里买花方便、价格实惠，并配上了实地走访的照片，获得当地民众极大好评，也触发外地民众对广州过年买花这一仪式感的讨论，增加了城市的个性化印记。

第六章　媒介场景论视角下武汉城市形象的短视频传播策略

第一节　短视频崛起：新媒体时代城市形象传播重心转移

一　城市形象传播的传统体系展现

（一）传播主体：大众媒介的聚焦与扩散

传统的城市形象传播在信息社会中一般以电视、广播、报纸等大众媒介为传播手段，传播方向主要分为聚焦和扩散两种。“聚焦”是指传播方运用大众媒介推动城市形象传播，吸引受众群体关注城市形象，从而保证信息传播的受众群体能够对媒介的传播内容持续关注。“聚焦”的媒体策略主要是通过新鲜的、变动的信息传播，在进行城市形象传播的过程中应当严格地遵守新闻传播基本规律，对大众传播的信息进行议程设置；安排定量的新闻媒体宣传采访活动，扩大城市形象传播范围。“扩散”是指传播方运用大众媒介对城市形象进行对外宣传，制定对外传播策略。在如今全球化浪潮之下，对外传播是城市形象传播的必由之路，《纽约时报》《泰晤士报》等国外知名报刊都是对外传播的重要媒介，除了报刊中的新闻性信息以外，纪录片、影视剧、文学作品等在城市形象塑造和扩散过程中的作用也非常值得关注。

（二）传播特点：构造的城市形象单一化

当代城市形象不仅是对城市所处的地理位置进行简单描述，其中包含了更加多样化的元素，通过分析差异化来展现城市形象具有的独特之处。但是，在传统媒体时代，媒介技术不发达，传播模式也很单一，有很多城市形象传播没有多样性，它所设计出的城市形象宣传并没有使用许多新的媒介技术，或者无法将更真实的城市展现出来，不能在短时间内形成良好的科学系统化传播效果。比如以往武汉城市形象的宣传片主要对美食以及武汉的著名景点进行宣传，但是武汉悠久的历史、武汉的人文精神并没有充分体现出来，导致形象单一化和片面化的情况出现。同样的景点以及美食在社会公众面前反复出现，这能够增强其他地区的人对武汉特定的印象，但是持续重复会让群众产生厌倦心理，甚至对武汉形成一些比较固化的印象。

（三）传播渠道：传统媒介的单向沟通

在移动互联网高速发展之前，媒体广播、报刊和电视是传播城市形象的主要渠道。而让城市形象走进大众视野的是电视媒体。传统媒体时期，城市形象的传播往往是单向的，比较普遍的是电视上所播放的一些城市形象宣传片、对城市进行描述的纪录片等。过去的传播渠道不够多样化，只关注电视媒介具有的传播性，导致过去的城市形象传播效果不佳。因为受众能够接触到大众媒介的概率很低，所以在接收到媒介信息后也很少能给予相应的反馈。这种单向化的传播会导致城市形象传播主体的竞争积极性被削弱，导致其在城市形象传播方面的活动数量明显减少。另外，城市形象传播者无法接收到受众的反馈，从而不能根据受众的反馈来得知传播效果，这直接影响到城市形象传播所带来的经济效益。

二　线上传播：新媒体时代城市形象传播的主战场

（一）传播渠道的嬗变：新媒体成为城市形象传播主场

在传统媒体时代，电视、广播、报刊等都是城市形象传播的主场，以武汉为例，在湖北省省内有较大社交影响力的媒体有武汉电视台以及湖北卫视等，当前发展潜力比较大的广播电台主要有楚天音乐广播电台，拥有较大影响力的纸质媒介有《长江日报》和《湖北日报》等。过去，武汉城市形象宣传主要是以传统媒介为载体进行传播，而伴随新媒体的持续发展，对城市形象进行传播的渠道也不断增加。城市形象宣传片是城市形象的重要展现方式，能够综合性展现出城市的风貌，让社会公众体会到城市的定位，而且也逐渐成为其他地区的人了解城市的重要信息渠道。武汉也拍摄过大量的宣传片，将宣传片放在车载电视以及网络媒体之中反复播放，而且也在电视上进行了播放，在武汉发布了“武汉每天不一样”的口号之后，2016 年拍摄了最新的宣传片《大城崛起》。除此以外，微信和微博的高速发展也能够对城市形象进行宣传，微信微博有着众多的用户，因此许多城市微博和微信公众号随之出现，但是这些新媒体所使用的管理体制不够健全，社会公众对这些媒体的使用不够成熟，其中存在一些缺点，但是微博和微信公众号依旧是传播城市形象的重要渠道，需要对其进行合理的使用。

（二）传播模式的革新：场景传播重构城市形象

场景传播主要是使用 LBS 等现代技术以及算法进行精准信息推送，结合个体在社交媒体之中的状态，将个体的信息以及服务进行精准匹配，利用现代技术在社交媒体之中完成信息传播。[①] 电子媒介的高速发展给移动互联网场景打下了良好的场景搭建基础，而移动互联网场景拥有电子媒介所具有的优势，移动互联网场景强化了传播过程中信息对生活场景的渗透力，能够让多样化的信息迅速在人们日常的生活中传播，已经逐渐演变成当前的人类日常生活中无法割舍的虚拟场景新模式，在媒介技术的发展以及智能设备的普及之下，当前的移动互联网场景实现了多个层级用户的全面覆盖。互联网上的城市形象传播者也充分利用了“场景”进行城市形象传播，例如抖音上的旅游景点安利博主在制作短视频时会根据图片配选合适的背景音乐，打造“沉浸式”场景；城市宣传片的发布者会在视频评论区和网友进行互动，营造虚拟社交氛围；抖音也推出了 3D 历史建筑实时打卡活动，创建实时场景。现代社会，互联网让场景拥有了全新的内涵，不仅能够传输文字和图片，而且能够传播位置信息以及视频等多种内容。

---

① 许晓婷：《场景理论：移动互联网时代的连接变革》，《今传媒》2016 年第 8 期。

三　短视频传播：城市形象线上传播的关键路径

（一）传播者维度：内容消费趋势的凸显

在互联网几乎全域覆盖的时代，内容成为用户、商品和服务的链接者，短视频的多样表现形式让多维度的商品信息能够被更立体地展现出来，用户可以清晰感受到商品真实的使用场景。在流媒体时代，内容为王是行业的发展趋势，垂直式的内容输出是整个短视频发展的主流趋势，而城市形象传播利用内容场景的塑造，能够促进城市形象传播产品的场景销售，而且让社交媒体和消费者之间关联起来。在当前直播发展迅速的背景之下，动态媒体逐渐演变为关键的信息传播形式，用户能够在直播平台上互动与交流，情感被调动，从而进行内容消费，它利用用户之间的交流与沟通来产生内容。短视频平台里的内容消费是未来消费发展的主要趋势，城市形象传播想要有更理想的传播效果和相应的经济效益，就要把握住未来内容消费趋势。

（二）受众维度：用户的多维延伸需求

麦克卢汉提出了人的三种延伸：身体器官的延伸、感官的延伸和中枢神经系统的延伸。[①] 在传统媒体时代，报纸是人视觉上的延伸，广播是人听觉上的延伸，电视是人视觉和听觉上的延伸，这三种大众媒介都让用户在使用感上受到一定的局限，使用户在使用这些媒介时体验感大打折扣，随着5G、VR等技术的发展，短视频在不同维度上都延伸出了人的不同感官，新技术——“传感器”增加了受众的肢体和神经系统向多维度延伸的速度，短视频可以满足用户对使用感的多方位需求。在传统媒体时代，城市形象传播方在展示一个城市的优点时，只能通过图像、简单地制作视频以及广播，但是这些方式都只能展示片面化的城市，受众所了解到的城市形象也是单一的，这样容易使受众对城市形成刻板印象。在短视频平台上，受众对于视频的体验感要求更高，城市形象传播者通过裸眼3D等技术制作城市宣传片在抓住受众的注意力的同时，也向受众展示了更立体更全面的城市形象。在短视频平台上，信息交织在受众的各种感官中，受众

① 蒋俊佩：《麦克卢汉媒介观的启示》，《华章》2013年第10期。

对于城市形象传播视频的要求也在不断提高，城市形象传播者应该以受众需求为导向，制作高质量的城市形象宣传片，让受众在城市形象传播中找到情感共鸣。

第二节　武汉城市形象短视频传播整体呈现：基于场景理论框架

一　样本选取和类目建构

（一）样本选取

本节是从媒介场景论视角来分析武汉城市形象短视频传播的，抖音是如今短视频平台中发展最快的，所以本节从抖音短视频应用上选取相关样本。为从多方面选取样本研究，本节将从“话题”、“主流媒体”和“自媒体”三方面选取 148 个样本。在抖音中搜索“武汉旅游”相关的话题，“#武汉旅游”以 4.5 亿次播放量排第一，所以本书挑选“#武汉旅游”话题，使用点赞量来降序排列，挑选 50 个相关视频作为本节的研究数据样本。本节还选取了武汉抖音官媒账号“武汉文旅”点赞量排名前 50 的视频作为官方账号研究样本，选取了 20 个在抖音短视频中粉丝量超过 30 万人次的武汉本土短视频博主以及他们的置顶短视频。基于点赞数量以及粉丝数量来获取样本，可以从中挑选出用户观看数量最多的视频，保证视频有比较大的传播单位，也能从侧面反映出抖音用户对武汉城市形象的认知度以及兴趣。

（二）类目建构

媒介场景论随着媒介技术的发展不断注入新的理念，在如今的移动互联网时代罗伯特·斯考伯（Robert Scoble）和谢尔·伊斯雷尔（Shel Israel）提出的场景五种技术合力切合了短视频的传播技术方面特点。但影响短视频传播的因素除了技术以外，还有视频内容本身，所以从“场景五力”、视频内容叙事以及彭兰提出的构成场景的四大基本要素三方面进行类目建构。

表 6－1　武汉城市形象短视频类目建构

一级类目	二级类目	三级类目	四级类目
“场景五力”技术要素分析	移动设备	移动设备的普及度	
		短视频的普及度	
		抖音的普及度	
	社交媒体	视频是否带有与武汉相关的话题	
	大数据	抖音对用户信息掌控精准度	
	传感器	听觉	
		视觉	
		触觉	
	定位系统	视频是否有与武汉相关定位	
视频内容分析	叙事主题	人文关怀	
		“防疫”	
		风景	
		美食	
	视频语言	镜头语言	
		背景音乐	
“场景”构建基本要素研究	空间和场景	固定场景	
		移动场景	
	用户状态	用户定位武汉时间	
		抖音用户画像	
	用户生活习惯	用户使用抖音时间	
		视频点赞量	视频时长≤15 秒
			视频时长 >15 秒
	社交氛围	“#武汉”话题量	
		主流媒体	评论区是否有互动
			转发量
		自媒体	评论区是否有互动
			转发量

二　“场景五力”：传播端技术维度透视

（一）移动设备：搭建覆盖式场景

根据中国互联网络信息中心公布的《第49次〈中国互联网络发展状况统计报告〉》，截至2021年底，我国网民使用手机的占比高达99.6%，而使用台式机以及笔记本电脑的数量只占整体数量的26.3%和33%（见图6－1）。[①] 而第50次统计报告提出，在2022年，我国的短视频使用者规模增长最为明显，达9.62亿，占网民整体的91.5%。其中抖音平台占88.3%。对于大多数人来说，智能手机目前仍是主要的移动设备，移动设备也成为城市形象短视频传播主要载体，移动设备的全面普及给城市形象短视频传播提供了硬件支撑，能够将城市形象短视频传播到更多的受众之中，让时间地点和场景实现完全覆盖，让城市形象传播类短视频构建沉浸式的场景。城市形象传播类短视频需要实现精准化的传播，在发展之中应当关注其细分场景，明确不同场景中受众的需要，给受众提供感兴趣的以及碎片化的内容和提供受众需要的场景服务。[②]

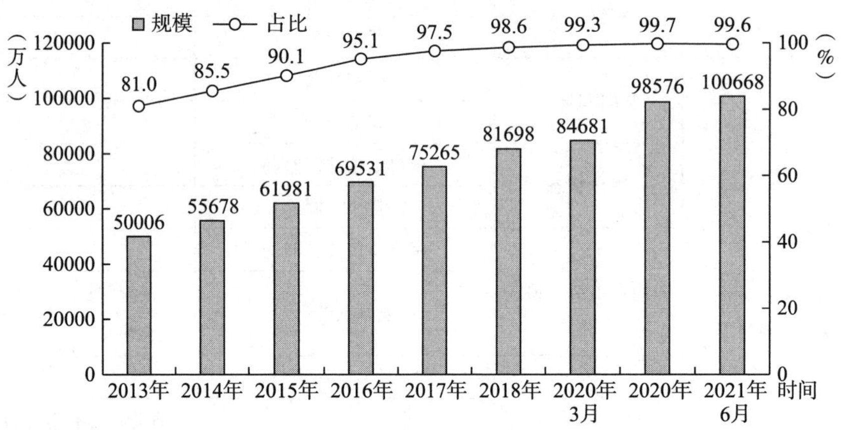

图6－1　手机网民规模及其占网民的比例

资料来源：笔者根据中国互联网络信息中心数据整理。

① 中国互联网络信息中心：《第49次〈中国互联网络发展状况统计报告〉》，https://www3.cnnic.cn/n4/2022/0401/c88－1131.html，访问时间：2022年12月。

② 朱杰、崔永鹏：《短视频：移动视觉场景下的新媒介形态——技术、社交、内容与反思》，《新闻界》2018年第7期。

伴随智能手机普及率的不断提高，短视频受众观看城市形象传播类短视频不会受到时间和空间的约束，“无时无刻不刷短视频”如今已经变成了智能手机用户的生活常态，短视频用户可以非常便捷地进出短视频所塑造的城市场景。

（二）社交媒体：虚拟环境中的社交话语建构

《即将到来的场景时代》认为社交媒体也称为社会化媒体，其主要指的是互联网上基于用户关系所产生的信息生产交换平台，允许人们撰写、分享、评价、讨论、相互沟通。[①] 社交媒体是一种人们用来表达自己的观点与展现自己的态度的数字化平台。而在短视频平台之中受众可以点赞、关注和转发，在抖音的虚拟社交环境中，现实和虚拟相融合。虽然不同类型的媒介形态有着不一样的逻辑，需要结合媒介特点构建不同的话语结构，但是不管什么媒介，只要有用户就会进行同一场景和空间中的互动和交流。比如，微博平台之中一些附带话题的语言表达，微信之中会附带一些表情包来完成语言传递，而在抖音平台中话语表达主要表现为活泼以及时尚的短句，人类为了更好地融入日常生活中，会将日常的生活交流信息使用媒介来进行转换，将这些信息转换成具有平台特殊性的语言交流方式，在多种主体所创造的文本之间建立关联，从而帮助群体之间进行交流和互动，展开信息交流活动，移动网络让人际传播与大众传播两者融合在一起，逐渐构成了当前的互联网时代特殊的虚拟社交环境。[②]

抖音有着比较先进的信息技术，使用大数据算法整合用户的喜好以及场景需求，为其提供了崭新的社交场景，抖音自身的媒介属性也会对社交话语的建构形成导向，无论是创作者的创作实践，还是视频观看者的评论以及点赞，这两者的对话交流在抖音平台的运行逻辑中通过媒介所具有的属性转变为特殊的社交话语，进一步影响着人们在抖音平台中的互动表达。148 个研究样本中有 129 个样本带有与武汉相关的话题，其占比高达 87. 16%。其中截至 2022 年 12 月，抖音平台上“#武汉”话题的视频播放

---

① 转引自王琳《连接与渗透：移动传播时代的场景构建——以小红书为例》，《新媒体研究》2022 年第 2 期。

② 谭天：《从渠道争夺到终端制胜，从受众场景到用户场景——传统媒体融合转型的关键》，《新闻记者》2015 年第 4 期。

量高达587亿次。与武汉有关的视频发布者以抖音的话题功能作为社交话语，自动形成了一个社交圈层。而在这些视频中参与点赞、评论、收藏和转发的用户也因为这些视频而连接在一起。这种互动传播一方面有利于武汉的宣传视频进行二次传播，丰富了武汉短视频传播的方式；另一方面，用户和用户之间的互动加深了用户间的社会关系，帮助视频发布者提升用户黏性。抖音平台的武汉短视频类型众多，有以“武汉食神”为代表的美食类、以“麻辣小甜甜”为代表的武汉探店打卡类，还有以“CHENge”为代表的武汉搞笑博主，武汉城市形象宣传短视频因为带有足够多的地域特色，所以在形成大的社交圈层时也会以用户个人偏好为分界产生小的社会圈层，视频受众利用短视频来了解武汉的一些信息，对武汉的信息进行转发点赞等行为让圈层进一步地扩展，用户使用一些符号来表达自身的情感，在此环节中更容易让用户产生情感认同。

（三）大数据：精准适配个性化需求

伴随现代大数据技术的高速发展，出现了全数据模式。这种模式能够深度挖掘出用户在空间以及时间等多个层次的个人行为信息。社交媒体平台使用地理位置信息以及用户线上交易信息、用户的网页浏览信息来了解个人的行为信息数据，从而来研究用户的心理情况，让用户的使用场景获得深度还原，从而能够对用户场景进行深入研究。其在全数据模式之下能够对用户展开深度和综合性的分析，不仅能够知道当前用户所获取的信息、所感兴趣的信息，同时还能了解到用户和目前场景之间的关系、用户为何对此信息感兴趣，了解用户的实际需要。通过这种方式短视频平台在投放视频时能够精准把握用户的群体特点、了解用户的未来需求以及分析和用户进行交流的频率。对用户信息的精准掌控能进一步地生成用户画像，在未来给用户推送用户感兴趣和用户关联度高的信息，同时推送一些和用户行为高度匹配的产品和服务。

抖音这种聚合型的短视频平台主要使用大数据技术获取用户的评论量、媒介的使用倾向、视频页面停留时长、用户的学历年龄以及性别等信息，之后结合短视频用户的使用行为生成精确的用户画像，比如抖音大数据报告中显示男性用户占43%，女性用户占57%（见图6-2），还有不同性别用户使用抖音时间偏好（见图6-3）、用户星座等用户信息统计（见

图 6－4），从而能够针对性地给用户匹配感兴趣的短视频，保证用户所获得的场景都是其感兴趣的场景，从而来强化用户的体验感。

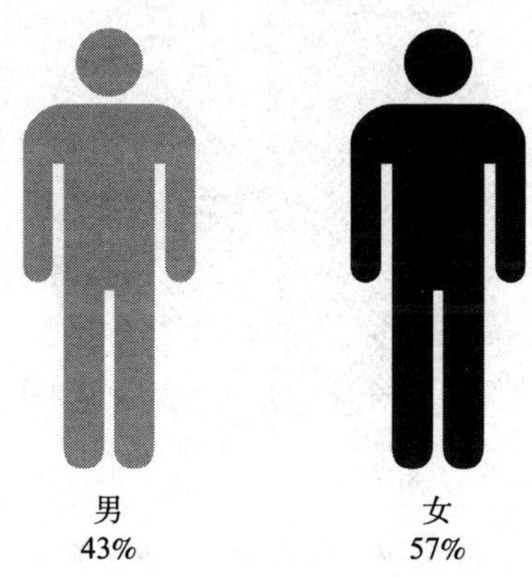

图 6－2　抖音用户性别占比

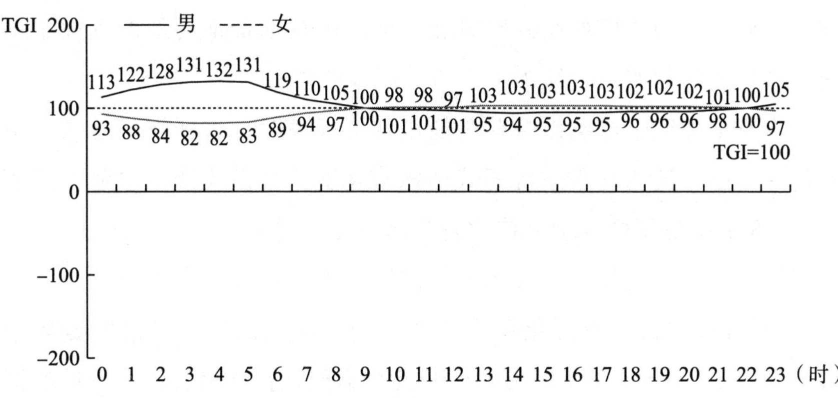

图 6－3　抖音不同性别用户活跃时间偏好

（四）传感器：塑造沉浸式体验感

传感器属于现代化的智能分析检测元器件，能够对需要检测的信息进行检测，而且能够将所获取到的信息完成数字化编码保存在存储器中，同时还能够使用电信号以及其他方式完成信息交换和传输。传感器能够对信息进行全自动化的检测，因为传感器的存在让隔着屏幕的食品仿佛就在面前，在将来的美食短视频构建沉浸式场景中具有重要的作用。马歇尔·麦克卢汉在《理解媒介——论人的延伸》之中提出“媒介即人的延伸”的看法，研究者认为大众媒介属于人的感官的进一步扩展和延伸，传统的印刷制品属于人类的视觉扩展和延伸，广播媒体是人类听觉的扩展和延伸，电

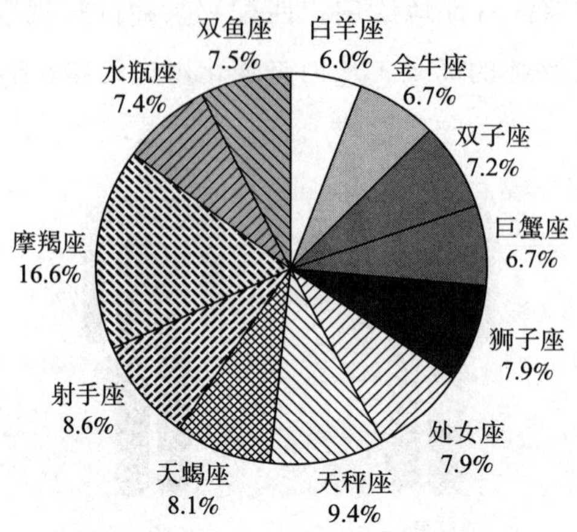

图 6－4　抖音用户星座分布

视是人的视觉的扩展和延伸。① 以学者的观点为基础类推可以得知移动互联网媒介属于人的中枢神经的扩展和延伸。由技术带来的新的画面也填补了虚拟与现实间的鸿沟，给予了用户沉浸式的体验。

如今有不少城市形象传播者在创作宣传视频时，将新技术融入城市形象宣传片当中，给用户带来沉浸式的旅游体验，从而改变用户的心理感知度。在 148 个短视频样本中，使用背景音乐的样本有 138 个，占比 93.2%；使用了触觉效果的视频样本为 0 个；使用了视觉特效的样本有 3 个，占比 2%。以抖音号“武汉市文化和旅游局”的“相约武汉，赏樱”合集中第 11 集《超梦幻！最新武汉樱花大片上线》为例，在该时长为 2 分钟的短视频中，有大约 1 分半的时长是动画与现实景色相结合的“实景动画”，利用动画技术制作的粉色樱花花瓣飘落在长江上、一只粉红色的大熊和兔子坐在轻轨一号线上、盛开茂密的樱花树长满江汉路，给用户呈现出一部裸眼 3D 大片（见图 6－5）。虚拟技术和武汉特色景点相结合，一方面，可以让一些在当前现代社会的快节奏下比较焦虑的用户得到视觉上的享受。另一方面，短视频编辑具有强烈的主观倾向，让视频画面和场景构建得到美化，这样在一定程度上有利于还未来过武汉的抖音用户在看到该视频时

① 〔加拿大〕马歇尔·麦克卢汉：《理解媒介——论人的延伸》，何道宽译，清华大学出版社，2006，第 286—289 页。

对武汉留下一个良好的初印象。截至 2022 年 12 月 1 日，该视频点赞量为 5.7 万次，转发量为 3024 条，由此可见不少用户在该视频中产生了共鸣，武汉市文化和旅游局也将该视频置顶于抖音账号页面。除此之外，在抖音短视频平台中，武汉的知音号、长江大桥、黄鹤楼等知名旅游景点也经常出现在自媒体账号宣传视频中，让观感更加愉快且轻松。在视频号中，人们灵动的舞步、长江大桥的投影灯光、光谷特色建筑等，使用了一种更加积极活泼的方式展现。

图 6－5　抖音账号“武汉市文化和旅游局”截图

资料来源：抖音账号“武汉市文化和旅游局”2021 年 3 月 11 日发布的视频。

在短视频平台进行现实和虚拟场景构建时，除了使用平台自带的新技术进行辅助，视频画面精美也是非常重要的。抖音的用户数量比较多，用户的身份复杂，但是绝大多数用户并没有接受过画面编辑的专业培训。因此当前游客随手拍摄的视频占绝大多数，这种视频没有通过后期处理，简单地使用手机进行拍摄。这种视频具有明显的场景化特点，但是整体的同质性比较强，视频质量不高。

在对 148 个抖音视频样本进行对比后得出，官方的短视频中运用到的剪辑技巧要更多一些，视频画面更具有震撼性。在研究的抖音号“武汉市文化和旅游局”的 50 个样本视频中，有 13 个视频样本采用了航拍技术，而且江滩芦苇随风飘荡的慢镜头、江滩景色的延时拍摄、昙华林街道的定点拍摄等都展现出了一些画面编辑的思维，关注景点的局部特点。滤镜的合理使用以及背景音乐的搭配逐渐成熟。其所使用的视频摄影以及剪辑技巧更加多样化，使用逆光拍摄以及延迟拍摄充分地体现出古德寺具有的魅力。

新技术的出现拓宽了“场景”的边界，也给了用户更多想象的空间，武汉的宣传视频中描绘的武汉城市景象，有高耸入云的大楼、波澜壮阔的长江，落英缤纷的樱花、络绎不绝的江汉路，这些视频描绘出了人与武汉这座城市美好共处的和谐场景，激起他们对于武汉这座城市的向往。在场景构建以及场景被观看的过程之中，真实世界和虚拟世界在短视频里发生融合，从而产生更丰富的情感价值。

（五）定位系统：助力短视频扩散和传播

定位系统被简称为 GPS，“无定位，不场景”的营销观念在当前场景时代尤为突出。因此在城市形象类短视频场景构建环节，需要联系用户的地理信息进行有针对性的推送，或者给一些目标清晰的用户提供精准导航，告知用户城市的具体定位信息。场景与定位相融合的城市形象类短视频传播比纯粹的虚拟场景更满足用户的实际需要，在对短视频进行推送的时候需要关注处于不同地理空间的用户对城市景点场景的不同需要。

根据对 148 个视频样本的分析，有 56 个视频中添加了与武汉相关的地点定位，占比达到 37.8%，其中武汉市文化和旅游局在抖音平台的官方账号“武汉市文化和旅游局”投放至抖音的短视频中，有 35 个视频都进行了地理位置定位，不仅有“武汉市”的定位，还有“汉口江滩”“武汉市吉庆街”“武汉市东湖绿道”等，更是细分定位，受众在短视频平台进行搜索时，细致的地点划分能够更好地满足受众的需求，更能够抓住受众的注意力。定位系统能够了解用户的实际需求，以及提供针对性的推送，其主要体现在两个层面。首先用户可以去观看城市形象类短视频，发现在现实场景中存在的景点以及食品，利用定位系统来精准地寻找到目标。特别是在一些探店类的短视频中，用户在观看了探店类的短视频后有可能会产生产品消费欲望，希望获得短视频同款的产品，而定位系统能够帮助用户前往短视频所记录的目标地点，让观众能够精准定位短视频展示的目标场所。此外短视频平台使用大数据技术对用户的画像进行精准刻画，在进行城市形象类短视频推送时，也需要利用定位系统来对用户所处的位置进行一定的预判，结合用户的地理位置以及多种因素分析用户的消费需求，进一步给用户推送有针对性的场景与服务。

综上所述，对于城市形象短视频的传播需要利用“场景五力”，这几种因素相辅相成，缺一不可。武汉城市形象传播短视频平台利用定位系统分析用户的地理位置，之后使用大数据技术获取的信息生成精准的用户画像，使用传感器获取用户的环境信息，让用户能够快速进入武汉城市形象传播短视频所创建的沉浸式城市场景之中，从而实现有针对性的场景建构。

三　内容维度：传播端场景叙事演绎

武汉城市形象宣传短视频使用“微叙事”的表现方式将武汉地区的建筑物特点、城市景观以及武汉美食等内容有效展现，让武汉的日常生活百态完全呈现在目标受众的眼前，让受众拥有身临其境之感。受众沉浸在短视频所构建的场景里，能够大大提升受众的代入感，让短视频成为创作者和观众之间交流的情感纽带。通过分析武汉城市形象短视频场景叙事，我们发现，武汉城市形象类短视频有着多元化的特点，而短视频的多元化叙事场景属于未来主要的发展趋势，利用多元化叙事场景能够让叙事所包含的内容更加丰富立体，能够塑造更加全面的武汉城市景观。本章节将武汉城市形象类短视频的内容叙事种类主要划分为城市中的人物、樱花景观、丰富的美食文化等方面。

（一）叙事主题：多样叙事类型共建叙事场景

1. 人与城市的“和谐感”

在一般的认知里面，更多强调的是人与自然的和谐，但是从社会角度出发，人类是社会性的动物，在日常生活中与城市、社会所接触的范围更广。早在2016年武汉就被定为超大城市，据统计，2021年武汉的常住人口达到了1364.9万人，相较于2020年增长了9.6%，[①] 由此可见武汉也是一座人口大城，所以武汉人民与武汉城市是相辅相成的。

在本节的样本研究中，即使传统维度的城市宏观元素经常在视频中出现，但还是有不少转向人和自然、人和城市和谐共处的维度，人和城市共处层面的短视频获得了高浏览量。而在人与自然之间的和谐共处方面，主要有歌舞类短视频、旅游类短视频以及户外探险类短视频。这些短视频能够展现出人和城市之间的融合，从而塑造出一种美好、轻松的城市印象。与传统的拍摄城市景观宏大的表现手法不同，这些展现人与城市和谐感的视频大多都没有使用摄影技巧，简单的画面再加上柔和的背景音乐，就可以让受众感受到武汉的人情味。例如武汉的抖音自媒体账号“武汉攻略”在2022年7月9日发布的一条获得5.1万赞的5秒短视频中仅用了一个“摇镜头”来展现江汉路当天的落日美景（见图6-6），在视频中，长长的江汉路上人山人海，大家都拿着手机拍武汉傍晚的美景，视频发布者拍下了武汉的建筑、武汉的人和武汉的天空，三个元素放在一起就成了一条让受众感觉身心放松的视频。美丽的景物、美丽的城市和美丽的人这些要素在短视频中有着类似的功能。美丽的景物有着背景的功能，比如说长江旁的夕阳、夜晚的黄鹤楼等；美丽的人主要作为中心符号出现在大量的短视频之中，将人与人之间的关系以及人和自然之间的关系作为中心进行信息传播；在美丽的城市之中则包含有美丽的人以及美丽的景物，共同塑造观众对城市的印象。如果从受众维度来看，这种类型的视频能够带给人愉快和轻松的感觉。不管是城市形象宏观维度的叙述，还是对城市人们日常生活的叙述，“幸福和美好生活”是短视频中最显著的意义表现。

2. 独特的城市景观——浪漫樱花

景观最初属于地理学的学术用语，通常指的是地表能够观看的景象。景观并不是一种个体性的定义，指的是能够展现社会性以及文化性的抽象

---

① 《2021年武汉市常住人口达1364.89万人》，https://www.cnr.cn/hubei/yw/20220407/t20220407_525787864.shtml，访问时间：2022年4月。

图 6－6　抖音账号“武汉攻略”截图

资料来源：抖音账号“武汉攻略”2022 年 7 月 9 日发布的视频。

定义。它不仅代表着自然中的一些景色，同时还包含在此基础之上产生的社会群体，包括政治、文化以及经济在内的共同存在。[①] 城市景观不仅有物质化的内容，同时也有一些非物质化的内容，简单来说，武汉城市景观为多家老字号店铺所组建的怀旧风情街，同时也可以是拥有丰富历史底蕴的黄鹤楼，有百年校史的武汉大学等，这种解读在无形之中影响着人们的思维和立场，在新媒体语境之下网络媒介的描述共同塑造武汉居民的文化景观内涵。

武汉作为一座历史悠久的古城，自然景观和武汉有着紧密的联系。城市的历史性和城市的环境息息相关，而历史性城市的出现以及长期发展必

① 〔英〕迈克·克朗：《文化地理学》，杨淑华、宋慧敏译，南京大学出版社，2003。

须依靠自然环境，此外，武汉在一定程度上是其自然地形地貌形塑而成的，有着丰富的水资源，在持续的发展演变过程中产生了富有特点的视觉景观，展现出富有特点的空间形态和自然景观。武汉樱花景观在近几年闻名世界，“樱花胜地”——东湖磨山樱花园是世界三大樱花观赏地之一，同时也是亚洲前三面积最大的樱花园胜地之一，在樱花园中所种植的首批樱花为原日本田中角荣赠送给邓颖超的，之后邓颖超将日本所赠予的樱花转交给武汉。东湖的绝大部分樱花是中日双方代表在1998年种下的。每年的3月20日—4月中旬，是武汉樱花盛开时期，这里花朵如云，溢彩流光。在园区之中，樱花的美让人陶醉，而且在樱花花海中有着一座具有秦汉历史风韵的高塔，和附近的环境融为一体，美丽得仿佛回到了古代的皇家花园中。1978年所建设的磨山樱花园当前有关山、大岛樱等30多个樱花品种。樱花园背靠着青山，几千株樱花树肆意盛开。围绕着湖边溪旁盛开的300余棵垂枝樱花，深受摄影师们和短视频拍摄者们喜欢。

使用现代化的网络资源来塑造城市形象以及宣传城市形象是当前的常态，充分满足现代居民的物质和文化需求是城市发展的核心内涵，也逐渐演变成了城市朝现代化与国际化发展的重要表现。在过去的互联网之中，对武汉搜索出的信息往往和武汉的历史文化有关，搜索出来的是武汉市博物馆、辛亥革命纪念馆等场所，这些展现着城市所具有的历史文化，代表着广大武汉市民对城市的期盼以及向往，拉近了城市和市民之间的距离。但近些年在短视频的发展和武汉市政府对武汉樱花的宣传下，“武汉樱花”也成了武汉的代表性符号之一。在抖音短视频中对“武汉樱花”话题进行搜索，显示有高达8769.7万次的浏览量。

武汉市政府也很看重对武汉樱花的宣传，在武汉市文化和旅游局的官方抖音账号界面上置顶的第二条视频是以“江汉路老建筑变身光影幕墙，樱花树下，我们相见在武汉”为宣传文案的武汉樱花季宣传视频，视频中用灯光做成的樱花花瓣照亮全城，新的展现樱花的方式给受众带来新奇的视觉感受。

在技术和短视频平台的融合之下，樱花媒介景观会越发具有代表性和新鲜感。不管是“媒介是讯息”还是“媒介属于人的眼神”，都反映出了信息技术高速发展产生的力量。武汉当地的自媒体以及官方媒体展现的城市景观是对这座城市的历史以及现在和将来的展示与延伸，是对媒介中所包含的历史人文精神的重要传承，不仅具有现代的物质形态，同时还包含丰富的城市内涵。武汉市的短视频传播媒体所呈现出来的武汉樱花宣传片并不仅仅是武汉城市建筑和武汉樱花，而是一种象征着武汉城市与自然相和谐的城市内涵。这种拥有着深沉之内涵以及韵味的媒介景观会伴随城市产业以及经济的发展而出现持续改变，或者会产生一种理想和现实中的交融状态，特别是在当前的互联网技术时代之中，它会随着信息技术以及媒介的使用将媒介创造的城市形象利用手机以及电视等多种传播渠道传送到人们手中，使用网络媒介所塑造的景观城市深入广大人民群众的意识内。

3. 丰富的美食文化

美食是中国传统文化的重要载体，美食是人类文化的重要组成部分，美食是一种人们生理层面的必需品，同时也能够反映出我国各地的地域文化 。武汉当地的自然环境和地理位置比较优越，因此物资比较丰富，这也是武汉美食文化产生的良好基础，目前武汉美食文化旅游街研究也逐渐成为武汉市旅游文化的主流研究之一 。进入 21 世纪之后，随着经济的高速发展以及人们生活质量的提升，人们的行为慢慢突破了基本的“吃”本身，“吃”变成一种展现城市的非常有趣的文化现象，产生的文化现象属于城市发展的关键文化力量 。美食文化属于人类社会发展过程中的一种重要生存文化，首先食物是人类生理层面的基本需求，除此以外它还能够展现出地方的地域特色，因此，在各种各样的城市文化中，美食文化相对来说拥有着非常质朴而且深入人心的力量 。城市属于人 、空间与时间的聚集场所，拥有的美食文化也非常复杂，美食文化具有其丰富的一方面，同时还拥有特殊的一方面；具有高雅的一方面，同时还拥有世俗的一方面；拥有历史悠久的一方面，同时还有现代时尚的一方面。各种美食文化蕴含在城市内部，通过城市美食街的方式表现出来，这些美食街共同塑造了城市的美食旅游文化风景。

“过早”是武汉人的说法，象征着武汉人对这座城市深深的依恋。武汉的美食早点主要在街头巷尾中，具有较强的即食性特点。经过长期变迁，武汉的美食文化持续传承，武汉人的饮食习惯也得到了良好的传承，因为武汉的早餐文化非常丰富，所以武汉被人们友好地称为“早餐之都”。带有明显地方特点的美食通过短视频的剪辑和深加工，会产生更丰富的文化内涵。在外工作的游子看到这种类型的短视频，能够被短视频所塑造的氛围影响，此方式能够激发观众的思乡情感，让观众对短视频的内容产生深度的情感共鸣，发布这种文化情感类的短视频内容能够吸引大量的圈层化粉丝。武汉美食抖音短视频账号“舌尖武汉”在抖音平台拥有超190万人次的粉丝，“武汉好吃佬”在抖音平台也有超过70万人次粉丝，他们的视频展示了武汉的美食制作场景，展现的都是武汉极具特色的美食——热干面、豆皮、藕汤。此外武汉还是个夜市之城，随着武汉高校文化的发展，不少武汉的美食视频博主将“财大夜市街”“湖经小吃街”等高校特有的小吃夜市街搬上了抖音，这样的高校美食文化正与武汉市提倡的“发展科教旅游”相呼应。抖音号“舌尖武汉”更擅长挖掘武汉的巷子美食，视频里以外地人来武汉开餐馆的故事为多，以故事的形式来表达美食与主人公的关系。在短视频里，美食是一种重要的符号媒介，短视频中的人和故事是画面的中心部分，而美好愉快的家庭氛围被充分展现出来。而且，在当前互联网技术高速发展的时代，地方饮食文化的差异也是构建地方媒介印象的重要方式，乡土类美食短视频在传播之中利用美食制作创造了具有地方特色的城市形象，而且伴随不断传播，获得了更多受众的关注。

（二）镜头语言：用户“在场感”的延伸

镜头属于视频的基本单位。而镜头语言指的是使用镜头来传递视频思想、表达创作者情感的方式，画面是镜头语言中的基本部分，镜头包含近、中、远镜头以及特写镜头。在移动互联网时代，新的视听传受方式是短视频语言的动力。从观看到拍摄，短视频成为人们日常生活中传递情感、记录生活日常的崭新媒介。拍摄、传播，视频制作的全部过程都能通过手机实现，是电视以及电影之后又一种崭新的视听传播方式。在广义维度，手机视频包含了能够在手机之中播放的所有视频内容；而在狭义维度，它指的是使用手机生产传播的视听内容。视听语言伴随影视媒介的出现而出现，同时不断发展，摄像镜头、色彩以及光线等元素构成新的语言形式。短视频在平时主要使用的是传统视听内容，视听语言是如同文字一般的交流工具，是一种以手机为基础的交流语言。使用科学的镜头语言可以让叙事的深度增加，让观众具有沉浸感，激发观众的情感共鸣。

在视听设备的使用方面，传统的视听内容需要专业的影视摄影器材拍摄，追求高质量的观赏效果，手机摄影无法实现，但是手机所具有的灵活度是专业的影视摄影器材无法具有的优点。手持拍摄让手机摄影具备了鲜明的特点。短焦镜头构成了大景深为核心的构图，拥有较强的现场感。短视频的创作者有很多是没有受过专业训练的，包括传统媒体在内的很多专业摄影师在短视频发展初期对于拍摄和剪辑适合短视频平台的视频也没有过多的专业性。但随着短视频和剪辑软件的发展，现在也有很多短视频博主会用运镜技巧和“蒙太奇”剪辑手法来叙事了。在城市形象传播当中，画面的叙事角度直接影响到整个视频的和谐度。在展现武汉城市的繁华的时候，抖音号“武汉市文化和旅游局”的摄影师会频繁利用航拍来体现“大武汉”，用仰拍来展现武汉的高楼大厦，且有不少“长镜头”和“伪长镜头”，一些“伪长镜头”使用音乐节奏卡点，采用许多的动势以及色彩进行搭配，采用假的一镜到底影视剪辑技巧（见图6－7、图6－8、图6－9），这对摄影师和剪辑师的专业素养要求非常高。用有真实感的长镜头拍摄城市景观，采用沉浸感视角为主要类型，观看的受众如同在创作者身边，不管真伪“一镜到底”，其最终的目的都是让受众和镜头融合，让观众有“在场感”。

快手以及抖音等平台相继推出自己的手机短视频剪辑软件，比如抖音的剪映，手机类的短视频剪辑软件数量持续增加，手机所拥有的视频剪辑功能逐渐丰富。相对于传统的 premiere 等专业人员所使用的视频剪辑类软件，手机剪辑软件有着傻瓜式操作的特点，而且手机剪辑软件能够自动生成语音素材，可以一键拍同类型的视频，还提供了智能化剪辑功能。在全民化参与短视频生产之下，短视频具备蒙太奇风格变得轻而易举，其镜头有着碎片化的特点，后现代感拼接、越轴、无缝剪辑以及数字特效等技巧被短视频广泛使用。我在样本研究中发现不少自媒体创作者在创作武汉宣传视频时用的是抖音的“一键成片”模板，抖音上“#武汉旅游”话题中点赞量排名第二的“@王朋友的小朋友”发布的武汉宣传视频用的就是抖音上很火的“魔性”剪辑模板，将一张张武汉的碎片化景观拼接在一起，再配上洗脑音乐，成功调动了受众的视觉和感官。而因为时长方面的局限性，叙事并不属于短视频的特点，短视频旨在在非常短的时间内抓住观众

图6－7　抖音账号“武汉市文化和旅游局”截图

资料来源：抖音账号“武汉市文化和旅游局”2021年4月12日发布的视频。

图6－8　抖音账号“武汉市文化和旅游局”截图

资料来源：抖音账号“武汉市文化和旅游局”2021年4月12日发布的视频。

的眼球，重视观众情感的调动，更容易形成二次甚至是多次传播。

（三）背景音乐：深化用户场景认知

音乐方面的选择对于武汉城市形象类短视频的传播有着重大影响，贴切的音乐能够构建具有沉浸感的场景空间，利用声音塑造空间感以及节奏感，让短视频的叙事情节更为饱满，同时让观众在观看的过程中具有更强的沉浸感。对于不同种类的短视频，其背景音乐的风格特点明显不同，甚至在相同的短视频里结合视频内容的变化以及叙事节奏的改变，背景音乐也会出现明显变化。比如钢琴曲是绝大部分视频的背景音乐，但是在视频中可能会出现一些节奏较快的镜头，这时可以将其调整为节奏感更明显的

图 6－9　抖音账号“武汉市文化和旅游局”截图

资料来源：抖音账号“武汉市文化和旅游局”2021 年 4 月 12 日发布的视频。

现代流行乐。整体来说背景音乐应当结合视频内容的变化来进行合理选择，视频内容里的叙事节奏的改变会对背景音乐的挑选造成影响。同时，把音乐的节奏以及完整的乐句作为基础，使用卡点的方式完成镜头之间衔接的剪辑是很多短视频的特点，使剪辑完成的短视频和音乐节奏保持高度统一。在音效的使用方面，大多数短视频使用的是原声，保留了短视频录制的真实产品信息。例如，在抖音账号“庆哥出趣玩”发布的文案为“到武汉超嗨超 swag 的玩法是什么？跳东湖呀！”的短视频中，东湖流水的音效就是现场的真实声音，其中融入一些轻快的音乐，让视频和音频两者高度融合。

对于城市形象宣传视频的音效来说，能让受众产生共鸣是很重要的一点。学者兰德尔·柯林斯（Randall Collins）提出情感能量属于互动仪式链中的核心内容，同时也是仪式产生的重要促进力量 。而伴随科技高速发展，现代人的生活质量迅速提升，但是现代人在生活中也有很大的压力，产生了孤独的感觉，许多人只能使用手机进行交流，而短视频的背景音乐不仅仅是创作者用来抒发情感的工具，也是受众宣泄情感的出口。在抖音账号“夕颜 Fairy”发布的文案为“当心情烦躁时，就来古德寺走走”的短视频中，古德寺的钟声配上轻缓的音乐，让受众焦躁的心情得到舒缓。而抖音账号“威仔”发布的文案为“来武汉旅游不知道去哪里玩，这篇攻略赶紧收藏!”的视频中，布满青绿色的东湖画面搭配轻快的背景音乐，让受众也能感受到一丝凉意，增强了受众的体验感。高质量的短视频属于视听场景的融合作用，背景音乐的合理使用能够让短视频的艺术性获得提升，提高短视频的质量，而在融合场景之中能够让短视频所具有的文化内涵更加丰富多彩。音乐属于对人的情感进行传递和表达的重要工具和手段，让视觉与听觉等多种感官相互融合，强化用户的场景认知，同时铸造出具有更强沉浸感的体验场景。①

四 用户端视角：场景构建的要素

本章结合我国的学者彭兰所给出的场景构成要素——基于空间和环境、用户实时状态、社交氛围以及用户生活惯性来探讨武汉城市形象短视频传播。

（一）空间与环境：媒介情境化下的场景“移动”

场景主要包含空间位置、行为环境特点、特定环境之中人的互动和行为模式。② 空间和环境两者有着一些不同，然而在场景研究中不能够将这两者独立来分析，需要将其作为一个整体来进行分析。空间与环境和用户生活习惯有着紧密的关系。移动媒体场景基于空间与环境维度来进行区分可以将其划分为固定场景以及移动场景。固定场景内部环境保持相对稳定性，人和场景之间的联系也处于稳定状态。在过去的传统媒体时代，用户使用网络场景基本限定在公共空间内部，比如说在办公室中、在书房中以

① 任东方、罗见闻：《新媒体形势下镜头语言的运用》，《科技传播》2020 年第 18 期。
② 彭兰：《场景：移动时代媒体的新要素》，《新闻记者》2015 年第 3 期。

及在网吧之中。然而在当前的移动媒体时代，使用者使用媒体通常是在私人空间中，比如说在卫生间中或者在卧室中。图书馆和教室等场景是一种有限的物理空间，所处的环境具有相对稳定性和开放性，人可以自由进入以及离开此空间，处于空间中人的行为以及认知存在一些相似之处。根据2018 年抖音所发布的数据报告，抖音使用者主要的使用时间为中午的12—13 点，晚上的18—19 点以及21—22 点，这几个时间绝大部分用户都在家中使用抖音，在私人场景中使用短视频完成社交行为。而对于开放性固定场景，在餐厅里主要是为了就餐，在教室中主要是为了学习，而在办公室中只是为了工作，处于其中人们需要考虑到其他人的行为和环境特征，处于固定场景之中会导致自身受到影响约束。对于餐厅中这种对其他人造成影响不大的固定场景，人们在移动终端方面的使用存在差异，人们可以使用更加生动的方式来记录日常的生活，在短视频平台中打卡记录，所以采用短视频进行社交的场景数量会不断增加。

人们在移动场景中仍处于不断变化的场景内部，主要指的是在上班的途中，比如说在地铁之中、在坐公交车移动的过程中等。移动场景中有许多无法预料的因素，导致人们无法集中注意力做某一件事，在坐地铁的过程中人们不仅需要休息，同时还需要留神注意到站的消息以及附近乘客的行为，因此处于移动场景中人的碎片化需求提升。以抖音为典型的短视频平台正是有效把握住了碎片化的生活场景，将观看 15 秒、30 秒或两分钟以内的短视频这一行为填进人们日常生活的空隙。在进行城市形象传播时，将碎片化的、具有城市特征的建筑、自然景观、美食的图片或视频剪辑成一个时长为30 秒左右的短视频，会让用户在较短的时间内了解到一个城市，并与视频中的内容产生共鸣，这就有了人们常说的“来一场说走就走的旅行”。在抖音短视频平台的“#武汉旅游”话题中，“@夕颜 Fairy”在2022 年 1 月 7 日发布的武汉景点介绍视频中，将东湖之眼、光谷步行街、解放公园等 11 个武汉热门旅游景点的视频剪辑成了一个 15 秒的短视频，该视频截至 2022 年 12 月 1 日获赞 5.9 万次，评论量 1.1 万次，转发量 1.7 万条，在评论区有不少网友都@了自己的朋友或亲人并给出“一起去”“立马走”等评论。只有短视频才能让用户在 15 秒的时间内对武汉产生兴趣，并有了去武汉旅游的想法。

在当前的媒介环境中，以手机为依托的物质化技术使用特殊的方式构建了人们的移动实践类媒介场景，随着时代的发展，如今人们日常生活、学习和休闲不会被固定在特定的场地之中，而是处于不断的移动和变化过程中，比如说在上下班的地铁上使用智能手机继续工作或者进行碎片化的娱乐。媒介创造了一个包含移动的环境，手机不仅是一种机器设备，同时还包含物理空间、虚拟空间以及存款共同塑造的场景设置，使用媒介化场景实现场景移动，让场景的移动性更为明显。人们能够在不断变化的场景中，紧跟着身体的不断移动，和场景进行融合，不管是在实体空间内部的线性移动，还是虚拟空间和现实空间的随意切换，人能够在物理场景和媒介场景中自由控制自身状态。比如前面提到的武汉的江汉路步行街将抖音 AR 实景技术与城市建筑相结合，就是最好的例子，用户在身处江汉路步行街时只需使用手机抖音软件上的 AR 技术就可以及时与百年历史建筑进行互动，这在一定程度上加深了用户或者游客的游玩体验，提高了其对江汉路的好感度。

（二）用户实时状态：场景与用户信息的精准匹配

用户实时状态指的是使用者在固定或移动场景中所出现的想法以及所产生的行为。用户所表现的实时状态有一定可能是生活惯性所导致的，也可能是一些偶发性影响因素导致的，这和用户时间以及空间要素有着密切的联系。不管是在持续不变的固定场景之中，还是在变化更加明显的移动场景之中，可以采用传感器等设备来获取用户的实时信息以及用户所关注的身边环境数据，结合用户的状态情况以及实际需求来提供针对性的服务。

互联网的交互性让信息量出现高速增长，现代人被海量的信息包裹在其中，但仍有着特有的兴趣和爱好，会有目的性和选择性地挑选自身所感兴趣的信息，会将一些不感兴趣的信息进行排除。而短视频社交如果想要充分展现其场景作用就需要去精准定位使用者的兴趣。利用大数据技术、传感器等多种工具来对使用者的行为进行研究，不仅能够了解用户当下的兴趣，同时还能了解用户是哪里来的、干了什么，在之后想要去干什么，基于场景而灵活地对用户设计个性化的用户画像，结合用户的实际需求让信息和服务之间高度匹配。

今日头条之所以能够打破互联网巨头的垄断，在当下的互联网格局下占据优势地位所依靠的就是精准的算法推送技术，抖音是今日头条的主要产品，得到了今日头条的算法支持，利用该算法能够了解用户的实时情况。比如抖音数据统计出的用户使用抖音时间段数据，抖音用户活跃时间有两个高峰期：中午饭点12—13点和晚上休息娱乐时间19—21点（见图6－10）。最简单的算法为结合用户的注册信息来进行信息过滤，用户的注册信息包含年龄、常住地、职业以及兴趣爱好等，这些信息在用户注册账号以后就被保存在信息数据库里，在用户登录账号之后，应用程序就能够得到用户的基本信息。之后将用户的基本信息和用户实时状态相关联，生成和用户具有高度匹配的用户画像，之后结合用户画像和用户场景去推送一些和用户匹配度最高的信息，从而完成场景传播。

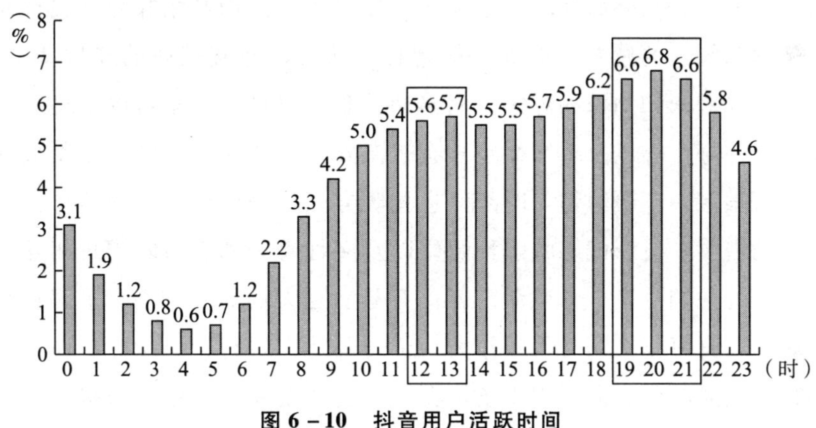

图6－10　抖音用户活跃时间

（三）用户生活习惯：碎片化的信息需求

用户的生活习惯和用户行为之间有着非常紧密的联系。用户日常的生活习惯是用户生活多年培养而成的，因此用户的需求和用户的生活习惯有着密切的关系。用户行为场景主要包含偶发性场景以及习惯性场景两种。其中习惯性场景指的是用户在平时日常生活之中，对某些固定场景以及频繁产生的场景所实施的习惯性行为。这种类型的用户场景行为有着一定的内在规律。

伴随AI技术的高速发展，如今的移动设备之中设置有许多的传感器和信息探测器，移动设备具有较强的感知能力。用户在生活环境之中实施的，不管是偶发性的行为还是必然出现的行为，都会被这些传感器所收集和保存下来，从而整合成用户行为数据。用户喜欢观看长视频还是短视频与用户的生活习惯也有很大关系，在固定场景中的人行为状态比较稳定，有较多的时间来观看长视频，而在移动场景中的人则有较多的行为变化，只能利用碎片化的时间来观看短视频。在 148 个视频样本中有 97 个视频时长小于或等于 15 秒，占比 65.54%；有 51 个视频时长超过了 15 秒，占比 34.5%。其中点赞量超过 10 万次的有 79 个，视频时长小于或等于 15 秒的有 43 个，占比 54.43%；视频时长小于 15 秒的有 36 个，占比 45.6%。样本数据分析得出，短视频的用户更适应于小于或等于 15 秒的视频，用最节约时间成本的方式来获得自己需要的信息。

人类对外部环境的感知和认识主要来自自身的观察和分析，互联网的连通性让人类感知外部环境的范围大幅度扩大，人们利用媒介来提升自身对外部信息知识的感知，能够了解到自己所无法直接接触的知识和事件，来降低自身对未知知识的恐惧。而移动互联网时代非常丰富的信息获取渠道让人们的好奇心以及求知欲望被有效激发。现代人的时间被分割成许多碎片，有很多人不再习惯长时间信息接收方式，因此碎片化的信息更满足这些人的需要。抖音能够将多种职位以及多种身份和区域的用户相互关联在一起，让他们分享日常生活内容，充分满足人们的好奇心，了解自身无法接触的新鲜事物，同时将其作为谈资与其他人进行社会交际。而且在当前的移动场景时代，即使用户场景在发生动态变化，但用户消费周期具有稳定性。在每一个固定的消费周期中用户的习惯场景基本上维持恒定，而且用户对信息的倾向和选择保持统一。所以用户在场景之中首次接收了相关的推送信息，在之后再次进入此场景中依旧会做出相似的行为。

（四）社交氛围：构筑群体情感认同

在社会中生存的人具有整合需求，而社交属于一种科学有效的整合方式，从移动互联网的一代转型到二代，基于用户需求开展沟通和交流，如同人们所说的“无社交，不媒体”。社交媒体能够给用户提供充分的表达空间，转变了过去媒体受众的接收信息模式，让信息之间的流通产生互动性。社交这个属性从互联网二代衍生到了三代，也就是如今的场景时代，学者斯考伯提出社交媒体属于场景的关键动力，社交氛围是场景的重要部分。学者沃尔特·李普曼（Walter Lippmann）提出在人类和环境两者之间有一个拟态环境，人类会对此拟态环境做出一些行为反应。社交网络是人和真实世界交流的媒介，利用社交网络在虚拟环境中塑造了一个和真实世界相似的环境，同时让这种环境拥有一定的精神内涵。[①] 互联网受众在虚拟环境中能够对视频以及图片进行分享，展开思想的沟通与交流，体会类似于现实存在的环境氛围，体会人际交互所拥有的情感体验。所以社交网络属于让个人和外界紧密关联的枢纽。社会受众能够在此虚拟环境中模拟现实的社交，对信息进行共享，对情感进行交流。所共享的信息又激发了人们在某个场景中真实出现的感觉，从而让虚拟的感觉转变为现实的感觉，在真实与虚幻中体会着社会归属感。人们使用短视频通过点赞、评论和转发，期望获得一种能够沟通与交流的氛围，希望拥有和真实环境类似的沟通与交流的平台。

用户因为自身习惯以及实时状态等方面因素的影响，可能存在兴趣差异，同类型兴趣的用户会对相似内容产生兴趣，更容易汇聚到相同的情境之中，特别是拥有强大情绪感染力而且具有体验性的场景尤其如此。抖音最初的定性为音乐 UGC 社区，官方采用设计话题挑战的方式来激发用户的创作积极性，让整个社区的内容更加丰富，增强社区的活力。另外，用户自己也可以发起挑战。在抖音的“话题”一栏上搜索“武汉”会出来“#武汉加油”“#武汉美食”“#武汉话”等相关话题，话题“#武汉”的浏览量高达 604.1 亿次。除了话题之外，短视频中所包含的一些定位信息同样也是社区的“入口”，点击其中的定位标识就能够进入该定位中，发现更多同一地理位置的短视频，在抖音的“东湖生态旅游风景区”定位中有 6.5 万次点击收藏，“江汉路步行街”的定位中有 6.1 万人选择收藏。短视频之中的定位以及话题属于进入某种社区的“入口”，相同兴趣爱好的用户能够集聚到某个话题以及定位内部，从而实现在场景化的社区中进行互动和创作。

短视频的用户也在观看互动中获得参与感，如今手机应用市场竞争非常激烈，大量移动应用程序都融入了社交元素，利用社交让用户相互关联，用户能够积极参与其中进行沟通和分享，个体的能量能被广泛调动，

---

① 彭兰：《新媒体时代拟态环境建构的变化及其影响》，《中国编辑》2022 年第 12 期。

用户可以传播以及生产自己所关注的信息内容，同时也让应用的内容更加丰富多样化，利用彼此之间的连接大大提升了用户对应用程序的黏性。在50个主流媒体样本中有13个视频样本评论区中发布者与网友进行了互动，占比26%，在98个自媒体视频样本中有73个视频样本的评论区发布者与网友进行了互动，占比74.49%。抖音给用户提供了完善的互动工具，用户可以和视频发布者进行沟通，采用点赞以及转发的方式来表达个人的态度和观点，视频发布者也可以回复信息来对其进行信息反馈。用户相互之间也可以进行交流，用户对评论区中自己认可的观点和态度也可以点赞，可以评论其他人，而那些高质量的评论能够得到许多点赞以及回复，有用户会觉得视频里的评论互动比视频本身更有意思。例如在抖音上，因用武汉话说“腌鱼！腌鱼！腌鱼！”而走红的“李傅清”发布的视频评论区里面经常会有外地的网友模仿他用武汉话在评论区里进行交流，也有网友在评论区里因为是否喜欢李傅清自制的黑暗料理而形成“对立”两派的，虽然看起来是“对立”的局面，但实际上是在评论区里营造出一种融洽的虚拟社交氛围。

第三节　武汉城市形象短视频传播的问题呈现：基于传播端与用户端的耦合分析

一　技术层面：技术赋能的弊端

（一）场景连接中的移动技术障碍

因为场景连接之中存在移动技术障碍，信息传播效率不高。首先，多种短视频平台之间存在竞争性，因此平台之间的交互受到影响，受众没有办法在传播过程中完成裂变传播。比如说如果某个用户观看到黄鹤楼的宣传视频认为视频内容质量非常高，希望将这个短视频分享给自己的朋友，完成线上线下的快速转换，然而短视频平台和其他平台没有办法快速地进行交换，所分享的信息只是一段复杂的文字，需要将这一段文字链接复制到浏览器中才能观看到黄鹤楼视频，这种烦琐的操作会让信息传播中断，最终对城市形象传播造成负面影响。

其次，即使当前的移动通信技术在高速发展，但是部分地区的网络信号有时候也可能会中断，比如说有时候火车会经过一些比较长的隧道，或者网络使用人数过多，在一些比较偏僻的旅游景区中，就没有办法利用短视频平台来进行交流和互动。这导致平台和场景之间的关联出现中断，如果用户对内容非常感兴趣但是又没有办法马上进行分享，也会影响城市形象传播整体的水平和效果。

而且当前有一些短视频平台没有全面覆盖多个地区以及多个年龄阶段的人群，这也造成了使用短视频来对城市形象传播受到一定的限制，绝大多数的目标受众为90后，而对于年纪较大的老人则没有进行很好的传播。而城市形象使用短视频平台进行传播，其覆盖的人群不够全面，直接影响着个人和其他群体之间的关联。而且在不同的区域短视频用户覆盖率和使用频率有着明显的差异，这也会影响用户场景和城市形象短视频之间的连接。结合2018年抖音信息数据公告，在中午发抖音最活跃的城市为成都，而在晚上刷抖音最活跃的城市为深圳。其他一些城市用户所获取的武汉城市形象信息并不多，而在2018年抖音城市排行榜上点赞数量最多的是北京、上海和成都。

（二）算法推送致使信息失衡

短视频是现代互联网时代所出现的新兴事物，而且在大数据算法的帮助之下获得了高速发展。短视频之所以能够获得成功是因为用户有足够高的黏性，让平台获得足够多数量的用户。利用短视频平台的功能以及内容来防止用户流失，这样短视频平台才是成功的。比如抖音利用今日头条的先进技术支持，对用户的搜索信息、点赞信息、关注信息以及观看时长信息进行收集和处理，利用智能算法针对性地推送有关信息，给每一个抖音的用户提供针对性服务，从而调动用户情感，大大提升用户体验。

精准算法推送是抖音非常自豪的技术，能够给用户提供良好的播放体验，然而如果从大众获取信息层面来看，精准推送虽然短时间来看能够满足人们的兴趣，然而长时间下去，用户只能够获取到自己感兴趣的内容，对于不感兴趣的其他信息完全忽视，这无法实现个人的可持续发展。抖音平台收集了所有用户的兴趣和爱好、播放信息、浏览信息，在海量信息中挑选针对性的信息推送给个人，在针对性的信息推荐算法之下，有可能造成用户所获取的信息处于长期失衡状态。

很多高质量的信息内容无法获得有效曝光，而一些蹭热度的视频播放量却非常高，这并不是一种良性信息分享方式。目前互联网短视频内容数量非常丰富，大量精彩的内容不断出现，大众有着更强的新鲜感以及好奇感，使用历史记录来进行推送，非常容易导致用户出现厌倦感，最终导致平台用户流失。

二　内容层面：参差不齐的创作水准

（一）趋于同质化的虚拟场景构建

在新媒体时代下，由于短视频生产传播的门槛较低，对于创作者没有任何专业的标准化要求，一方面有不少创作者没有专业上的创作水平；另一方面整个短视频市场有着非常激烈的竞争，创作者想提高关注度，希望视频对观众具有更大的吸引力。根据《短视频与城市形象研究白皮书》[①]所公布的数据，排名在前 100 名的城市形象视频有 75% 以上都是个体创作者创作的视频，因此个体用户是抖音平台中城市形象视频创作的主体。短视频创作者中民众化的普遍性会导致在内容的创作中存在同质化严重的情况。

人们对短视频的原创度非常重视。但是目前短视频平台上有许多内容接近的短视频，短视频并没有太强的原创性，在个人用户创作中几乎没有用户将虚拟技术放入短视频中，这可能会导致观众在观看短视频的过程中感觉到乏味，直接影响视频的观看人数。例如在“#武汉旅游”话题视频样本中有将近 30% 的视频是卡点视频，虽然碎片化和有节奏感的卡点视频可以刺激受众的大脑，从而使其释放压力，但是如果长时间接收到用抖音自带技术制作的卡点视频会导致受众审美疲劳，对武汉产生刻板印象。前面第三章中有提到，短视频中虚拟场景的构建有助于给受众制造“沉浸感”，加强视频传播效果。我们通过对“#武汉旅游”话题样本研究还发现，虚拟场景技术在这些视频中未得到使用，武汉的官方旅游形象宣传账

---

① 《短视频与城市形象研究白皮书》，https://www.163.com/dy/article/DTUB4D9505149666.html，访问时间：2022 年 6 月。

号“武汉市文化和旅游局”发布的点赞量前50名的视频中，运用了新兴虚拟技术的视频不到10%。在视频同质化的问题中，除了这种跟风模仿的视频，也有不少个人创作者自己发布的短视频之间存在同质化的问题。例如在抖音上拥有超过100万人次粉丝的武汉网红“李傅清”发布的短视频中存在大量类似画面构图，且这些视频点赞量大部分都过万，可以看出该“网红”缺乏一定的编导意识和创新力。

具有过高同质性的大量城市形象短视频会对城市形象传播造成消极影响，其表现在遮蔽城市多元形象方面。联系我国学者杨振之、陈谨所给出的“形象遮蔽理论”来分析，在某个区域中拥有着诸多旅游区，新旅游区级别比较高，具有较强的品牌效应，具有强大的市场竞争力，这个旅游区的形象比较突出，会对附近其他同类型的旅游区造成遮蔽。[①] 同样的道理，假如抖音用户对某个城市形象内容进行重复传播，也会产生遮蔽效应，这导致城市形象的其他方面完全被遮盖，无法得到有效的传播，因为这方面的影响，人对城市形象的感知会比较单一。

（二）关键城市符号的匮乏

西方学者保罗·莱文森（Paul Levinson）曾经在《新新媒介》中指出，“病毒式传播指的是使用一种和传统媒体传输方式完全不同的传输模式进行的传播，传播的方式类似于病毒感染，所以借用其名称，被人们称之为‘病毒式传播’”。[②] 其主要内容为使用分享类的网站作为传播平台，在非常短的时间内获取社会受众的关注，使用互联网分享和转发的方式作为基本传播途径，拥有着速度快、传播范围广的特征。而短视频也具有这些特征，因此短视频平台是形成“病毒式传播”的主要阵地。城市在进行短视频城市形象传播时想要形成“病毒式传播”，需要抓住城市的亮点符号，创造短视频词条，引发第二次创作，引发公共讨论热度。

能够代表武汉的符号有很多，比如“热干面”“黄鹤楼”“光谷”等，这些都可以成为武汉城市形象进行“病毒式传播”的载体。作为历史文化

① 杨振之、陈谨：《“形象遮蔽”与“形象叠加”的理论与实证研究》，《旅游学刊》2003年第3期。

② 保罗·莱文森：《新新媒介》，复旦大学出版社，2014，第293页。

名城，武汉的历史文化宣传显然是不够的，根据《2021 年抖音年度数据报告》，武汉没有一个非遗项目进入“抖音 2021 年十大非遗项目”。如今在抖音逛博物馆已经成为一种时尚潮流，然而在抖音评选的“2021 五大博物馆”中也未见到武汉任何博物馆的身影。除此之外，近几年在武汉光谷国际网球中心举办的网球公开赛属于我国级别非常高的网球比赛之一，每一年比赛都会有世界上多个国家的选手来我国参赛，较为专业的赛程设计和以李娜为主的强大选手阵容搭配武汉城市美食，这对于向我国其他地区以及国际展现武汉城市形象是一个良机，武汉的一些网络媒体在城市形象关键点传播上没有太大的影响力。

三　用户层面：用户需求亟待洞彻

（一）用户场景服务适配失准

短视频城市形象传播对用户场景服务适配不精准，其主要表现为给用户所展现的信息无法满足现代用户的需求，也没有办法精准定位用户将来的需求。短视频平台存在多种场景传播方式，例如结合某个话题来完成分类传播，这种方法有着较强的泛娱乐化特点。分析某个话题参与度情况首先可以观察上传短视频的参与讨论的人数，以及短视频的转发数量和讨论话题的总数量。假如某个话题参与的人数不多、转发的人数不多用户就无法积极参与到话题的讨论中，这会导致传播效率不高。例如武汉市文化和旅游局在抖音上推出的话题中，“#武汉美好推荐官”话题的参与量高达 17.8 亿次，这证明话题内容满足用户的需求，让用户积极参与到了话题的讨论中。而有的与武汉相关的话题参与人数很少，比如“#利友诚老武汉新地标”仅仅 300 人次参与其中，这证明该话题不满足用户的需求，没有办法让用户的参与积极性得到调动。

当前的城市形象场景传播没有办法对用户实际的需求进行预测，假如用户场景发生了显著改变，而所推送的内容没有紧跟着场景的变化而进行及时调整有可能会导致用户产生负面心理。正如学者斯考伯、伊斯雷尔所提出的：“在当前的场景时代，精准营销主要是指结合买方的位置以及行为来提供针对性的服务，同时要预测买方可能要干什么。如果场景发生了改变，销售员需要知道怎样调整推销方式。”① 例如在抖音上，“#武汉旅游”的话题流量高达5亿次，表明有许多网友对于来武汉旅游有着很大的兴趣，特别是被誉为“汉味小吃第一巷”的户部巷在抖音上的话题浏览量达到了4226万次，但是也获得了类似管理差、小吃没有武汉特色、过于商业化和现代化等差评。游客被网络上户部巷琳琅满目的美食所吸引，兴致勃勃出游，却因美食同质化严重、管理缺失让旅游体验大打折扣。优良的城市形象之中包含有城市空间内部的细微之处，假如所提供的场景服务和用户没有匹配度会产生负面影响。比如说没有了解用户的场景状态、深度分析用户的行为，无法获知用户的真实需要。没有了解用户场景状态、精准评价用户场景行为，就不会知晓用户的实际需求，也没有办法给用户提供其所需的服务。当前的城市形象传播类短视频从曾经的注意力经济逐渐发展成了个人意向经济。② 所以短视频城市形象传播需要重视用户的实际需求，而目前的场景识别方面的工作做得不够成熟，无法满足用户一些特定场景下的需求。

（二）技术裹挟下的隐私侵犯

在当前场景时代背景之下，为了能够对用户场景进行更深入的分析，会过多地收集使用者的信息，这可能会造成隐私侵犯问题。即使这种方式能让信息的推送更加精准，但是用户的个人编号以及行为被记录到了数据库中。短视频平台在用户使用短视频服务时让使用者签订了一些合同条款，只有在用户同意的条件下才能使用短视频平台，但是这更像一种霸王条款，如果用户同意，那么其之后做出的所有行为都会被数据平台监控，导致受到平台的差异性对待。用户在使用软件时会提供给软件一些权限，比如说访问信息以及访问通信录。而短视频平台推送的信息主要以个人信息为根据，这会对用户的隐私权造成侵犯。首先，企业在收集个人信息的时候并不会告知用户收集行为，没有得到用户的许可，用户也没有拒绝的权利来限制企业对用户个人信息的收集。其次，企业并没有告知用户所获

---

① 〔美〕罗伯特·斯考伯、谢尔·伊斯雷尔：《即将到来的场景时代》，赵乾坤、周宝曜译，北京联合出版公司，2015，第199—200页。

② 梁旭艳：《场景传播：移动互联网时代的传播新变革》，《出版发行研究》2015年第7期。

取的用户信息的使用范围与使用说明。最后，企业也没有对用户数据的私密程度进行等级划分，明确数据的使用范围。

而在城市形象传播方面用户体验从曾经的线上游览转变为线下实际探索，保护用户的个人隐私安全是非常重要的工作，因为平台能够收集到用户的地理位置，用户的地理位置信息可能通过平台泄露出去，个人隐私问题同样是场景传播中非常重要的问题。但是当前政府部门并没有颁布针对用户信息采集的法律政策，导致有企业会过度使用个人信息，非法使用用户隐私信息，产生消极的社会影响。

第四节　武汉城市形象短视频传播的优化策略

一　技术推动：短视频技术缺陷的填补

（一）基于媒介智能化的场景链接强化

在当前场景时代背景下，短视频之所以获得青睐，关键点在于其能够让用户无时无刻不融入具体的情境中，充分利用自身的碎片化时间，用自身感兴趣的场景对所处的场景进行替代。比如说在比较拥挤的地铁内，用户观看感兴趣的武汉东湖风景区视频时，能够被视频中的景象所吸引住，通过简单的短视频在脑海中留下深刻的印象，这可以让武汉在人们心中的城市形象更加具体生动。但是如果观看视频的时候突然进入信号不好的隧道里，所构建的场景会消失，这对城市形象传播会造成非常大的负面影响。所以技术水平的不断提升是对场景连接进行优化的关键方式。

除此之外，在目前的短视频场景连接方面需要善于使用多样化的技术，比如说 VR 技术以及 AR 技术，其能够在过去的虚拟场景连接条件之下更进一步扩展，创建一种更深入的场景体验，甚至产生如同真实世界一般的互动。比如说武汉市文化和旅游局所发布的武汉樱花视频采用了许多特效技术，能够让观看的用户体会到一种身临其境的感觉，这可以让武汉城市形象更加生动立体，让观众能够感受到更加丰富的视觉效果，创建成进化的场景体验，让用户能够融入所创建的城市场景内部，与其产生深度的互动，从而让用户的体验方式获得创新，调动用户的参与兴趣，从而能更好地满足用户场景需要。对于媒体平台，需要采用现代化的技术来定位用户位置，和用户的场景紧密结合，让用户拥有更强的参与感。

（二）合理传播机制中的信息对称

抖音短视频使用自身的算法匹配机制来给出用户画像，让用户使用数量获得大幅度提升，同时能够给算法的迭代升级提供数据来源，提高对象匹配成功率。而且利用算法可以自动匹配通信录好友中的相关内容，让短视频的社交属性得到强化，还能够精准推送出好友的兴趣内容。但是精准的个性化推送必然会导致“信息茧房”的生成。信息算法所具有的价值在于让多个场景之间相互连接，将个体的信息和抖音平台的生态系统关联，帮助抖音平台从单一的娱乐化场景转变为生活化场景。短视频在给用户推送用户感兴趣的视频的同时，对用户不了解的推荐项，可以结合关联组合以及协同推荐的方式完成信息投放，比如国家政策、历史文化等相关视频，这样的信息推送，推进了网络空间中的信息交换过程，联系用户的兴趣爱好来推送一些有针对性的内容，在智能算法的帮助之下，铸造抖音短视频信息流动空间，而且能够给用户之间的关系生产提供有效连接。

二　内容深化：基于技术发展的内容生产

（一）融合新技术的“场景+”模式

学者斯考伯、伊斯雷尔曾在《即将到来的场景时代》中提到“场景五力”推进场景时代的出现：一是移动智能设备，目前主要指的是手机，具有较强的计算能力，拥有多样化的移动应用程序，能够满足人们工作生活以及休闲娱乐等多种需要。二是社交媒体，在场景时代中其活力的主要来源为社交，通过社交人们能够知道自己的兴趣爱好、所身处的具体位置以及人们所追求的目标。三是大数据技术，人们所有的行为都会产生数据，伴随大数据技术的持续发展，人们所做出的行为数据保存，提供用户画像，结合用户的兴趣来满足用户需求，同时对用户将来的行动进行预测，从而完成服务和用户行为的匹配。四是传感器。传感器是一种模拟人类器官感觉的设备，能够动态监测用户的信息向控制中心反馈信息的改变。五是定位系统，不管用户在什么地方，只要使用了互联网就能够相互连接，能够被定位系统追踪。“场景+”以这“五力”为基础而构建。

武汉城市形象传播中的“场景+”也可以认为是“场景+X”，X指的是和城市形象传播有关的所有事物，这也是武汉城市形象传播的中心点。在“场景+”模式的武汉城市形象传播链条中，传播主体与传播受众都获得了相应的价值回馈。短视频是一种具有非常强影响力和冲击力的现代化传播媒体，是当前城市形象传播“场景+”模式应用的最佳渠道。因此塑造武汉城市形象“场景+”模式，需要以现代化的智能设备为基础，应当在技术水平上实现创新才能做到“场景+”，当前随着5G技术的普及，场景效果实现全景化的呈现步入了新的阶段，能够进行360度全方位拍摄，可以使用一些穿戴式录像设备完成拍摄，让受众能够用眼睛注意到场景的改变，使用直播或者短视频的方式带给受众现代沉浸式体验，这样能够更好地满足现代受众的实际需要。而且，利用数字模拟技术能够完成环境场景的重新塑造，真实地还原场景，这可以运用到武汉传统节日庆典之中，让观众能够直接体会到武汉的丰富历史文化内涵，满足受众的精神需要。

（二）打造凸显城市符号的城市形象IP

移动互联网的传播带有草根特点，特别是随着手机的普及，移动互联网传播能够利用多种渠道和目标受众进行有效沟通，其整体的发展已经超越了交际层面。在移动互联网视域下，城市形象传播充分利用短视频平台，能够具体地展现出各个方面的内容，大大提升城市形象吸引力，创建城市形象IP。而且伴随经济全球化的进一步发展，城市应当关注不同区域的历史文化以及自然地理条件，而且需要采用现代科技，让地域文化特点和艺术高度融合，对城市所具有的地域特点进行传承和保护，从而构建具有地方特点以及时代特征的城市形象。每一个城市都有许多不一样的城市视觉符号，这是塑造城市形象IP中非常重要的内容，能够生成具有特点的城市风貌，增强人们对城市形象的感知。城市不仅有建筑物等外在内容，还包含着城市文化、城市精神、民俗文化等深层次的内容。城市应当使用历史文化、历史典故这些资源作为城市文化元素的载体构建城市形象。

武汉地区有许多历史名胜古迹，有良好的传统文化氛围，具有武汉独特的文化特点。2019年《长江日报》发文选出大黄鹤楼—武昌古城文旅IP群像、武汉东湖风景区等武汉十大特色文旅IP，除了这些IP以外，近年来，樱花成为代表武汉城市形象的标识和名片以及增强武汉城市品质的关键载体，赏樱已逐渐成为武汉城市 IP 之一。手绘樱花明信片、樱花扇、樱花饼、樱花果冻、樱花造型的咖啡杯等，不少品牌在产品研发、产品包装以及创意玩法上创新，借助“赏樱”这个标签，让更多人了解武汉、喜爱武汉。在抖音短视频平台上，传播者通过将最吸引人的武汉城市 IP 提炼出来，辅之以抖音平台中的热门音乐以及视频特效让武汉城市形象变得更加具体生动。在接下来的武汉城市形象传播过程中，传播者应该对武汉市自身所拥有的城市文化资本方面的优势进行充分的利用，挖掘出更多的城市文化符号，从而更好地传播武汉的城市形象。

三　用户洞察：用户需求与信息安全的保障

（一）场景数据整合：以场景适配服务为导向

用户在短视频平台使用环节所做出的所有行为以数据方式构建出数字场景，视频平台能够对所获取的庞大信息进行分析产生模糊用户画像，平台用户持续使用信息反馈，来对模糊的用户画像进行多次优化调整，一直到用户画像精准清晰，最终推送的内容以及用户的需求匹配程度提高，实现针对性的推送。我国学者吴声曾在《场景革命》中提出，人属于个性化场景之中的基本内容，而体验属于个性化用户场景的中心部分。[①]

传播者应对场景数据进行高度整合，利用多个媒体渠道对用户的立体信息进行收集，结合多个媒介用户的场景数据完成量化，包含用户日常的生活习惯信息、用户的社交心理场景信息以及空间场景信息。对于数据的掌控要尽量精准，假如场景服务和用户预期的匹配度不高，就会导致推送不精准。而武汉城市形象短视频的传播主体为武汉市政府，因此政府应当关注，如果用户从线上虚拟场景中获取到了相关信息，要在虚拟场景之外的领域给用户了解到的城市形象提供一个相匹配的验证，充分整合用户在不同媒介之上所产生的空间场景以及心理数据，构成一个较为精准的用户画像，从而给用户提供更加精准、更高质量能够满足用户需求的匹配服务，让受众所获取到的信息和场景保持高度匹配，之后才能不断地了解用

① 吴声：《场景革命》，机械工业出版社，2005。

户，满足用户未来的需求。

（二）数据抓取：以保障用户隐私为基准

移动短视频的场景化传播是近几年出现的新型传播模式，整体的发展不够成熟，需要制定行业标准管理体系来对其进行规范。短视频平台在对用户场景进行分析时，应当对用户的所有场景数据整合，来对用户标签完成优化，让用户场景和短视频内容具有更高的匹配度。短视频平台在没有得到用户许可的情况下对用户的信息随意地收集和使用，会造成用户对平台丧失信任。假如用户的个人信息被随意使用，用户还会出现愤怒的情绪。所以，短视频平台在使用用户个人数据时需要将用户信息泄露风险降低到最小，在伦理方面合理地把握好大数据技术使用程度。比如说严格地遵守“够用以及必要性原则”，平台在对用户信息进行收集时需要告知用户信息的使用范围，要尊重用户拒绝的权利，在得到用户的信息授权之后再对用户信息进行收集。平台还需要保证用户安全，对所收集到的用户信息安全保存，保证不会出现违背伦理的信息使用行为。国家的相关管理部门也应当颁布一些用户信息采集的针对性规定，明确制定侵犯用户信息的法律条款，确保用户信息采集有法可依，让用户自身信息受到侵害时有法可依。政府应当构建健全的个人信息采集与使用管理机制，来缓解用户对身份信息泄露的忧虑。而在行业之中应当严格地对大数据技术应用进行限制，确保所设计的管理体制科学完善，构建稳定的信息环境。

第七章　品牌学视域下大型体育赛事的城市形象塑造

第一节　城市形象的塑造路径及其演进趋势

一　传统媒介背景下城市形象塑造的典型路径

从品牌学的角度，作为公共品牌的城市形象塑造主要包括两个方面：对内的品牌建构和对外的品牌传播。

（一）对内的品牌建构：基于城市 CIS

CIS 是 Corporate Identity System 的缩写，即企业的形象识别系统，由三部分构成：VI 视觉识别（Visual Identity）、BI 行为识别（Behavior Identity）和 MI 理念识别（Mind Identity）。它用以塑造企业形象，提升企业的知名度和影响力。本部分利用以上三种要素来研究分析城市形象，通过城市 CIS 分析城市形象内部的品牌建构。按照城市形象识别系统的框架，可分为三个方面：VI 视觉识别，即城市的硬件设施、标志性建筑和户外广告等；BI 行为识别，即政府行为、企业行为、公民行为和城市活动等；MI 理念识别，即城市的文化、历史传统和地域特色等（见图 7－1）。它们是进入城市内部的人群可接触的城市形象的品牌接触点，通过品牌建构和形象包装，提高公众对城市形象的认知度和评价。

1. 视觉识别

正如凯文·林奇（Kevin Lynch）所说：“一个可读的城市，它的街区、

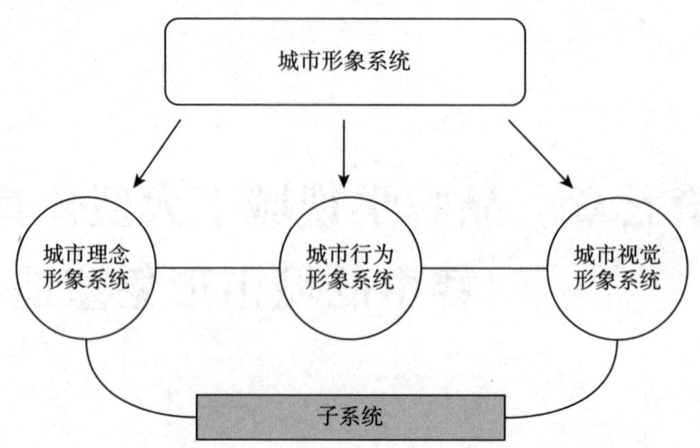

图 7－1　城市形象识别系统

标志物或是道路，应该容易认明，进而形成一个完整的形态。”① 视觉识别是与理念识别系统和行为识别系统相适应的外在表现形式，结合城市特定的历史文化背景，以视觉符号为媒介，通过最直观的视觉形象表达，向公众传达城市信息。差异化视觉符号及视觉体验的塑造可实现城市的可视化和可读化，增强其可感性，易于公众通过自身视觉观察形成对城市形象直观的准确认知。

2. 行为识别

行为识别系统是在理念识别系统指导下对城市行为的管理，也是传播城市形象的动态媒介，其包括政府行为、企业行为、市民行为和城市动态行为四个方面。城市形象的内部建构涉及市民行为规范（观念、行为、风俗习惯、道德风尚、交往方式等）、制度规范（政府、组织的管理行为、管理手段、服务方式、目标效果）和企业规范（企业管理、营销行为、员工行为），是城市主体的行为规范发展和被认知过程的统一，城市以此建立独一无二的行为模式，进而树立不可替代的城市形象。

3. 理念识别

理念识别系统是城市 CIS 的核心，是行为识别系统和视觉识别系统的“灵魂”基础。城市理念的确立，是基于对城市的历史、政治、经济、文

① 〔美〕凯文·林奇：《城市意象》，方益萍、何晓军译，华夏出版社，2007，第2—3页。

化和社会多方资源以及对竞争对手的多方位分析所凝练出的城市形象的核心价值。[①] 理念识别要素对于城市的可持续发展有着极其重要的作用，是城市生存和发展的原动力。对于受众而言，其也是识别城市的重要依据。在城市形象的树立过程中，发掘和塑造城市文化，有助于城市内部和外部受众感知城市内在的精神力，这也是竞争对手难以复制的核心竞争力。

（二）对外传播的维度：构建城市的媒体形象

在对外传播的维度上，大众传媒主导了城市的“虚拟形象”，以新闻报道的形式为主，积极建构城市形象。根据议程设置理论，人们平时透过大众媒体所看待问题的先后顺序倾向于依据媒体对各种问题的重视程度及报道的信息量大小，也就是说大众媒体可以通过议程设置的形式来引导受众，进而使其在某些问题上达成共识。特别是在新闻媒体的报道当中，主流媒体对某些事物的突出报道或深度述评，能够在大众有限的媒介视野中形成关注焦点，凸显其重要性，从而干预受众的观念、行为和态度。比如报纸的头版头条、新闻联播的内容播报都是大众媒体议程设置的表现形式。从城市形象的建构来看，借助大众媒体设置城市形象的倾向性议题，通过黄金时段和长篇幅加以突出报道城市形象的信息、公共事件或者商业性宣传，逐渐成为受众关注的议题，来影响受众对城市形象的认知与态度。

此外，近年来在旅游业兴起的背景下，针对作为城市形象一个侧面的城市旅游品牌，很多城市着手于广告投放、公关活动等方面，它们共同发挥作用，面向城市以外的人群塑造了城市的“媒体形象”。

（三）传统路径中内外部形象传达的传播非整合态

基于城市 CIS 塑造出来的城市形象，需要通过媒介的力量传达给无法进入城市内部的社会公众。但由于大众媒介的某些不可逆的倾向性，人们在心目中描绘的“主观城市形象”与实际存在的客观形象之间正在出现很大的偏离，不能够直接接触到城市的人群只能够透过城市的“媒体形象”获得对城市形象的间接经验。大众媒体所营造的拟态环境并非现实环境一成不变的精确还原，而是通过传播媒介对传播内容筛选、加

---

① 吕文强：《城市形象设计》，东南大学出版社，2002，第 102—103 页。

工、重塑后，被赋予了新内涵的虚拟环境。公众对于城市形象的感知已经不再是对客观真实环境及其变化的反映，而成了对新闻机构提示的某种“拟态环境”下的形象感知。因此，对内的城市形象塑造与对外的传播处于割裂状态，不同的负责部门和领域各自为战，不能形成“统一的声音”，不能保持城市形象的一致性和连贯性，导致城市形象的塑造与传播存在极大偏差。

此外，在媒介资源有限的大众媒体时代，对外传播城市形象的成本相对较高，主流媒体的“黄金时段”都是以分秒计价，报纸版面的头版头条也价格不菲。经济相对落后的城市根本无法与经济发达的城市争夺对外传播的资源和平台，导致城市之间形象传播的鸿沟越来越大。很多中小城市的发展本就相对滞后，对于城市形象对外传播的投入不足，自身无法突破经济瓶颈，但又无法通过城市形象的塑造与传播来拉动城市经济效益的增长，陷入恶性循环，与发达城市之间的距离被不断拉大。

二 “互联网+”背景下城市形象塑造的传播环境变迁

根据《CNNIC 发布第 44 次〈中国互联网络发展状况统计报告〉》，“截至 2019 年 6 月，我国网民规模达 8.54 亿，较 2018 年底增长 2598 万，互联网普及率达 61.2%，较 2018 年底提升 1.6 个百分点。我国网络视频用户规模达 7.59 亿，较 2018 年底增长 3391 万，占网民整体的 88.8%”。[①] 互联网信息技术的普及在很大程度上改变了城市形象的整体传播格局，颠覆了传统的塑造路径。“互联网+”背景下城市形象塑造的传播环境变迁主要体现在以下三方面。

（一）传播对象分众化，信息茧房逐步突破

互联网普及之前，信息只能通过报纸或广播电视进行传播，由于传统媒体资源十分有限，受众媒介视野也很窄，信息茧房逐步形成，影响着受众对信息的选择。互联网技术的突破催生了互联网媒介和移动互联网媒介的蓬勃发展，纸媒和广播电视为主的传统媒体受到极大冲击，信息传播的

---

① 《CNNIC 发布第 44 次〈中国互联网络发展状况统计报告〉》，http://www.cac.gov.cn/2019-08/30/c_1124939590.htm，访问时间：2022 年 6 月。

媒介渠道激增，城市品牌形象的传播有了更多的媒介选择。互联网媒介的运用带来信息的指数性增长，噪声理论的存在证明了碎片化信息越来越多，一些有价值的信息被淹没，受众也可以自由表达自身立场和观点，传统媒体话语权和传播效能受到极大挑战。受众不再依靠单一的传统媒体路径接收信息，各类媒介竞相发力使传播对象向分众化方向发展。这也意味着城市形象品牌传播的成功与否不再以排版顺序、版面大小、播出时段来衡量，而是靠能否被受众接受和认可所决定，可见受众群体的分众化加大了城市形象品牌的传播难度。城市形象品牌只能不断利用互联网技术，以大数据和云计算为依托，精确划分受众群体，分析受众行为，制作个性化信息内容，从而针对不同受众群体的特点进行个性化传播，在各类信息中为其进行定制服务，以达到最佳传播效果。

（二）UGC 兴起，城市形象对外传播基础增强

传统媒体时代，城市形象的传播主体是政府。政府部门为本地政治、经济、文化、生态文明等协同发展而进行城市名片打造。但新型媒介的出现，传统媒体单一模式所形成的信息茧房被打破，所有受众都可以利用社交媒体平台发表自身立场和观点，自发对城市形象品牌进行宣传。尤其在移动互联网时代下，公众可以随时随地发表对于城市的看法。信息传播更加及时，视角更加全面，内容更加真实，城市形象品牌传播趋向全民化和去中心化。

信息传播的全民化和去中心化特点进一步弱化了政府在城市品牌形象传播中的主导地位，弱化了传统媒体的“议程设置”，传播主体日趋多元化。受众越来越多地掌握了城市形象品牌传播的参与权和自主权。在此基础上，市民所发布的关于城市的信息成为广大受众了解城市的重要窗口，其内容源于城市角落的某处细节，如政府活动、公共事件等，相比传统媒体议程设置下“大而广”的品牌宣传，传播主体的多元化给受众带来自发生产的真实细节。这些细节都可能因成为受众关注的城市形象的议题而被社交媒体放大，塑造着城市形象。

（三）交互传播广泛运用，传播效果实时掌控

哈罗德·拉斯维尔（Harold Lasswell）“5W”传播模式理论，局限性地忽略了受众反馈的因素，正如传统媒体单一模式下形成的信息茧房，信息传播是单向的，城市形象的塑造因无法得到受众的反馈而难以判断这一过程成功与否，受众只是消极接收来自纸媒或广播电视的推送型信息。虽然个别媒体设有反馈渠道，如热线电话、来电反馈等，但往往在时效性方面不尽如人意，不能随时掌握传播效果。而在互联网时代，尤其是移动互联网的广泛普及，多元传播主体利用网络媒体的交互性，不仅能随时随地传播城市形象品牌，更能及时接收受众的反馈，从而对传播内容及时修正，实时掌握传播效果。

另外，以微信公众号、微博和新闻客户端为代表的移动互联网媒体在交互式传播中起到了重要作用，也给政府提供了实时跟踪传播过程的可能。现在，随着越来越多的政府单位参与“两微一端”建设，政府和市民都可以参与到城市形象的传播中来，甚至可以对某一信息进行多次传播，打破了信息的时空局限。一旦某一城市话题为广大受众所关注，无论是有利于树立正面形象还是被当作反面教材，都会迅速“走红”成为热门话题，成为城市形象传播的推手。

三　“互联网+”逻辑下城市形象塑造的演进趋势

（一）作为保健因素的常规品牌传播手段

互联网时代，相较于传统媒体，无论在时效性、互动性还是在分众化等方面，新媒体体现出强大优势，更能吸引广大用户群体。城市形象的传播改变了以往官方引导主流媒体传播单一主导格局，每个人都可以成为城市的传播主体，城市信息的传播不再只是依靠门户网站传达给大多数的受众，而是多以平民化的视角，借助微信公众号、微博等不同类型的渠道进行呈现。网络媒体日趋发达的时代下，所有城市的形象塑造站在了同一起跑线，所有城市也获得公平竞争的机会，为城市形象的品牌站位和发展方向提供了更多可能，“病毒式传播”的高效能也得以充分展现，城市之间的竞争局势也在新媒体环境下更加错综复杂。在互联网技术主导的新媒体传播格局下，城市不能照搬传统媒体时代的城市形象传播的经验，常规品牌传播手段只能作为保健因素形成对外传播的下限。

（二）作为激励因素的大型品牌传播活动

1. 对外立体化塑造城市形象

新媒体时代，媒体数量与种类剧增，我们进入了万物皆媒的时代，媒介的接触越来越趋于碎片化，受众的注意力越来越分散。大型品牌活动因其聚众性和聚媒性在城市形象塑造的工具体系中扮演着越来越重要的角色。为了传播效果最大化，城市形象的塑造与传播可以借助大型品牌活动在信息爆炸的广袤网络空间融合多个渠道、多种终端，形成短时段的注意聚焦，并通过活动形成品牌联想，形成连锁反应式的继起传播，立体化爆发式地塑造城市形象。

大型品牌活动的传播不仅仅是对它自身品牌的一种打造，更大意义上是通过线上线下结合的累积传播效应，传播主办城市的文化、地区发展状况及与该城市内外部形象提升有关的各种要素。具体可以通过赛事制造话题点，引发线上线下的互动式传播。

2. 对内实现品牌建构优化

对于大型品牌活动，其品牌活动的理念与精神都可以充分代入城市的理念识别，作为整个活动的统领，为深化城市形象的理念识别服务。城市理念识别有两个重要抓手——行为识别与视觉识别。城市的视觉识别部分其一体现在活动的具体操作流程和品牌推广的符号设计当中，比如活动的宣传广告、活动场景的视觉冲击。其二活动的举办需要配套的基础设施才能得以开展，在活动筹备阶段需要满足各方面的需求。其三体现在政府的重视程度中。往往关于城市形象的大型品牌活动的举办，必须有政府的支撑做保证，大型的品牌活动的举办如奥运会、亚运会等，会推动城市场馆、交通道路、生态绿化等基础设施硬件的建设，从而增强城市行为识别。所以政府的宏观指导和各部门统筹协调都是大型品牌活动得以成功举办的前提条件，对于政府来说是塑造积极政府形象的好时机；同时举办声势浩大的品牌活动，可以激发市民的广泛参与，既能提升市民的自豪感，也可以增强市民对城市的认同感。除此之外，大型品牌活动也能够吸引很多城市之外的公众的注意力，为了体验感受活动，很多人会选择前往举办地，亲自参与其中。广大市民作为城市的“主人翁”，也会注重自己的言行举止，维护城市的市容市貌。

第二节　作为品牌传播活动的大型体育赛事对城市形象的塑造维度

城市形象塑造得是否成功，要以能否提升对内凝聚力和能否提升对外吸引力两方面来进行衡量。对内凝聚力即能否提升广大市民对城市建设的满意度、认可度和增强其幸福感，能否让市民自觉参与到城市形象塑造中来；对外凝聚力即能否得到中央政府和上级政府的认可，能否吸引更多外地人才、投资商参与本市建设等。想要兼顾好以上两方面，需要品牌传播主体的共同努力，在政治、经济、文化和生态文明建设领域共同发力，不断积累和强化城市拉力，帮助受众形成对城市的完整认知。大型体育赛事对城市形象的塑造维度如下。

一　以大型体育赛事为契机促进内部品牌建构

（一）视觉识别建构：优化城市内部景观

大型体育赛事的开展，需要以功能与之配套的基础设施和体育设备为基础，因而城市可以借大型体育赛事的举办，改善城市的相关基础设施。另外，大型体育赛事更多面向城市外部，也是城市形象对外展示的契机，许多城市都在此过程中美化城市环境，展现出最佳的市容市貌。同时，大型体育赛事的赛事标识也是城市形象视觉识别建构中的重要元素。

1. 市容市貌的优化

多数的体育赛事根据自身的运动属性，会进行场地的建设、道路的修整以及环境的美化。以武汉网球公开赛为例，其主场地光谷国际网球中心就是专门为“武网”量身打造的，耗费了很多建设者的心血。整座网球中心于2013年7月正式破土动工，规划净用地面积约为13.6万平方米，由一座5层的15000座席中央场馆、一座3层的5000座席场馆、一座2层的VIP服务楼、一座综合配套楼、4片室内备用场、4片室外标准硬质网球场、16片室外训练场以及东广场、西广场组成。它不仅在武汉网球公开赛举办期间发挥其功能，也成为武汉城市的地标式建筑，和武汉网球公开赛一起传递武汉的城市名片，丰富了武汉的城市形象。武汉国际马拉松赛事不同于场内举行的赛事，它的举办是在开放式的街道上，主办方为给参赛者最好的赛事体验以及传播武汉的美丽形象，根据《中国境内马拉松赛事组织标准》的要求，对划定的赛道区域进行全方位整治优化。2017 年武汉马拉松赛事的路线较 2016 年出现变化，沿途多了武汉市在 2016 年修建的城市建筑，在实现道路规整的基本要求的同时，更兼顾参赛者体验，融入更多的城市元素，给参赛者留下不同的印象。2017 年武汉马拉松路线增添了八一路、中山大道、东湖绿道和吉庆街路段等。沿线绿化环境更加优美，其中，八一路途经全国最大的城市内湖——东湖以及武汉大学等重点院校，将城市内湖风景和历史人文相结合，可使参赛选手领略不一样的武汉景观。中山大道历史悠久，建于 1906 年，是汉口地区的重要商业道路，经过 2 年的翻新改造最终于 2016 年底完工。此次翻新改造，除道路修缮外，区域内建筑风格融合了东、西方和现代科技，成为网民的打卡胜地。东湖绿道是 2016 年底建成并开放的，路线横穿东湖，沿途绿化环境得到极大改善，被称为“武汉氧吧”。吉庆街是武汉最热闹的夜市街，街道融合了众多民间文化，有着浓厚的城市烟火气息，是了解武汉市民文化的最佳去处，也在 2016 年后作为首条“汉味”民俗主题商业街，加入新规划的赛事路线中。

2. 赛事符码影响城市视觉识别

大型体育赛事除了带给人们体育竞技的视觉冲击，也通过赛事的符号和标识提高赛事曝光率，影响着城市的视觉识别系统。在大型体育赛事举办期间，沿途街景都会植入赛事标识元素，与城市的市容市貌融合成有机的整体，提升赛事影响力。此外，赛事吉祥物的运用也可以助力赛事的传播和影响力的提升，反过来，这些赛事符码也最终都成为展现城市形象的细节要素。

（二）理念识别建构：完善城市形象顶层设计

城市理念是维系城市生存和发展的原动力，是城市的立市之本。城市理念识别系统包含了城市的价值识别和文化特质识别等因素。每座城市的自然地理环境不同，地域文化不同，发展历程不同，城市理念也不尽相同。结合城市理念，确定大型体育赛事的主题、文化及价值符号，都能够促进城市形象的理念识别建构。具体表现在以下几个方面。

1. 通过赛事文化传达城市文化

大型体育赛事对于城市文化的建构与传播主要通过赛事文化的表达。根据赛事的属性和特点，在高度提炼融合体育赛事文化与城市的历史文化背景和城市文化特色的基础上，设计创新赛事的文化符号。赛事场地、赛事奖牌、纪念物等都可以充分结合当地文化，人们在感知大型体育赛事的同时，也能够接收到城市文化的符码，进而建构城市文化识别。

以武汉国际马拉松赛事为例，马拉松赛事的赛道作为城市的“文化长廊”和“景观长廊”，是展现与传播城市文化的最佳平台。武汉的马拉松赛道有“最美赛道”之称，全长 42 公里，横跨“一城两江三镇四桥五湖”，将充满历史文化底蕴的多处人文景点、地标性建筑都囊括其中，如汉口江滩、黄鹤楼、武汉长江大桥、东湖绿道等，特别是东湖段赛道，东湖绿道作为国内首条城区的 5A 级风景区绿道，景色宜人，作为马拉松赛道也是全国首创。武汉的马拉松赛道将武汉的自然风光与人文气息、历史与现代的交错融合都进行呈现。跑者穿梭其中，领略武汉的文化风采，是一场难得的了解“汉味”文化的体验。武汉国际马拉松赛事组委会还在赛道沿途设置了 40 多个官方音乐加油站，东湖段附近首次出现编钟加油站。编钟文化是武汉最具标志性的文化之一，演奏者的穿戴也极具楚地特色，为汗如雨下的跑者带来绝妙的独一无二的视听盛宴，也在人们心中留下深刻的荆楚文化印象。在开赛之前，主办方会提供给选手鸭脖、热干面等具有武汉风味的特色小吃，将武汉特有的美食文化也融入赛事，既给参赛者补充了能量，也增加了人们对于武汉城市的热爱。

2. 通过赛事口号表达城市主题和精神

城市口号往往是根据城市定位制定的，是对城市主题的表达，也是城市精神的象征。主办方会根据城市的主题、外宣口号并结合赛事的特质制定出差异化的赛事口号。赛事口号的易读性使其很容易在人们心中留下印象，既能帮助受众区分，也能够将赛事与城市联系在一起，使人们对品牌活动的好感度延伸到对城市主题的理解和认知。武汉国际马拉松赛事根据武汉的形象定位，喊出“跑出不一样”的赛事口号，与武汉的城市口号“武汉，每天不一样！”相呼应，使得“汉马”带给人们的激情与城市给人们留下的印象交织在一起。2019 年武汉国际马拉松的口号改为“江湖好汉”，更直接地展现了“汉马”的热情与激情，每名汉马的跑者都是好汉，彰显着武汉城市的活力与动力。

（三）行为识别建构：构建和谐城市空间

大型赛事的举办需要诸多城市公共资源的共同协作以保障赛事的顺利进行，如媒体、安保、交通和医疗等。因此，有关赛事的各个方面都与城市形象密切联系在一起。在大型体育赛事中，主办方政府、赞助企业、志愿者、参与者与观众构成了城市行为的主体，能否通过赛事成功宣传城市品牌形象，取决于多方协作是否紧密，保障是否完备。因此，品牌赛事的组织运作、媒体宣传、安全保障、危机处理等每一个细小环节都将是城市行为的反映，体现了主办方政府的执政能力和行政水平。

1. 赛事的组织策划体现政府行为形象

政府作为地方城市的管理者，是塑造及管理城市形象的主体，政府形象也同样是城市形象的重要组成部分。大型体育赛事也是展现政府的执政能力和行政水平的重要窗口。但目前，国内很多城市举办马拉松赛事，主要是出于吸引游客、吸引投资和扩大城市影响力方面考量，忽视政府形象在城市品牌形象中发挥的重要作用。

筹备举办大型体育赛事需要政府规划交通道路，修缮老场馆，辟划土地建设新场馆，还要政府协调媒体、交通以及医疗卫生等各方面资源，提升城市人口承载力和游客接待能力，争取获得广大市民群众的支持，统筹协调各方以保证赛事的顺利进行。这一过程也充分考验了政府的执政能力和行政水平，赛事举办得成功，主办方政府会给民众留下高效、勤政的印象，得到民众好评。这成为树立政府良好形象的契机。因此大型体育赛事需要规范化、系统化的组织与策划，彰显政府高水平的行政能力，从而改善城市的整体形象。

武汉国际马拉松赛事是我国优质大型体育赛事之一，是中国田径协会金牌赛事的获得者，中国马拉松四个大满贯赛事之一。[①] 武汉马拉松赛道不同于其他城市的赛道设定区域，从首届举办开始，就在中心城区开跑。武汉

---

① 《中国马拉松大满丨北马、广马、重马、汉马成为创始成员赛事!》，https://m.sohu.com/a/166949340_440594，访问时间：2017 年 8 月。

作为人口上千万的城市，要在城市中心地段开展参与者众多的赛事，离不开政府对各方的协调，也需要多个相关部门的配合。同时，赛事运作的成功与否也直接与主办方政府的能力高低挂钩。武汉市体育局局长王沈顺介绍，“举办马拉松的目的不仅是要打造城市名片，更要办成惠及民生的盛会，如果严重影响市民出行，‘汉马’就违背了办赛初衷”。[①] 首届武汉国际马拉松就有 2 万名跑友参赛，其中有 154 名外籍选手，在国内选手中，有 67% 属于外地选手。武汉政府调动了 2.68 万名安保人员保卫武汉国际马拉松正常举行，在东湖跑道附近几乎 5 米一名警察。赛事的志愿者也有 4287 名，还有大批的后勤保障人员。现场还有超过 10 万人围观。[②] 在这样一场参与人员密集的赛事中，武汉马拉松用不断的“零差评”“最佳口碑”证明了政府的办事效率和综合能力，也彰显了政府高效亲民的形象，也以不断刷出新高的报名纪录、参与热情肯定了政府工作，进而提高了人们对于武汉城市形象的认可度。

2. 赛事赞助展现企业行为形象

企业是城市生活的重要组成部分，它为体育赛事的举办提供坚实的经济后盾，同时也因体育赛事的举办实现了企业品牌价值宣传和对城市经济的反哺。而企业尤其是作为城市名片的知名企业，其企业文化与企业精神是整个城市形象的塑造和提升的重要组成部分，生动形象地诠释并丰富着一个城市的个性，更是增强城市竞争力的极大助力。近年来，在我国各城市开展的体育赛事越来越多，而各行业企业对于赛事赞助的热情也日益高涨，并根据其赞助的金额高低不同程度地享有着赛事权利，这一方面对于企业行为形象的塑造有着重要影响，另一方面更影响着整个城市的形象。可以说每一次大型体育赛事的举办都为城市与企业的良性互动创造了契机。如武汉国际马拉松赛事的赞助商东风雷诺汽车有限公司，于 2017 年武汉国际马拉松举办期间联合武汉马拉松组委会发起线下的以“书情画益，汉马有你”为主题的公益活动，为武汉市蔡甸区张湾街中心小学的孩子们

---

① 李建民、程晖：《“汉马”：武汉因马拉松亮出“新名片”》，《中国经济导报》2017 年 10 月 31 日，第 2 版。

② 周慧：《武汉：一场马拉松背后的精准城市营销》，《21 世纪经济报道》2016 年 4 月 12 日，第 1 版。

捐献课外阅读书籍。用一次简单的捐书之举，给予孩子温暖与力量，以一份真心的阅读推荐，陪伴孩子的成长时光，[①] 并在2018年推出“书情画益，汉马有你”的主题公益活动的第二季，为武汉市第一聋哑学校的孩子们捐献图书3000册。[②] 这不仅体现了企业的公益精神，同时也为武汉赢得了好口碑。

企业与赛事的联姻是一个众望所归的双赢局面，企业通过在赛事中的宣传行为塑造其独特的企业形象，进而促进人们对城市形象的认识。赛事在选择赞助时应考虑企业是否适合赛事的举办，并且赛事的赞助应尽量与当地具有代表性的品牌联合，形成赞助品牌与城市品牌的互动，加深人们对赞助商印象的同时也能够使城市形象得到提升。

3. 赛事举办展现市民行为形象

市民作为城市品牌形象传播的主体，是城市形象的传播者，同时也是城市发展和形象打造的建设者。市民的行为是城市形象的体现，具体表现在市民的谈吐、素质和主人翁意识的各个方面。因此市民行为和形象与城市文明进步息息相关，同时，城市形象的提升也推动着市民形象素质的提升。大型体育赛事的成功举办，离不开全体市民的广泛参与与奉献，从注意自身言行举止到自觉参与体育赛事的志愿服务，从赛事场馆建设到自发参与体育赛事品牌宣传，市民的积极参与也成就了体育赛事的空前繁荣，成为宣传城市品牌形象的重要组成部分。

同时，体育赛事的举办也会增强市民的主人翁意识，增强市民凝聚力，推动市民精神文明建设，影响市民的日常行为和生活方式。大型体育赛事的举办会吸引成百上千万的民众的关注，民众也会被体育赛事本身散发的顽强拼搏的体育精神所感染。武汉国际马拉松赛事连续举办，其影响力越来越大，美誉度越来越高，也深深感染着全体市民，带动市民掀起全民运动的体育热潮，已逐渐成为武汉重要的全民运动日。尤其海外运动员的参加，市民主人翁意识逐步增强，不断改正自身不文明行为，克服日常

---

① 《2017汉马“书情画益 汉马有你”公益主题活动丨给孩子们点亮希望的灯火》，https://www.sohu.com/a/132323446_492663，访问时间：2017年4月。

② 《“书情画益，汉马有你”2018武汉马拉松公益活动启动》，http://sports.people.com.cn/n1/2018/0411/c418857-29920000.html，访问时间：2018年4月。

陋习，展现良好市民面貌，也向全世界传达着武汉作为现代化城市的文明气息和朝气蓬勃的城市形象，提升着武汉市在国际社会的知名度和美誉度。

根据中国移动湖北公司发布的《2019 汉马大数据报告》，在 2019 年武汉国际马拉松赛事举办期间，人气最盛的赛段要数终点赛段武汉欢乐谷附近，人流最高峰可达 5 万人左右。此外，起点三阳路赛段、半程马拉松终点赛段湖北省图书馆，都有超过 10 万人观赛加油。由此可见武汉人民参与赛事的热情程度。

当地媒体评论道，这是武汉全城人民的狂欢。来自南非的武汉大学大二学生查尔斯，首次参加武汉半马的比赛，他为此准备了 6 个月。“上次参加了在东湖绿道举行的大学生马拉松热身，就对武汉最美赛道留下了深刻的印象，这次又跑了长江大桥、黄鹤楼，赛道两旁热情的市民高呼‘加油加油’，给了我很大鼓励。我在脸书上晒图后，家乡亲朋好友都在下面点赞说 Nice！希望今后有越来越多来自不同国家的跑友们相聚汉马，让更多世界跑步爱好者来武汉实现梦想。”①

二　以大型体育赛事为焦点聚合线上线下两翼传播

（一）打破城市区隔，促进城市形象认同

市民从事不同的职业，有着不同的生活方式，对于社会性议题的关注度也不尽相同，因此受众往往不能对某一议题达成共识。这一情况也会给城市品牌形象传播造成阻碍。只有广大受众互动参与、广泛沟通才能传达出关于某一议题的主流声音，形成话语层面的舆论场。而大型体育赛事的举办与市民生产生活息息相关，政府部门的宣传预热、广大市民的热切讨论为市民的人际传播提供了广泛议题，形成共同意义空间，强化了市民的认同感和归属感，城市品牌形象传播共同体由此形成。

1. 建立共同的话语空间，增强传受双方互动

城市形象的传播是市民对于城市认同感和归属感的集中体现，是对城市历史文化和发展趋势的能动扩散。城市形象传播主体借助蕴含城市人文

---

① 邹丽、杨鑫：《武汉马拉松的正确“打开方式”》，《中国体育报》2018 年 4 月 19 日，第 4 版。

记忆、历史底蕴、发展建设等的信息传播给受众，市民作为受众，与主体间有着广泛的共同意义空间，在受众接收后，开始对信息进行解读、挖掘、加工并反馈，与传播主体共同协作完成了传播行为。

大型体育赛事蕴含着城市形象品牌传播的重要信息，让市民获得重新认识自身生活空间的机会。日常司空见惯的城市角落、景观、历史人文成为向外界展示自身生活空间的信息，进一步唤醒了广大市民对于城市发展过程的共同记忆，加强了市民的认同感和归属感，为传播主体和受众建立了共同的意义空间。

由于武汉国际马拉松赛事坚持国际化、全民化定位，来自不同地域、年龄、身份、阶级的选手和观众建立了跨越空间的社会联系，这一群体可以最大限度地使用感官渠道开展人际传播，相较于其他传播媒介更能获得真实感受，意见反馈也呈现即时性特点，形成了语言和非语言的传播行为并存的局面。针对选手和观众的实时反馈，广大市民也可根据切身体会，对其立场、观点和意见进行肯定、质疑和反驳，城市品牌形象不仅实现了通过人际传播来进行承载和传递，也能更为细微而具体地修改、填补、完善，城市形象变得更为真实、立体。

2. 构建立体式的人际传播网络，传播城市形象

大型体育赛事对于人际传播网络的构建有网络社交和现实社交两种路径。以武汉国际马拉松赛事为例，社交媒体是参赛者之间沟通交流的主要途径。武汉马拉松博览会搭建了一个完善而开放的网络交流平台，让国内外马拉松赛事组委会分享交流办赛经验、共享优质赛事相关资源，让跑友与城市、品牌、赛事相互促进、相互联动。马拉松爱好者也会加入兴趣交流群，分享赛事、专业知识和线下活动等信息。每个人都能成为人际交流的节点，甚至成为某一话题的发起人，社交网络呈现出“去中心化”特征。在广泛的信息交流之中，线上网友也能成为现实好友，人际传播在人际关系的培养、强化、分裂与延伸中逐步紧密。现实中的人际传播网络的建构即通过人与人之间的信息传递而形成的信息传播网络。

（二）利用赛事延伸热点话题，引发互动式营销

媒介事件因其聚众性和聚媒性在城市形象塑造的工具体系中扮演着

越来越重要的角色。利用大型体育赛事为引爆点，整合多种传播手段，聚合线上线下品牌传播，增加品牌的接触点，以达到最大的传播影响力。

技术驱动的互联网上的城市形象塑形传播效果显著，新的传播媒介所搭建的传播平台，赋予了品牌形象更多创意表达和发挥的空间。以大型体育赛事为例，大型体育赛事的举办本身就是一种包含大量信息的当代媒介，为信息的传递交流构筑了平台。同时，高清晰度的视频、移动直播、VR、AR 等为媒体栩栩如生地再现赛事提供了条件，使其保持“永久在线”的状态。无法接触到城市内部的人群，借助网络打破了时间和空间的限制，大型体育赛事构筑了盛大媒体景观使受众获得如同置身现场的体验感和沉浸感，形成对城市形象立体的认识和感知。

互联网技术的广泛应用，武汉国际马拉松赛事也利用全媒体平台组建包括电视、报纸、网站、新闻客户端、微博、微信公众号等在内的规模庞大的传播矩阵，并依托大数据和云计算进行传播分析，发布大数据报告翔实地跟踪介绍赛事盛况，形成跨媒体的舆论中心。在历届“汉马”比赛传播中，加深了受众对于武汉城市形象的感知和体验，受众也依托互联网媒介助推武汉城市形象的活力和热情，实现了精准个性化的城市形象塑形传播。

在“2016 武汉马拉松”的比赛传播中，主办方利用 VR 全景地图传播马拉松路线，介绍“最美江城”，点击量突破 100 万次，引发受众关注，使美丽江城、美丽马拉松路线全面立体地展现在受众面前。比赛邀请明星领跑，引发热门话题传播，关键词“汉马”登上当日热搜榜，同时地方电视台和网络媒体推出全程直播，观看人次突破 100 万次，当天，众多政府单位官方微博和广大市民针对热门议题，通过名人、媒体、意见领袖的力量促进话题传播，微博话题总点击量超过 3000 万次（见图 7－2），《长江日报》公众号推文单篇最高月度阅读量突破 10 万次，赛后，众多自媒体充分挖掘“汉马”故事，延长赛事传播热度，在武汉城市品牌形象传播中起到了助推作用。

#2016东风雷诺武汉马拉松#

阅读3647.9万　讨论9万

图 7－2　2016 东风雷诺武汉马拉松微博话题阅读量超 3000 万次

第三节　大型体育赛事塑造城市形象实践中的问题及原因

虽然目前各大城市都在争取通过以大型品牌活动来扩大城市的影响力、提升城市的知名度，特别是在“全民健身”的良好风气下，大型体育赛事深受青睐，成为城市塑造形象的不二选择，并且有些已经取得了较好的效果。但是，在一些城市通过大型体育赛事成功打造城市品牌的同时，也有很多城市依然存在不同程度的问题，从而延缓了城市的发展进程。由于武汉国际马拉松赛事较为典型，我们通过抽样调查，对武汉国际马拉松赛事在塑造武汉城市形象过程中的影响进行调查，面向武汉市内和市外共发放了 500 份问卷，回收有效问卷 490 张，有效率为 98%，帮助分析目前存在的问题及其原因。

一　大型体育赛事塑造城市形象中的问题呈现

（一）传播媒介：官方传播效能低，用户黏性低

1. 新媒体平台

武汉国际马拉松自首届举办以来，成为国内马拉松赛事的一匹“黑马”，不仅拥有超高的人气，报名人数逐年递增而且创造了历史新高。通过调查问卷我们发现，有 29.42% 的受众是通过新媒体平台接触武汉国际马拉松赛事的，通过“大 V”发布关注赛事的有 20.75%（见图 7－3），说明受众借助新媒体了解赛事信息的现象比较普遍。所以我们针对赛事的官方传播尤其是新媒体平台的运营进行数据采集及整理，选取时下运用最广泛的微博、微信公众号、抖音短视频和官方门户网站分析组委会官方在新媒体运营方面存在的问题。

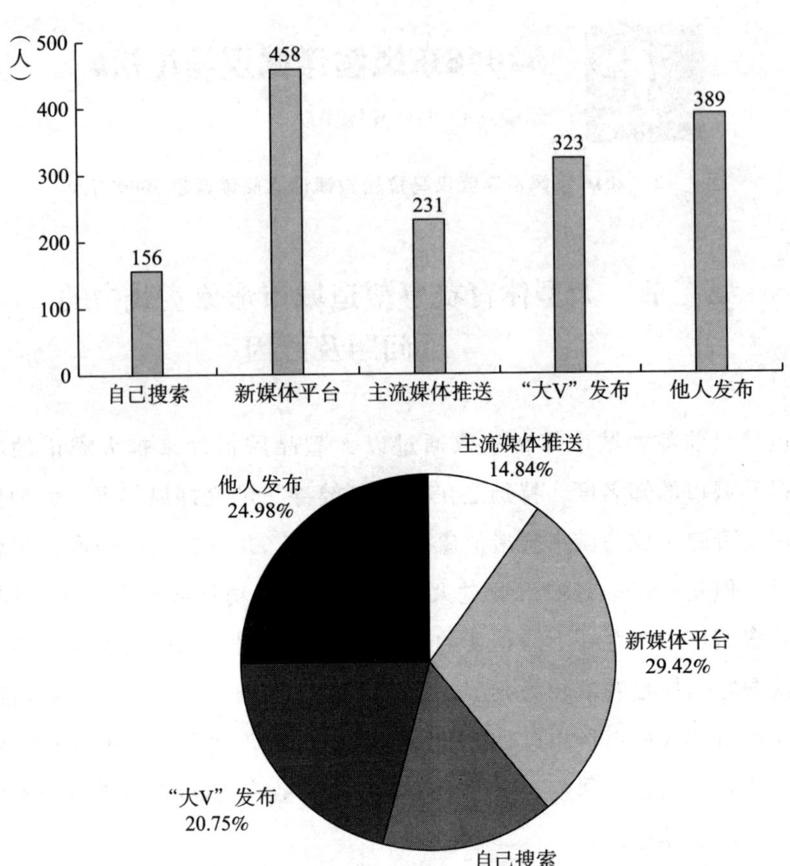

图7－3　受众接触武汉国际马拉松赛事的方式

（1）传播媒介使用分布情况。根据对“武汉国际马拉松”官方信息发布平台的数据统计（截至2020年4月11日），官方平台累计发布作品468条（篇），其中在微博平台累计发布原创作品（含文字、图片、视频等）353条，在作品发布总量中占75.43%，在官方微信公众号平台发布文章107篇，占比22.86%，在抖音短视频平台发布视频8条，占比1.71%（见图7－4）。由此可见，武汉国际马拉松组委会官方在新媒体运用上，主要依赖于微博平台，在微信公众号平台和抖音短视频平台发布作品较少，组委会官方对于以上两平台的重视程度不够。当下，微信公众号平台已成为受众获取新闻资讯的重要途径，越来越受年轻受众和上班族群体的欢迎，而组委会官方在此平台原创作品数量不足，含金量低，无法对武汉国际马拉松赛事和武汉城市品牌形象进行全面报道和介绍，影响传播效果。抖音短视频平台在近几年爆火，“刷抖音”成为受众娱乐消遣的重要方式，传播者往往能通过简短的视频内容表达中心内容。抖音短视频制作门槛低，易操作，所有受众皆可快速上手，便于形成对信息的“病毒式传播”。组委会官方在抖音短视频平台发布作品数量仅为个位数，远远低于微博和微信公众号平台的作品数量，导致其传播范围有限，不利于形成二次传播。

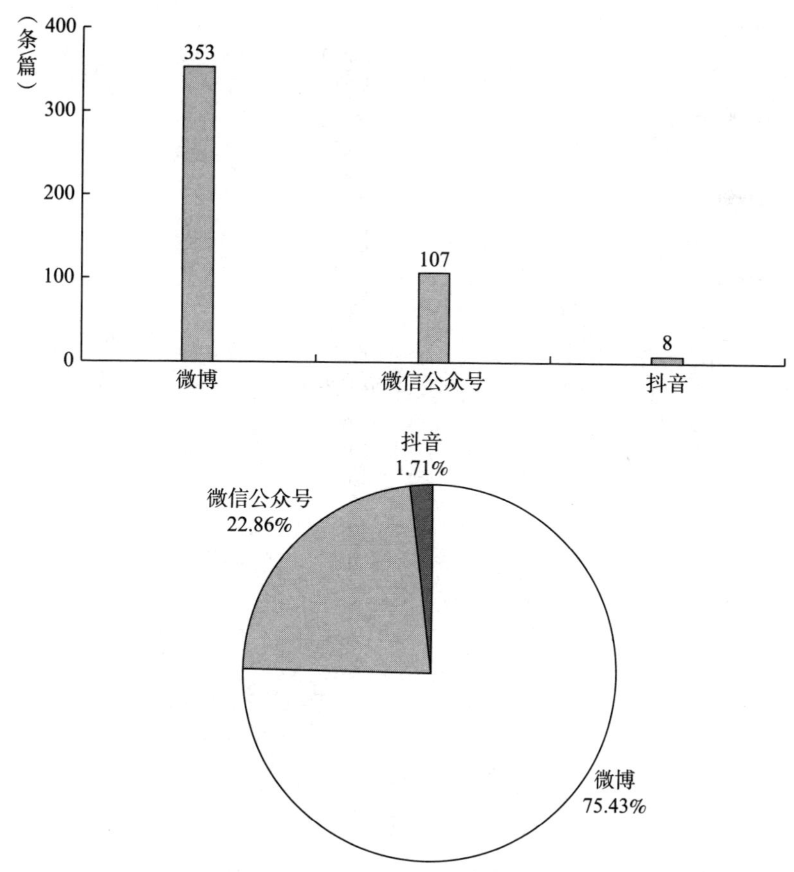

图 7－4　2019 年武汉国际马拉松新媒体平台作品发布总量对比

（2）用户关注度分析。通过分析武汉马拉松组委会官方微博、微信公众号和抖音平台的用户关注度或粉丝数量，可以看出截至 2019 年，官方微博粉丝数量为 22614 人次，在粉丝总量中占比 11.28%；微信公众号粉丝数量为175200人次，占比87.42%；抖音短视频粉丝数量为2695人次，占比最少，为1.29%（见图7－5）。可以看出虽然组委会官方在微博发布信息较多，但此平台粉丝数量较少，没能吸引太多受众，受关注度低。相比之下，官方微信公众号虽然发布信息数量较少，但吸引了17.52万人次关注，用户黏合度高，拥有忠实用户，也证明了微信公众号平台也越来越成为受众了解官方信息的重要渠道。而抖音短视频平台粉丝占比仅为1.29%，未能吸引受众的广泛关注，成为组委会官方在新媒体运用上的媒介洼地。

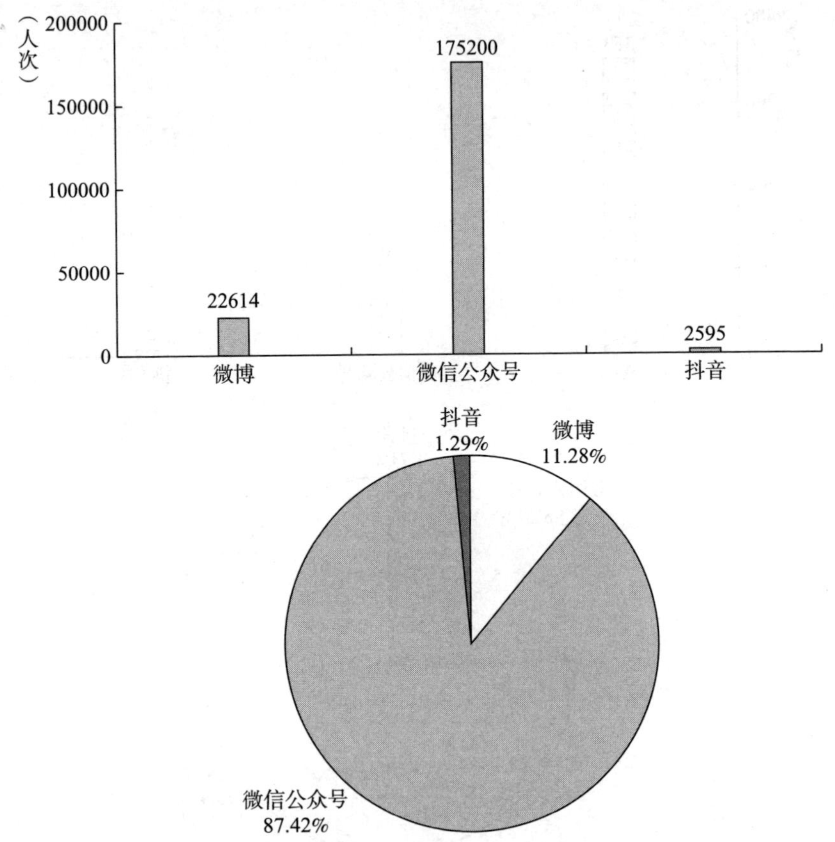

图7－5　2019年武汉国际马拉松官方平台用户关注总量对比

（3）信息阅读量分析。西瓜数据大数据服务商数据显示，2019年武汉国际马拉松赛事期间，组委会官方微博、微信公众号和抖音短视频平台信息阅读总量约为114万次。其中官方微博阅读量为791490次，在阅读总量中占比为69.03%；官方微信公众号阅读量为321347次，占比28.03%；

官方抖音短视频平台阅读量为33784次，占比2.95%（见图7-6）。由此可见，官方微博粉丝量虽少于官方微信公众号平台粉丝量，但由于微博的便捷度相比微信公众号平台较高，微博的转发、评论和信息推广功能较微信公众平台较为完善，可以通过议程设置制造热门话题，组委会官方微博阅读量却高于官方微信公众号平台。可见，微博的传播效能高于微信公众号平台，更利于形成对信息的二次传播。官方抖音短视频的阅读量相较于微博、微信公众号平台处于低位，传播范围和传播效果有限。

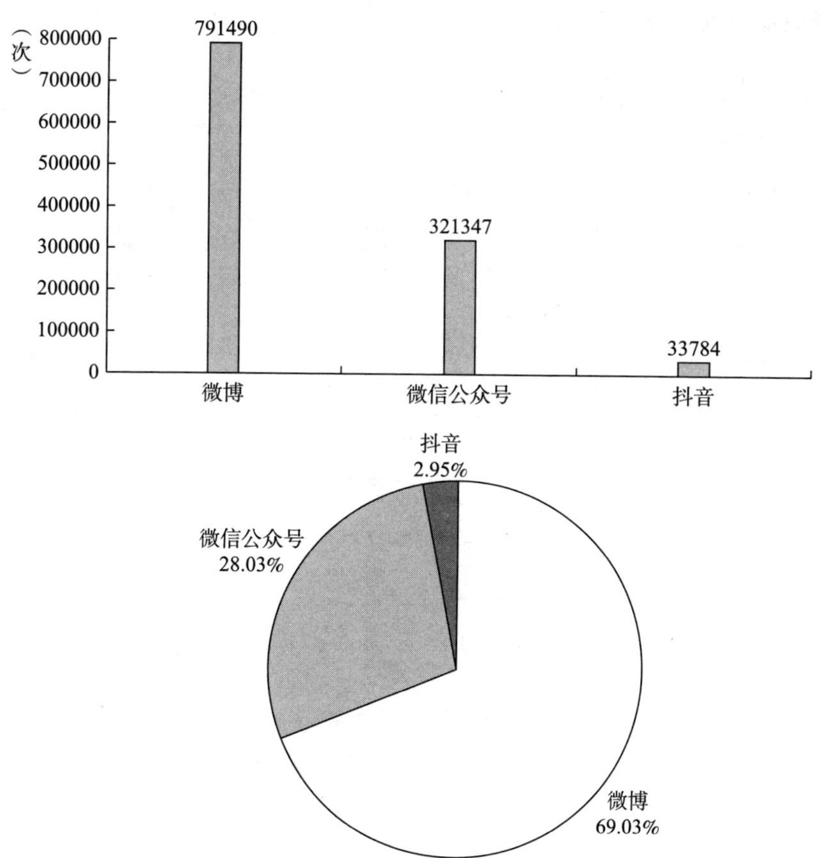

图7-6　2019年武汉国际马拉松官方平台用户阅读量对比

（4）点赞量分析。同样根据来源于西瓜数据大数据服务商的数据，2019年武汉国际马拉松赛事期间，组委会官方微博、微信公众号和抖音短视频平台发布动态的点赞总量约为7.3万次。其中，微博平台点赞量为28800次，在点赞总量中占比为39.31%；微信公众号平台点赞量为21400次，占比为29.21%；抖音短视频平台点赞量为23065，占比为31.48%（见图7－7）。由此可见，虽然组委会官方微博平台阅读量远高于微信公众号平台和抖音短视频平台，但受众点赞量却未显示出明显优势，忠实用户对传播内容认可度不高。在官方抖音短视频的作品量、粉丝数量和阅读量远低于微信公众号平台的前提下，其点赞量却出乎意料得高于官方微信公众号平台，可以看出，抖音短视频的内容更为受众所接受和认可，其“病毒式传播”的传播效能得到充分体现。

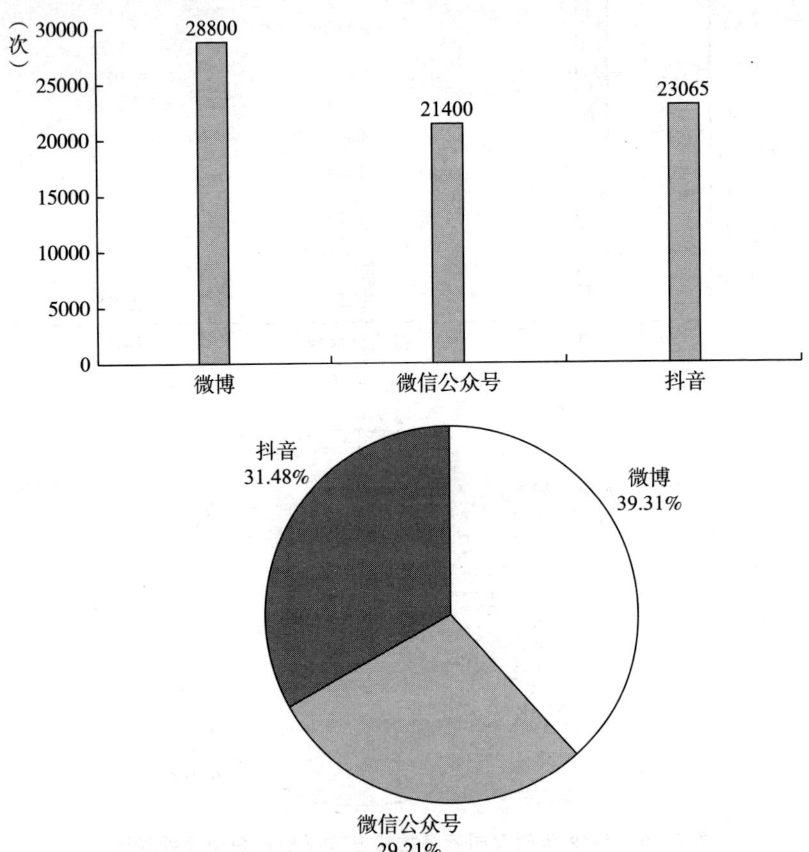

图7－7　2019年武汉国际马拉松官方平台用户点赞量对比

2. 门户网站

赛事的官方网站作为主要的报名通道，是报名人员和相关体育爱好者了解“汉马”、获得赛事信息的主要官方途径之一。但是网站的服务窗口设置和内容设置都十分单薄（如表 7－1 所示），历届的武汉国际马拉松都只是提供最基础的赛事信息和进行相关服务人员征集，功能单一且内容单调，赛事新闻更是只有寥寥数篇。

表 7－1　历届武汉国际马拉松赛事官网信息

武汉国际马拉松赛事届次	赛事时间	传播内容
第一届	2016 年	报名人数；LOGO 及口号征集；赛事路线；明星助阵
第二届	2017 年	报名人数；招募官方配速员；抽签结果；跑友备战；赛事相关商品发布
第三届	2018 年	报名信息；志愿者培训；啦啦队征集；“汉马”公益
第四届	2019 年	报名人数；赛事媒体报名；正式开跑；获奖情况；赛事成绩

3. 新闻报道

在武汉马拉松举办期间，新浪体育、长江网、中国新闻网和网易新闻等 30 多家媒体网站对赛事进行集中报道，共发布了 89700 篇赛事资讯，但在赛事的前后期，报道量极少。武汉马拉松赛事在宣传报道中经验尚不足，存在一定的盲目跟风现象，在赛事举办阶段进行大面积全方位报道，不管是网络舆论还是赛事报道都给予赛事极高的曝光率，但是信息发布时间都集中在赛事报名阶段和赛事举办期间，其他时段活跃度非常低，在赛事的前期宣传和后期反馈工作方面比较欠缺。报道连续性不足，造成城市形象传播出现断层。城市形象的塑造与传播是一个连续的过程，因此，连续性的赛事报道对于城市形象的塑造起着至关重要的作用。

综合以上对比，武汉国际马拉松组委会缺乏对官方微博、微信公众号、抖音短视频和门户网站的运营主动性，议程设置功用发挥不到位。官方平台发文数量少，点赞率、转发率低，点击量少，虽然历届“武汉马拉松”话题有着较高参与度，但是传播效果不尽如人意。同时官方网站与相关赛事报道也没有形成流量。虽然组委会官方在新媒体运营中，更新时间比较连续，但是发布内容随意，且不成系统，发布最多的信息就是赛事举办的时间、赛事报名开启和线下公益活动等。内容缺乏原创性和趣味性，导致关注度极低，每条信息的点赞量普遍较少。由此可见，官方对于赛事传播以及城市形象的传播主动性有待增强。

（二）内容形式：整合度不够，人文气息淡薄

截至2019年，武汉马拉松已举办四届，但是传播内容方面难以突破瓶颈，多有雷同、停滞不前的倾向。其问题主要具体表现为以下几个方面。

1. 缺乏深度，创新不足

品牌形象传播内容缺乏整合，创新性不足，没有深度，人文气息淡薄。由武汉国际马拉松赛事热门话题所组成的高频关键词云图（见图7-8）显示，城市形象的传播元素也仅限于“汉马”“大武汉”“5G”“直播”“武汉长江大桥”“黄鹤楼”等，主要反映城市建设发展标语、地标性建筑和技术运用方面，缺乏独特的传播视角，缺乏看点，容易引起视觉疲劳。根据问卷调查，有20.68%的受众觉得武汉国际马拉松的传播内容单调，23.6%的受众觉得赛事在宣传力度、形式上存在问题（见图7-9），说明武汉马拉松所传递的武汉形象元素不够新颖，依然停留在比较浅层的传播内容框架上，武汉的建筑特色、美食特色都已经成为人们耳熟能详的不再新鲜的事物。通过武汉国际马拉松的举办，受众对于武汉的“一城两江三镇四湖五桥”的硬件环境有了很深的印象，但是缺乏对于“汉韵”文

图7-8　2019年武汉国际马拉松赛事高频词

化的了解和感知。作为武汉城市形象塑造与传播的重要平台，武汉国际马拉松在城市形象传播内容上的创新和深度不够。在创新上，没有挖掘到新的品牌传播点；在深度上，不能很好地把武汉的人文内涵、历史文化底蕴传递到人们心中，关于城市记忆的植入不够深刻。

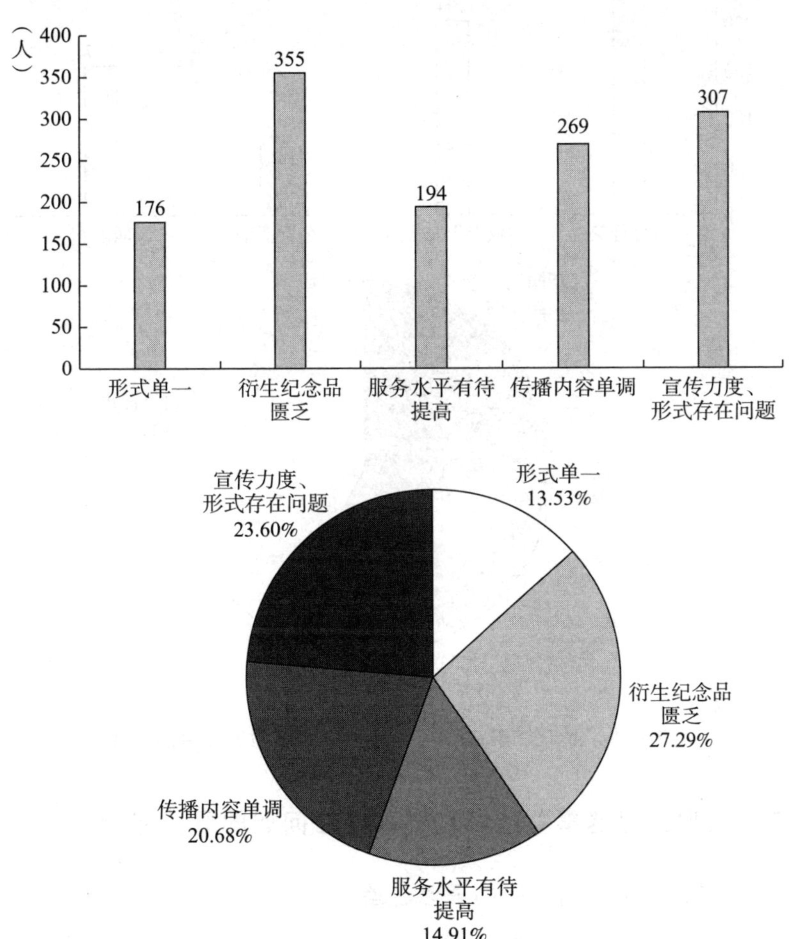

图 7－9　受众认为武汉国际马拉松宣传出现的问题

2. 线上线下结合度不够

线下活动不接地气，虽然创造了共同的话语空间，并没有通过人际传播的优势塑造城市形象。线下赛事衍生活动的举办是为了创造更大的社会影响力和更多经济效益，根据调查问卷，有 42. 34% 的受众表示会参与赛事线上的口号征集活动，而对于线下的公益活动只有 10. 78% 的受众感兴趣（见图7-10），这说明线下活动对于受众的吸引力不够。

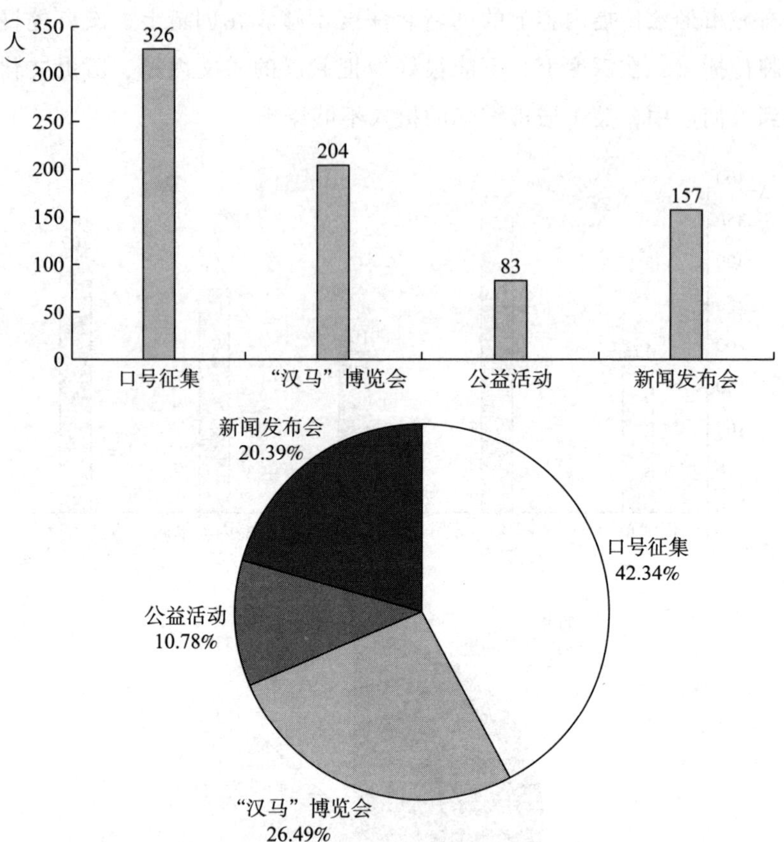

图7-10　受众对于武汉国际马拉松赛事的衍生活动选择

二　大型体育赛事塑造城市形象存在问题的原因探析

（一）借助赛事打造品牌的理念较差

1. 缺乏“赛事+”思维

从时间维度上看，初级阶段的城市品牌的塑造与传播是剖析城市本身的自然地理和历史人文等方面的独特优势，从城市固有形象出发，利用有限的媒介资源，循环宣传，加深受众对城市的印象。随着网络媒体平台不断开放，媒介资源增多，受众成为媒介市场争夺的资源，城市形象的管理需要重视与受众之间的沟通与互动，听取受众意见，在城市品牌建构的过程中以满足受众需求为核心。结合大数据和云计算，分析受众的阅读习惯、浏览行为，精确划分目标受众，以达到最佳传播效果。传播内容创新，提供定制化服务，广泛吸引受众注意力，革新受众对于城市形象的印象。现在仍有很多城市的品牌传播停留在初级阶段，对于新媒体的运用以及对于城市形象的整合营销传播没有较强的概念，更缺乏“赛事+”的思维，导致很多案例中城市形象塑造是大型体育赛事举办和宣传过程中一个自然的附带结果，而不是有意识的操作，暴殄天物，不能物尽其用，未能达到本应在大型活动聚焦全社会视野的时间窗口使城市形象塑造效果最大化的目标。

2. 缺乏受众意识

传统的城市品牌形象塑造仅仅是单一建立在对于城市自然地理、历史人文的宣传上，但此类宣传能否提升广大市民对城市建设的满意度、认可度和幸福感？能否得到中央政府和上级政府的认可？能否吸引更多外地人才、投资商参与本市建设？显然城市品牌形象传播要立足于受众，树立受众意识。

想要全面塑造城市形象，需要传播主体在政治、经济、文化和生态文明建设领域共同发力，而不仅仅是单一方面的宣传。受众意识在国内城市品牌形象塑造中尤为缺乏。要全面塑造城市形象，就需要传播全面的城市品牌信息，树立受众意识，对受众群体进行精确定位和细分，针对不同用户群体、不同传播媒介定制传播品牌形象信息，受众才会更愿意接受并认可传播内容，从而使城市品牌形象达到最佳效果。否则，广撒网式的宣传、推送不但不会被受众喜爱和关注，还会引起受众的反感，起到反效果。

树立受众意识的关键在于城市要明确此次信息的传播对象，对受众群体进行精确定位和细分。随着移动互联网的广泛普及，网络媒介如雨后春笋般蓬勃发展，网络用户也呈几何增长，界定和分辨传播的受众群体变得有些吃力。因此，大多数城市的品牌形象传播活动存在普遍通吃、全体覆盖、国内外皆宜的特点。以武汉国际马拉松赛事为例，湖北移动大数据显示，2019 年参赛人员中，年龄段占比最大的 90 后达到 7906 人，其次为 70 后和 80 后，占比分别为 24.20%、23.04%（见图 7-11）。90 后作为武汉国际马拉松赛事主要的受众群体和传播节点，也是活跃在各大媒体的积极分子，我国网民的年龄结构也是 90 后占主导，而且他们是社交软件中的互动达人。对于城市形象的塑造与传播，90 后都是具有高效传播力的传播节点。但武汉国际马拉松并未利用这一优势，其一是没有充分发挥新媒体的效能，在线上形成轰动式的传播效应；其二是未结合 90 后的喜好，举办更多年轻群体喜闻乐见的活动，比如可以发起征集“我与汉马的最美自拍”“汉马打卡”“跑汉马是一种什么样的体验”等。这些都是当前社交媒体当中火热的传播形式，更具针对性，既能够将赛事打造成“网红”品牌赛事，也能促进城市形象的传播。

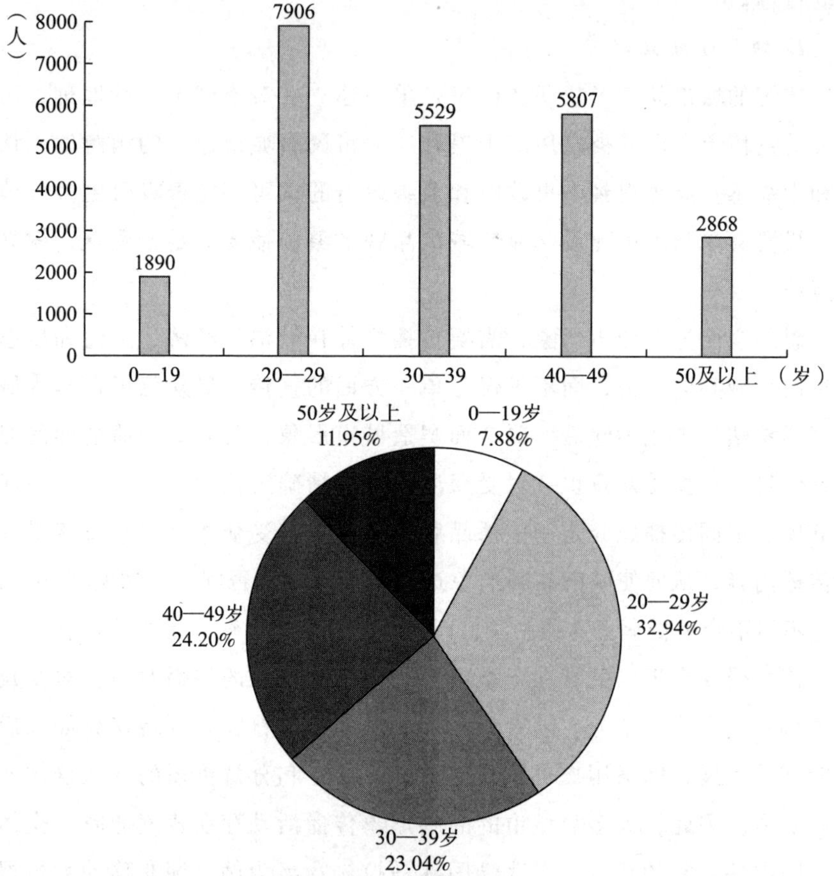

图 7－11　2019 年武汉国际马拉松参赛者年龄画像

（二）缺乏以赛事为核心的品牌传播规划

能否举办大型体育赛事是基于城市各要素的综合考量，而不只是某个城市的特权，所有城市通过各方面建设都有机会承办大型体育赛事，但只有少数城市能成功做到利用大型体育赛事对外进行城市形象品牌传播。很多城市还存在问题，究其原因是与其滞后的以赛事为契机的品牌传播计划有关系。目前国内许多城市对大型体育赛事的城市形象传播工作仅仅停留在宣传口号、摄制赛事宣传片的层面，并没有借赛事的契机制定品牌传播计划，对传播的主要阵地、媒介的优先选择、报道内容等只是照本宣科式地进行，未成体系，主要表现在赛事的宣传片面化。其一是赛事前后的宣传工作极其欠缺，只有活动举办的时段才进行城市形象的传播，但是任何一场大型体育赛事的举办都是有时效性的，赛前的舆论造势、赛后的善后工作，也是传播城市形象的重要节点。其二是围绕大型体育赛事线上线下的宣传工作不足。这种停留在“点”上的宣传，没有建构起完善的品牌传播计划，很容易导致受众原先接受的城市品牌形象信息得不到巩固，造成对城市品牌形象信息的记忆混乱或者遗忘。

造成此结果主要有两方面原因。一是未能充分利用传播媒介。以纸媒、广播电视为主的传统媒体凭借其自身权威性仍在城市形象传播中占据主导地位。尽管地方政府单位利用新媒体开设“两微一端”，但由于开发利用较少，受众关注度不够，运作不成熟，未能发挥其作为网络媒体的最佳作用。同时，传统媒体与新媒体、国内媒体与国外媒体未能有效整合利用，报纸、期刊、广播电视、网络和移动网络以及户外等各类媒介资源交互性传播力度不够。只有充分利用全媒体、全平台才能实现全时段、全受众的全覆盖。二是传播内容未能立足受众。现在多数城市的品牌形象仍只是对城市要素的挖掘利用，重视城市硬件资源和地标建筑的包装宣传的硬实力，如武汉黄鹤楼、上海东方明珠、重庆立交桥、北京中央电视台等等，缺乏对城市精神和历史人文等文化软实力的挖掘、塑造和弘扬。另外，由于传播主体呈现多元化特点，传播主体间缺乏统一配合，城市品牌形象传播内容经常湮灭于负面和无价值信息的洪流之中，不但不能突出传播重点，甚至还会使传播内容偏离主题、本末倒置，传播效果不尽如人意。

（三）对外传播的品牌建设机构的缺位

良好的城市形象传播离不开高效的组织机构管理，建立功能健全、组织有力的专业执行机构是城市形象传播的重要一环，贯穿整个传播过程。在国外，世界知名城市如纽约、巴黎、伦敦、伯明翰、东京等均建立专门的组织机构和领导机制，进行专业化运作，塑造并营销城市品牌形象。如首尔市政府在21世纪初就设立了负责在全球范围推广首尔城市形象的营销部门，除了政府工作人员外还聘请了很多专业营销人士，共同向世界宣传首尔“旅游中心”“文化中心”“充满欢乐和趣味”的城市形象，2007—2011年，访问首尔的旅游人次增加了，首尔在世界人民心中的形象得到了很大的提升。[①] 与国际优秀城市在组织机构上的成熟运作相比，国内大部分城市还没有设立专门统管城市形象传播的职能机构，而是将城市形象工作挂靠到相关的政府部门来管理。

城市形象传播是一项涉及内容多、领域跨度大的复杂且系统的工程，如果仅仅依靠政府或民间力量来进行传播，传播内容庞大而散乱，无法形成全时段、全受众的传播体系。另外政府信息的严肃性和市民信息的泛娱乐化形成两个极端，不易被其他受众所关注，传播效果往往不理想，所以需要传播主体依托专门的组织机构来管理。但很多城市都缺乏一个专业的机构来进行城市品牌的传播管理与维护，特别是在对外传播的城市形象信息方面。

在城市品牌形象传播中，最常见的管理机构是由当地市政府、市旅游局、中共市委宣传部等相关职能部门牵头成立的，它们起主导作用，市民、网民作为传播主体的一部分往往只有参与权。在管理机构中，政府职能部门各司其职地在各自领域开展工作，对关联领域缺乏专业知识，往往会造成口径不一致、资源不共享、信息不对称，且存在传播内容重复挖掘制作，浪费人力财力，使城市形象传播工作不能有效开展等问题。这成为无法发挥最佳传播效果的一个重要原因。与此同时，作为传播主体的一部分的广大市民、网民会因为各职能部门发布信息口径不一或过于严肃而放弃转发传播或深入挖掘。因此，要成功做好城市品牌形象的传播不能只依赖于政府中的某一部门，更要统筹城市内各项资源，如政府资源、企事业资源、媒体资源和网民资源，整合专业人士和权威机构共同发力，为城市品牌形象传播筹谋规划，并形成城市品牌形象统一的传播路径。

---

① 张露：《我国城市形象的整合营销传播研究》，硕士学位论文，中南大学，2013。

第四节　大型体育赛事塑造城市形象的优化策略

一　思维革新：开放形象传播意识，走出理念误区

2014 年 10 月，国务院发布的 46 号文件指出：大力发展多层次、多样化的各类体育赛事。推动专业赛事发展，打造一批有吸引力的国际性、区域性品牌赛事。加强与国外体育组织等专业机构的交流合作，引进国际精品赛事。[①] 在此背景下，各个城市响应号召，积极引进大型体育赛事，但没有意识到大型体育赛事作为品牌传播活动对于城市形象塑造有重要意义，大型体育赛事不是为办而办，应该以其为载体，通过“赛事 +”扩大城市内外的影响力，提升软实力。

（一）更新传播观念，打造本土品牌赛事

政府作为城市形象塑造的“把关人”，主导着城市形象塑造的方向与城市形象的定位，无论是媒介机构、企业还是民众，在参与城市形象的塑造过程中都要受政府宏观指导的影响。思想是行动的先导，政府管理者要转变观念，拥有更清晰的城市形象意识，明确城市形象塑造的发展目标，重视品牌活动特别是大型体育赛事对城市形象的塑造，提高其在城市形象塑造中的战略地位。要重新审视“互联网 +”时代背景下大型体育赛事塑造和提升城市形象的重要价值，大型体育赛事是当前离散的传播环境下少数能聚焦线上线下流量的活动，是城市形象塑造和品牌传播弥足珍贵的传播节点，应为城市形象塑造服务。政府应该利用互联网思维指导城市形象提升的规划与实践，并充分结合大型品牌传播活动发挥作用。

（二）立足长远，统筹规划布局

在城市形象塑造的过程中，作为塑造主体之一的政府，要想树立良好的形象，首先应在创新开放的意识层面下功夫，在复杂的新媒体环境之下，机遇与挑战同在，作为城市形象塑造的“第一把关人”，更应该立足

---

① 《国务院关于加快发展体育产业促进体育消费的若干意见》（国发〔2014〕46 号），https://www.gov.cn/zhengce/content/2014－10/20/content_9152.htm，访问时间：2022 年 6 月。

长远，统筹布局。根据城市形象的定位和城市文化的特色，统筹布局以大型体育赛事为契机的城市形象传播规划与品牌建设的制度体系，进行长远的规划，而不是在城市品牌建设的潮流中，一味模仿与复制其他城市的案例。

二　设立机构：整合对外传播，加强品牌联动

（一）成立专项小组，制定传播效果评估机制

城市形象的塑造是一项长期复杂的系统工程，为了相关工作的有序开展，最终实现树立良好形象的目标，需要有专业化的人才团队来保证塑造的有效性。建立城市形象塑造的专项小组，可以专门针对性研究本城市形象塑造的重大决策和规划，协调统筹涉及城市形象建设的事项，并确保具体城市形象塑造工作的落实和评估监督。这个专项小组需要熟悉城市形象的塑造路径，也需要保证人员构成的多元化，不仅涉及政府相关部门的工作人员，如城市规划局、旅游局等城市形象建设高度相关者，也要有研究城市形象的专家学者提供理论指导，致力于城市形象的顶层设计，更要保证来自不同领域、行业的民众参与，可以通过人才选拔的方式获取更多有意思、有新意的意见助力城市形象的塑造。团队成员身份的多元化会促使其从不同角度考虑城市形象的塑造，也能增强民众对城市的责任感和认同感。在城市形象塑造管理机制不健全和媒介利用缺乏统筹的问题上，要成立专门的机构，建立专门队伍，明确职责，深入分析城市形象塑造中存在的问题，制定出实操性和针对性较强的工作方案；在具体实施过程中，要统筹人力、物力和财力资源，将任务层层落实，真抓实干，奖惩分明，务求实效；另外，制定科学完善的传播效果评估机制也十分重要，除了专业评估人员之外，鼓励民众积极参与其中，更有助于政府有效地评估城市形象塑造的效果，以便为后续相关工作的展开提供针对性的指导。

（二）加强赛事品牌营销，建立品牌联动机制

从品牌学的角度来看，大型体育赛事不仅可以作为城市的品牌资产带动城市经济发展，而且能为城市品牌营销创造良好的氛围与条件，同时可与多个品牌进行联动，组合出击，在城市内部打造品牌链，从而促进城市品牌营销。品牌化的大型体育赛事对塑造城市发展理念、塑造城市特色有

着直接的推动作用。在借助体育赛事进行塑造与提升城市形象的过程中，将体育赛事的品牌进行有效的改造与提炼，以此来作为城市自身的口号与品牌，对于塑造和提升城市品牌形象来说具有十分重要的作用。对企业来讲，企业品牌的建立是与其他同质性企业相区分、针对目标市场进行的差异化传播。城市品牌也不例外。城市形象塑造可以借助品牌的力量进行对外传播。大型体育赛事本身也具有品牌属性，赛事品牌的打造与传播可以促进受众认知与认可城市形象。借助大型体育赛事品牌成功塑造城市形象的案例不胜枚举，国内最具代表性的就是2008年北京奥运会的成功举办，仅在奥运会场馆的建设方面，就已经成功打响了鸟巢、水立方等名号，打造出北京市对外展示的活名片，提升了北京的城市形象。

三　形象植入：代入城市场景，凸显品牌要素

广告植入式传播，作为企业产品品牌的重要传播手段之一，同样适用于城市形象的塑造与传播。正如产品品牌所做的广告植入一样，我们可以选择城市的某个标志场景作为赛事报道的幕布，也可以选择性将城市的文化气质巧妙植入赛事的宣传当中。随着赛事的发展，城市形象被自然而然地呈现给受众，可以加深受众对城市的印象。

（一）植入特色文化，引发情感共鸣

城市形象传播环境的复杂化使得城市形象传播的难度加大，城市形象不能只依赖于城市的地标性建筑来实现。伴随工业化的进程，现代化城市空间呈立体式扩张，城市建筑面貌大同小异。聚集人数的不断增加，带来的却是人情冷漠。要想在激烈的城市竞争中脱颖而出，必须靠更深层次的文化输出。最能够引起人们共鸣、获得受众深度认知的是一个城市有着丰富内涵的文化与人情味，契合当代价值观的精神世界，因此，城市文化的植入显得尤为重要。

（二）多样化植入方式，生动呈现城市名片

如何植入城市形象也是需要考虑的问题。如何借助赛事的宣传形式结合城市形象的构成要素传递城市信息，比如，在赛事报道中进行城市特定场景植入？大众获取赛事资讯的重要渠道之一就是赛事报道，特别是目标人群。大型体育赛事的报道需要依靠一定的场景来展开，唯美的城市画面

更能吸引受众的视线。“互联网+”背景之下的媒介格局不断升级，对赛事报道的专业性也提出了更高的要求，不仅要在海量信息中脱颖而出，而且要展现高水准和高质量。基于受众的信息获取碎片化和多元化特点，赛事报道也应多方面地植入城市形象，力求全面呈现城市形象要素。地方特色语言的植入，对植入内容进行正面积极向上的总结，刺激受众听觉。在宣传赛事的过程中“不经意”提及城市元素，展现城市空间，进而在受众心中留下深刻的城市印象。采用植入式的城市形象传播方式，城市与受众之间不再是单向度和重复性的“侵入”，而是城市形象润物细无声般地进入受众记忆，与受众进行情感互动。

四　创意传播：引爆沟通元，聚焦受众视线

沟通元作为创意传播的核心，在新媒体环境下对于城市形象的传播有极大的优势。大型体育赛事本身作为一种“热点关注型”沟通元，一旦制造合适的契机，就能够触发创意传播，聚焦受众视线，从而起到传播和塑造城市形象的作用。

（一）“VR”虚拟开跑，同享赛事体验

随着大数据时代的到来，AR、VR等新媒体技术不断成熟完善，可以在非实体环境中给受众带来沉浸式体验，扩大受众视角，赋予品牌活动以更大的创意表达的空间。

1. VR与赛事报道

2015年，国内外的新闻媒体在报道中首次引入了“VR”的概念，VR新闻报道在国内一度成为风潮。虽然在VR新闻报道中，新闻的时效性可能无法体现，但是VR新闻所带来的视觉、感官刺激是非常具有新鲜感的。在大型体育赛事火热的当前，人们对于数量庞大的大型体育赛事的相关报道已经产生了信息疲劳，但是VR技术带来的沉浸其中的视觉冲击是新鲜震撼的。除了新闻题材本身的特质，VR新闻带来的沉浸感、交互感与想象空间更容易激发人们的猎奇心理与情感共鸣。利用VR技术进行创意式的赛事报道，能够通过赛事环境的还原拓展受众感受城市形象的触角，使受众通过新鲜的视角触摸城市形象的元素，同样的街道、建筑和市民景象会在受众心中留下更深刻的印象。

其次，VR 技术也可以融入现有的新闻报道形态中。赛事报道本身就因赛事的竞技戏剧化效果和举办城市的特色及文化内涵具有深入挖掘的空间，VR 技术的加入能够丰富不同报道形态的叙事能力，带给受众不一样的观赏效果，进而增强报道的认知与情感效果。

2. VR 与赛事体验

VR 技术在体育赛事中早有应用先例。Next VR 已经可以实现让用户把体育赛事“搬到家里”的技术，让用户足不出户就可以拥有在现场看比赛的体验感。Next VR 拥有拍摄、压缩、传输和内容显示等 26 项 VR 专利技术，可以说技术已经相对成熟，而且 Next VR 已直播过 NBA、纽约麦迪逊广场花园 NCAA 大东区比赛和世界职业棒球大赛等体育赛事，已经有了相对丰富的经验。[①] 城市形象的塑造与传播也可以借助这一优势，在大型体育赛事举办的过程中，通过 VR 虚拟现实技术来提升受众的参与感和赛事的趣味性，特别是影响范围广、参与性强的大型体育赛事。以武汉国际马拉松赛事为例，“汉马”自 2016 年举办首届以来，15 万人的报名人数对应 2 万人的参赛名额，中签率低至 13%。由于场地、管理人员等等的限制，无法满足每位跑友现场参与武汉国际马拉松的需求，很多有着赛事向往的人无法亲临现场体验赛事。VR 可以通过技术手段打破这一障碍。具体实现方式要依靠 VR 和 AR 等新媒体技术，让受众通过简单的移动智能终端和穿戴设备来进入赛事虚拟场景，既可以参与也可以观赛，虽然不在现场也能拥有很强的沉浸感、交互感和想象感。

在赛事虚拟场景的设定中，加入城市形象的构建元素，还原最美赛道、现场的运动氛围、市民的热情，都能够对主动选择的受众进行收割，此时的城市形象传播就有着精准的传播对象和极高的到达率。当然高耗能、高运动强度的马拉松赛事不仅需要技术的支持，还要考虑到体能补给等体育赛事必备的条件才能得以完成，这因赛事项目而异。

（二）创新传播内容，讲述背后的故事

借由大型体育赛事找到城市形象和受众的关注和兴趣的重合点，由此

---

① 转引自崔仁争、周美芳《VR 技术在体育中的应用现况调查研究》，《当代体育科技》2017 年第 32 期。.

延展出的话题，才能聚焦注意力，同时把注意力引导和嫁接到城市形象上。在赛事报道中通过讲述城市故事的方式植入城市形象，增加大型体育赛事和城市形象结合的话题度，助力塑造城市形象。在赛事报道中，最常见的内容一般为赛事基本信息，如报名人数、赛事举办时间和地点等，大可不必重复占用大众视线。除了赛事的体育功用本身，背后有很多故事可以发掘，可以通过讲述赛事故事、相关人物故事，分系列、分主题进行创作，让赛事更有看点、更接地气。此外，在进行内容生产时，可以加入受众演绎，以生动有趣味的镜头再现城市形象，以口语化的语言和平民化的拍摄视角来讲述赛事背后的“城市故事”。同时，要注重趣味性和戏剧性，呈现丰富的场景感，收获良好传播效果。

五　“病毒式”营销：基于网络媒体，引导人们主动再传播

想要有效地传播城市形象，传统的方式传播效力显然不足。随着90后逐渐成为市场消费的主力，新媒体成为其了解资讯的主要窗口。借助大型体育赛事，并重视其在线上的传播，容易形成良好的传播效应，甚至出现“刷屏”的效果，引发“病毒式传播”。“病毒式传播”是一种在分众传播的基础之上，充分调动起大众的参与性与能动性，让人们“主动传播→自愿接受→主动再传播”的传播模式。它利用线上网络用户之间高传播率、高到达率和高接受率的通过类似于群体传播和人际传播的渠道进行传播。

（一）制造传播热点，引爆城市内部识别

传播环境的改变使得城市内部品牌建构的要素在线上的传播成为可能，利用“病毒式传播”几何倍数的传播速度，将城市形象的视觉识别要素、行为识别要素和理念识别要素转化为网民感兴趣的信息或话题，以此作为传播链条的起点，通过复合叠加的传播模式获得传播效果的最大化。在城市内部建构要素传播的过程中，接收者会对城市形象的相关信息或话题的内容进行二次编码后进行又一次加工从而传播给N个接收者，形成网状传播，在以每一个核心节点形成的块茎传播圈中，其内部的可信度和亲和力可以完美避开外界因素的干扰。

（二）借助KOL传播，制造城市形象“舆论场”

在“病毒式传播”过程中，KOL是非常关键的一个节点。目前各类自

媒体发出的信息席卷网络，SNS平台成为“病毒式传播”的主要阵地，这些KOL可以是明星、“网络大V”，也可以是“跑友圈”的领袖人物，其通过“打喷嚏”的简单行为就能进行信息的传播扩散。

城市形象的塑造需要他们发挥巨大的传播力，覆盖更多更广的受众，让他们成为城市情感的经历者、城市故事的叙述者，通过推出他们的赛事体验和赛事攻略以及随意拍出城市内部的形象要素，比如城市的自然风光、市民行为和充满城市文化气息的建筑等，来提升城市的认知度和形象。但值得注意的是，目前很多受众对于造假、炒作式营销都非常反感，因此在“病毒式传播”的过程中，要尽量避免受众产生“被安排”的感觉，同时避免创意同质化，要突出真诚感。

参考文献

一　中文文献

1. 著作类

〔美〕菲利普·科特勒：《营销管理：分析、计划、执行和控制》，梅汝和等译，上海人民出版社，1997。

李蕾蕾：《旅游地形象策划：理论与实务》，广东旅游出版社，1999。

舒咏平：《品牌传播论》，华中科技大学出版社，2010。

王明星编著《文化旅游：经营·体验·方式》，南开大学出版社，2008。

陈江美：《鄂西生态文化旅游概论》，旅游教育出版社，2010。

丁俊杰等：《广告学概论》，高等教育出版社，2018。

2. 期刊、报纸类

李翀、李丹丹：《中国文化旅游与文化旅游产品的品牌建设》，《东方教育》2015年第4期。

廖明星等：《张家界文化旅游品牌建设研究》，《边疆经济与文化》2012年第1期。

夏杰：《社会化媒体视角下县域文化旅游品牌传播策略研究》，《现代经济信息》2016年第12期。

姚建惠、许莹莹：《媒介融合背景下城市文化旅游品牌形象的传播途径分析》，《教育科学》（全文版）2016年第1期。

莫心渊：《社会化媒体环境下的旅游地品牌传播——以“多彩贵州”为例》，《旅游纵览月刊》2015年第11期。

于潇：《社会化媒体语境下的武夷山旅游品牌传播策略》，《闽江学院学报》

2014 年第 6 期。
熊元斌等:《荆楚文化与湖北旅游营销之我见》,《荆楚学刊》2014 年第 3 期。
赵川、徐文武:《荆楚文化传播与荆州古城文化旅游的思考》,《南方论刊》2011 年第 2 期。
刘嘉毅:《城市文化旅游品牌演化:规律、动力与机制研究》,《商业经济与管理》2014 年第 8 期。
张海燕、王忠云:《产业融合视角下的民族文化旅游品牌建设研究》,《中央民族大学学报》(哲学社会科学版)2011 年第 4 期。
徐铜柱:《CIS 战略与文化旅游品牌的塑造——以神龙溪纤夫文化为例》,《安徽农业科学》2009 年第 25 期。
薛业浩:《安徽文化旅游品牌构建研究——以凤阳花鼓为例》,《怀化学院学报》2012 年第 10 期。
王志东、闫娜:《山东文化旅游品牌战略研究》,《理论导刊》2011 年第 6 期。
郑阿丽、薛建红:《开封宋文化品牌传播策略研究》,《河南城建学院学报》2011 年第 5 期。
马欢欢:《浅析洛阳古都文化旅游品牌的构建》,《贵州师范学院学报》2015 年第 5 期。
孙伟华:《河南宗教文化旅游品牌建设及其可持续发展》,《黑龙江教育学院学报》2008 年第 9 期。
吴晓山:《民俗文化旅游品牌战略研究——以“刘三姐”文化旅游为例》,《特区经济》2010 年第 8 期。
《中华人民共和国 2010 年国民经济和社会发展统计公报》,《中国统计》2011 年第 3 期。
《中华人民共和国 2019 年国民经济和社会发展统计公报》,《中国统计》2020 年第 3 期。
刘婷等:《国内继续教育研究的新兴趋势——基于 CNKI 数据库和 CiteSpace 突变词分析》,《成人教育》2021 年第 5 期。
胡恒钊:《中国农村就地城镇化的三维向度:战略意义、意愿分析与路径选择》，《云南民族大学学报》（哲学社会科学版）2019 年第 6 期。

彭斌、芦杨：《乡村振兴战略下就地城镇化发展路径析论》，《理论导刊》2019 年第 12 期。

刘悦美等：《就地城镇化的推动模式及其特征研究——以河北省四个村庄为例》，《城市发展研究》2021 年第 6 期。

苗丝雨、肖扬：《就地城镇化能否缓解流动人口的健康不平等研究——基于 2014 年全国流动人口调查数据》，《城市发展研究》2021 年第 2 期。

邱婷：《从“城乡失衡”到“城乡均衡”：乡村振兴背景下的农业产业化与就地城镇化实践》，《华中农业大学学报》（社会科学版）2022 年第 4 期。

马庆斌：《就地城镇化值得研究与推广》，《宏观经济管理》2011 年第 11 期。

周晶晶：《就地城镇化进程中如何加强新型农村社区服务》，《人民论坛》2019 年第 31 期。

杨传开：《县域就地城镇化基础与路径研究》，《华东师范大学学报》（哲学社会科学版）2019 年第 4 期。

李爱民：《我国新型城镇化面临的突出问题与建议》，《城市发展研究》2013 年第 7 期。

刘玉堂、高睿霞：《文旅融合视域下乡村旅游核心竞争力研究》，《理论月刊》2020 年第 1 期。

耿松涛、张伸阳：《乡村振兴背景下乡村旅游与文化产业协同发展研究》，《南京农业大学学报》（社会科学版）2021 年第 2 期。

卢可、马丽卿：《乡村振兴战略背景下乡村旅游发展研究》，《农村经济与科技》2019 年第 1 期。

李志龙：《乡村振兴 - 乡村旅游系统耦合机制与协调发展研究——以湖南凤凰县为例》，《地理研究》2019 年第 3 期。

徐忠勇：《乡村振兴战略下乡村旅游发展对策探析》，《农业经济》2020 年第 9 期。

谭俊峰：《乡村旅游助推乡村振兴路径》，《社会科学家》2021 年第 3 期。

李树民等：《论旅游地品牌概念的确立及设计构建》，《西北大学学报》

（哲学社会科学版）2002年第3期。
梁明珠：《广深珠区域旅游品牌与旅游形象辨析》，《江苏商论》2004年第6期。
李青、单福彬：《乡村旅游目的地的品牌价值分析》，《湖北农业科学》2014年第6期。
程倩：《乡村旅游纪念品设计与旅游目的地品牌形象建设研究》，《农业经济》2020年第12期。
何姗：《基于品牌概念地图的乡村旅游品牌形象感知研究》，《农业经济》2021年第4期。
邢佳：《社交媒体时代乡村旅游品牌形象构建研究》，《农业经济》2018年第4期。
郭鲁芳：《旅游目的地成功实施整合营销传播的关键因素》，《旅游学刊》2006年第8期。
刘德昌、付勇：《我国旅游景区品牌传播策略初探》，《西南民族大学学报》（人文社科版）2006年第9期。
韩喜红：《乡村旅游短视频传播研究》，《电视研究》2019年第12期。
李琳：《旅游微博+互联网背景下乡村旅游信息传播新模式》，《农业经济》2017年第3期。
郑颖莉：《乡村旅游营销视角下短视频传播对游客行为的影响》，《商业经济研究》2022年第7期。
杨清华、田中阳：《新媒体环境下旅游品牌的危机传播策略》，《湖南大学学报》（社会科学版）2017年第5期。
李强：《影响中国城乡流动人口的推力与拉力因素分析》，《中国社会科学》2003年第1期。
丁华、陈添珍：《乡村振兴背景下乡村旅游与就地城镇化耦合协调探析——以浙江省安吉县为例》，《西北师范大学学报》（自然科学版）2019年第5期。
刘春花：《泛传播视野下政府传播的逻辑》，《青年记者》2021年第2期。
许同文：《UGC时代受众的角色及内容生产模式》，《青年记者》2015年第12期。

郭淼、王立昊：《从分场到离场：微信朋友圈的社交演变》，《青年记者》2021 年第 12 期。

陈力丹：《“距离”在传播学中的概念及应用——关于大众传播中“距离”的讨论》，《国际新闻界》2009 年第 6 期。

张继东、李鹏程：《移动社交网络用户信任度量化模型构建研究》，《情报理论与实践》2017 年第 5 期。

梁旭艳：《场景：一个传播学概念的界定——兼论与情境的比较》，《新闻界》2018 年第 9 期。

张薇、胡玉娟：《场景 + 体验：旅游类短视频的传播困境与价值创新》，《传媒》2021 年第 23 期。

余可发：《生态位视角下乡村旅游目的地品牌成长机制研究——以婺源篁岭为例》，《江西财经大学学报》2021 年第 6 期。

耿鹏：《媒体公益广告的意义建构与媒体形象维护》，《出版广角》2022 年第 11 期。

黄丹、王廷信：《旅游演艺传播的“编码与解码”理论研究》，《艺术百家》2020 年第 4 期。

冯春海：《从“话语权”到“话语力”——全媒体语境下“政府传播能力建设”路径探寻》，《新闻爱好者》2019 年第 7 期。

3. 学位论文类

彭丽娜：《社会化媒体介入下的省域旅游形象传播研究》，硕士学位论文，上海师范大学，2014。

余雷：《荆州文化遗产与文化旅游》，硕士学位论文，华中师范大学，2011。

李曦：《旅游目的地新媒体整合营销传播研究——以天津为例》，博士学位论文，南开大学，2014。

王阳：《城市区域旅游品牌形象塑造及传播分析——以太原市晋源区为例》，硕士学位论文，山西大学，2013。

徐磊：《西安古都文化旅游品牌建设问题研究》，硕士学位论文，长安大学，2008。

王苗：《商洛旅游文化品牌建设研究》，硕士学位论文，长安大学，2014。

刘圆：《红色旅游文化形象建构与传播研究——以宁乡花明楼刘少奇同志

纪念馆为考察基点》，硕士学位论文，湖南师范大学，2014。

4. 网络资源类

《2016年我国文化旅游行业发展现状和趋势分析》，http://www.chyxx.com/industry/201609/453690.html，访问时间：2022年6月。

《文化旅游产业已成为时代发展的主流》，http://mt.sohu.com/20160121/n435361865.shtml，访问时间：2022年6月。

《文化旅游峰会嘉宾对话：新媒体时代如何打造文化旅游品牌》，http://money.163.com/14/0412/15/9PL2JBL300254TI5.html，访问时间：2022年6月。

《"十四五"新型城镇化实施方案》，https://www.ndrc.gov.cn/fggz/fzzlgh/gjjzxgh/202207/t20220728_1332050_ext.html，访问时间：2022年7月。

《省人民政府关于印发湖北省新型城镇化规划（2021—2035年）和湖北省"十四五"推进新型城镇化建设实施方案的通知》，https://www.hubei.gov.cn/zfwj/ezf/202111/t20211118_3869820.shtml，访问时间：2021年10月。

《中央城镇化工作会议举行 习近平、李克强作重要讲话》，http://www.gov.cn/ldhd/2013-12/14/content_2547880.htm，访问时间：2013年12月。

《国家标准〈就地城镇化评价指标体系〉解读》，http://www.zis.org.cn/Item/4042.aspx，访问时间：2019年11月。

《"十四五"新型城镇化实施方案》，https://www.ndrc.gov.cn/fggz/fzzlgh/gjjzxgh/202207/t20220728_1332050_ext.html，访问时间：2022年7月。

《中华人民共和国2021年国民经济和社会发展统计公报》，http://www.stats.gov.cn/xxgk/sjfb/zxfb2020/202202/t20220228_1827971.html，访问时间：2022年2月。

《CNNIC发布第51次〈中国互联网络发展状况统计报告〉》，https://www.cnnic.net.cn/n4/2023/0302/c199-10755.html，访问时间：2023年3月。

崔俊超：《中国文化旅游产业发展前景及趋势分析》，http://mt.sohu.com/20151225/n432577893.shtml，访问时间：2022年6月。

省第十二次党代会报告起草组：《建设先行区 奋进新征程——中国共产党湖北省第十二次代表大会报告诞生记》，http://www. hubei. gov. cn/zwgk/hbyw/hbywqb/202206/t20220627_4192732. shtml，访问时间：2022 年 6 月。

李佳、朱敏：《国际与国内乡村旅游研究比较与启示》，http://kns. cnki. net. hubu. yitlink. com：80/kcms/detail/11. 3513. S. 20220721. 1236. 008. html，访问时间：2022 年 7 月。

二　英文文献

Ritchie, J. R. B., Ritchie, J. R. R., "The Branding of Tourism Destinations," Annual Congress of the International Association of Scientific Experts in Tourism, Marrakech, Morocco. 1998.

Hosany, S., Ekinci, Y., Uysal, M., "Destination Image and Destination Personality: An Application of Branding Theories to Tourism Places," *Journal of Business Research*, 2006, 59 (5).

Kim, S., Lehto, X. Y., "Projected and Perceived Destination Brand Personalities: The Case of South Korea," *Journal of Travel Research*, 2013, 52 (1).

Kim, H. K., Lee, T. J., "Brand Equity of a Tourist Destination," *Sustainability*, 2018, 10 (2).

Insch, A., "The Challenges of Over-tourism Facing New Zealand: Risks and Responses," *Journal of Destination Marketing & Management*, 2020, 15.

Ohe, Y., Kurihara, S., "Evaluating the Complementary Relationship between Local Brand Farm Products and Rural Tourism: Evidence from Japan," *Tourism Management*, 2013, 35.

Kavoura, A., Bitsani, E., "E-branding of Rural Tourism in Carinthia, Austria," *Tourism: An International Interdisciplinary Journal*, 2013, 61 (3).

图书在版编目(CIP)数据

荆楚文旅品牌的建构与传播创新 / 黎明著. -- 北京：社会科学文献出版社，2024.8
（荆楚新闻与传播研究丛书）
ISBN 978-7-5228-3676-8

Ⅰ.①荆… Ⅱ.①黎… Ⅲ.①旅游文化-品牌-传播-研究-湖北 Ⅳ.①F592.763

中国国家版本馆 CIP 数据核字(2024)第 101813 号

荆楚新闻与传播研究丛书
荆楚文旅品牌的建构与传播创新

著　　者 / 黎　明

出 版 人 / 冀祥德
责任编辑 / 周　琼
文稿编辑 / 梅怡萍
责任印制 / 王京美

出　　版 / 社会科学文献出版社（010）59367126
地址：北京市北三环中路甲 29 号院华龙大厦　邮编：100029
网址：www.ssap.com.cn
发　　行 / 社会科学文献出版社（010）59367028
印　　装 / 三河市东方印刷有限公司

规　　格 / 开　本：787mm × 1092mm　1/16
印　张：16.75　字　数：266 千字
版　　次 / 2024 年 8 月第 1 版　2024 年 8 月第 1 次印刷
书　　号 / ISBN 978-7-5228-3676-8
定　　价 / 98.00 元

读者服务电话：4008918866